Klartext für Frauen

Nina Deißler

Klartext für Frauen

*Wie man Männer anzieht, auszieht
und glücklich macht*

Schwarzkopf & Schwarzkopf

INHALT

*Für Alice, Anita, Anja, Ambika, Beate, Bettina,
Britta, Christine, Claudia, Daniela, Erika, Gisela,
Heike, Iris, Janina, Julika, Karola, Michaela, Tanja,
Tina, Tine, Ulla und all die anderen Frauen, die
sich immer noch wundern, warum die Jungs sie
einfach nicht verstehen wollen.*

*

*Für Eva und Hans, weil sie mich so herrlich
pragmatisch erzogen haben.*

*

*Für Claudius, weil er mir ganz viel über Männer
so beibringt, dass auch eine Frau es verstehen
kann ...*

Was Sie über mich und dieses Buch wissen sollten

Herzlich willkommen zu einem weiteren Ratgeber zum Thema »Die Frau, der Mann und die Liebe«. Seien Sie mal ehrlich, wie viele Bücher über dieses Thema haben Sie schon gelesen?

Ich habe bestimmt über hundert Bücher darüber im Regal – die meisten davon habe ich angelesen, einige durchgelesen und über andere nur den Kopf geschüttelt. Und jetzt schreibe ich selbst eines, speziell für Frauen ... dabei hatte ich das zunächst gar nicht vor!

Als ich im Sommer 2010 gefragt wurde, ob es nach *Klartext für Männer* denn auch bald *Klartext für Frauen* geben würde, habe ich gelacht und dann gescherzt, dass ein Buch darüber, was Männer wirklich wollen, vermutlich nur eine Seite hätte.

Doch je mehr Feedback ich bekam, desto klarer wurde: Viele Frauen wünschen sich ebenfalls »Klartext«, denn auch sie kommen mit dem, was es an Büchern zu dem Thema gibt, einfach nicht weiter – oder zumindest nicht dahin, wohin sie wollen, und selbst der *Klartext für Männer* hat sie weitergebracht und ihnen besser gefallen als viele andere Bücher zuvor.

Ist es möglich, auch für Frauen »Klartext« zu schreiben?

Ich habe in den letzten zehn Jahren mit über tausend Männern und Frauen gearbeitet, die sich eine Partnerschaft wünschen. Wer sollte also besser wissen, was Frauen »falsch« machen, beziehungsweise was Männer erwarten, als ich?

Ich habe so ziemlich jede Form verkorkster Beziehung selbst erlebt und daraus gelernt und ich bin inzwischen seit ein paar Jahren glücklich verheiratet. Wer wäre also qualifizierter zu zeigen, wie es funktioniert, als ich?

Dieser Ratgeber ist eine Mischung aus meinen eigenen Erlebnissen und Erfolgsrezepten, aber auch meiner langjährigen Erfahrung als Coach und Trainerin. Ich werde Sie hier mit der Wahrheit über Männer und deren echte Bedürfnisse vertraut machen und ich werde Ihnen vor allem eines anbieten: Klartext.

Möglicherweise werden Sie sich beim Lesen dieses Buches manchmal ertappt fühlen. Manchmal werden Sie vielleicht sogar sagen »Oh nein, das will ich gar nicht glauben!« – glauben Sie es ruhig, denn es wird Ihnen die Augen öffnen für die Realität und das bildet die Basis für Ihren Erfolg bei Männern.

Ich werde mich bemühen, Sie, sooft es geht, auch zum Schmunzeln zu bringen, und ich werde Ihnen nicht verheimlichen, wo ich selbst genau die Fehler gemacht habe, die Sie vielleicht machen – die Sie aber ab sofort vermeiden können!

Ich beschäftige mich schon seit meiner frühen Jugend intensiv mit dem Thema »männliche Kommunikation«. Ich hatte schnell raus, wie man Männer um den Finger wickelt, und war stets abenteuerlustig. Das Thema »Kommunikation« im Allgemeinen und »intergeschlechtliche Kommunikation« im Besonderen übte einen so großen Reiz auf mich aus, dass ich mich immer intensiver damit beschäftigte: Sei es durch das Studium von Büchern, durch Ausbildungen, Studiengänge oder durch (manchmal auch unfreiwillige) Selbstversuche – die Regeln der gegenseitigen Anziehung zu erforschen und zu vermitteln ist für mich nicht nur ein »Job«, sondern eine Leidenschaft.

1997 traute ich mich dann zum ersten Mal, Männer gegen Honorar zu beraten, wie sie bei Frauen gut ankommen und wie sie sich bei einem ersten Date verhalten sollten. Der Bedarf war ebenso groß wie die Dankbarkeit der Männer, denen ich weiterhelfen konnte, und so wurde mir klar, wie viel Männer tatsächlich über Frauen nicht wissen.

Damit kam dann auch die Idee, das Ganze auszuweiten und hauptberuflich zu machen. Meinen Fokus hatte ich immer darauf gelegt, Männer zu beraten, wie sie gut bei Frauen ankommen – bis mich eines Tages eine Bekannte fragte: »Und was ist, wenn ich jetzt als Frau deine Hilfe brauche?«

Ja, was dann? Die Männer, die ich beriet, und auch die, mit denen ich befreundet war, hatten großes Vertrauen zu mir und ich hatte ein gutes Gespür für die Wünsche und Unterschiede zwischen Männern und Frauen. Warum also nicht auch Frauen beraten? Natürlich!

Inzwischen bin ich schon seit 2002 hauptberuflich ein »Datedoktor«, eine »Flirtexpertin«, ein »Persönlichkeits-Coach«, eine »Spezialistin in Herzensangelegenheiten«. Ich trainiere, coache und berate Menschen von 18 bis achtzig, wann immer es darum geht, mit dem anderen Geschlecht besser auszukommen, mehr Spaß zu haben oder einfach glücklich zu sein. Heute bin ich eine von Deutschlands führenden Expertinnen auf den Gebieten Liebe, Flirt und Partnerschaft.

Ich habe viele spannende berufliche und private Erfahrungen sammeln dürfen, zahlreiche Lehrer gehabt und mich mit verschiedenen Lehren auseinandergesetzt. Doch am meisten habe ich wohl von meinen Klienten und Kursteilnehmern gelernt.

Beinahe täglich erhalte ich Zuschriften von Menschen, die bei mir Rat suchen, und auch aus meinem Bekanntenkreis bekomme ich immer wieder Fragen und Kommentare von »ganz normalen« Männern und Frauen, die wirklich glauben, »einfach Pech zu haben« in der Liebe.

Dieses Buch wurde geschrieben für alle Frauen, die nicht länger daran glauben wollen, »einfach Pech« zu haben.

Frauen sind regelrecht auf der Jagd nach einer raren Spezies: dem modernen Mann, dessen Existenz ihnen in den Frauenzeitschriften immer wieder vorgegaukelt wird. Der Mann, dem es egal ist, wer in einer Beziehung mehr verdient – und der überhaupt eine Beziehung haben möchte. Der aufmerksam ist, ohne ein Arschkriecher zu sein, und männlich ohne Macho-Attitüde. Der seine Gefühle zeigen kann und dabei trotzdem männlich ist. Der Mann, der zuhören kann, den Müll rausbringt, sie mit Theaterkarten überrascht und weiß, wie er sie zum Höhepunkt bringt.

Natürlich gibt es haufenweise Quellen und Bücher mit Tipps für die Suche nach diesem Traumprinzen.

Natürlich haben Sie bereits einige davon gelesen und es hat Ihnen nichts, aber auch gar nichts genutzt.

Natürlich sind Sie bei mindestens einer Internet-Kontaktbörse Mitglied, doch auch hier sind Sie nicht »fündig« geworden.

Natürlich gehen Sie abends aus – doch meistens werden Sie gar nicht oder höchstens mal total doof angesprochen, und das auch noch von Männern, die Sie sowieso nicht interessieren.

Natürlich funktionieren auch alle guten Ratschläge bei Ihnen nicht, weil

a) Sie zu selbstbewusst sind und damit Männer abschrecken,
b) Sie mehr verdienen als die Männer, die Sie kennenlernen, und sie damit abschrecken,
c) kaum ein Mann Ihre Ansprüche erfüllen kann,
d) Sie aus irgendwelchen Gründen uninteressant oder unattraktiv für Männer sind (vielleicht, weil Sie glauben, Sie seien zu groß, zu klein, zu dick, zu dünn oder zu alt …),
e) Sie sich sowieso immer in den Falschen verlieben,
f) Sie viel zu selten die Gelegenheit haben, passende Männer kennenzulernen,
g) Männer von Ihrem Beruf abgeschreckt werden

oder aber

h) in Ihrer Gegend nur Männer leben, die entweder schon verheiratet oder einfach nicht ihr Typ sind.

Diese Liste könnte ich gut und gerne bis »z.« fortsetzen, denn ich habe all diese Gründe schon tausendmal gehört ...

... und dennoch habe ich dieses Buch für Frauen geschrieben.

Ich habe bereits Hunderten von Frauen gezeigt, was sie tun können, um den Mann zu bekommen, der zu ihnen passt, und ich kann es auch Ihnen zeigen. Nur tun ... tun müssen Sie es selbst!

Dieses Buch richtet sich an alle Frauen, die sich nicht länger damit rausreden wollen, dass es an den Männern oder an irgendwelchen »Umständen« liegt.

Ich persönlich finde es manchmal ganz schrecklich, wie Menschen in der heutigen Zeit miteinander umgehen. Und da nehmen sich Männer und Frauen nichts. Vor allem wenn man mal die Onlinedatingbörsen besucht, bekommt man das Gefühl, Männer und Frauen haben die Absicht, einander zu konsumieren, oder sie suchen einfach nur Bestätigung – und nicht Liebe. Es wird gepost, gelogen und gefordert, was das Zeug hält.

Und doch soll am Ende der magische Funken überspringen ...

Wie soll das funktionieren?

Wie kann ein Mensch von der Liebe überrascht werden, das Wunder der Liebe erleben, wenn er sich gleichzeitig vor Enttäuschung schützen und gegen alle Eventualitäten absichern will?

Wie kann eine Frau sich nach romantischer Liebe sehnen, wenn sie den Mann bereits beim Erstkontakt abscannt wie ein Chef einen Bewerber? Oder wenn sie in der Überzeugung lebt, dass »alle Männer« so oder so sind?

Warum sollte ein Mann Respekt vor einer Frau haben, sich für sie interessieren und sie auf Händen tragen wollen, wenn sie ihm keinen Grund dafür gibt?

Warum sollten Männer sich Mühe geben und die Frauen verstehen wollen, wenn das umgekehrt doch auch kaum passiert?

Lesen Sie dieses Buch, wenn Sie bereit sind, Ihre Sichtweise auf Männer und Beziehungen zu verändern, und wenn Sie wirklich vorhaben, in einer glücklichen Partnerschaft zu leben.

Ich werden Ihnen einen Einblick geben, wie Männer die Welt und die Frauen darin wahrnehmen, was ihnen wichtig ist und warum. Ich werde Ihnen helfen zu verstehen, was Männer wirklich wollen, werde Ihnen zeigen, wie Sie ihnen genau dies geben können, aber auch, wie Sie von Männern bekommen, was Sie wollen.

Sie werden lernen, Männer für das zu schätzen, was sie sind – und Sie werden lernen, wie man einen Mann glücklich macht und ihn dabei unterstützen kann, ein Mann zu sein ... genau der Mann, den Sie sich wünschen.

Sie werden außerdem lernen, Tschüss zu sagen zu Männern, die nicht das sind, was Sie wollen.

 Dieses Buch redet Klartext und vielleicht wird Ihnen nicht alles, was Sie lesen, gefallen – aber es wird Sie weiterbringen!

Schritt für Schritt werden Sie herausfinden, wie Sie nicht nur Männer für sich gewinnen, sondern Ihr ganzes Leben angenehmer und leichter gestalten können.

Am Ende jedes Schrittes lade ich Sie dazu ein, das Gelernte zu rekapitulieren und Ihr persönliches Fazit zu ziehen – schreiben Sie Ihre Zusammenfassung und Ihr Fazit am besten in ein separates Notizbuch. Machen Sie dann erste Erfahrungen mit dem, was ich Ihnen vorschlage, lesen Sie das Buch mit einer neuen Perspektive noch einmal und vergleichen Sie Ihre Notizen. Sie werden feststellen, dass Sie Punkte finden werden, die Sie beim ersten Mal völlig überlesen haben, oder dass Sie Dinge nun ganz anders betrachten als vorher.

Auch wenn dieses Buch häufig darauf hinweist, wie man eine glückliche Beziehung entwickeln und etablieren kann, möchte ich Sie bitten, für sich selbst zu entscheiden, welche Art von »Beziehung« für Sie die richtige ist.

Ganz egal, ob es Ihnen um eine Affäre, eine Partnerschaft oder das Gründen einer Familie geht: Werden Sie zu einer Frau, die weiß, wie man Männer glücklich macht, und die einem Mann zeigen kann, wie er sie glücklich macht, und Ihr Märchen hat ein Happy End.

Es gibt viel zu entdecken – lassen Sie uns anfangen!

Wo wir gerade stehen – und warum

Fast täglich werde ich gefragt, ob Männer und Frauen überhaupt zusammenpassen würden und was denn die Partnersuche so schwer mache. Die Antworten auf diese Fragen sind vielschichtig – lassen Sie uns ein wenig »forschen« und uns ein paar Dinge bewusst machen:

Seit wir Menschen den aufrechten Gang beherrschen bis zu dem Zeitpunkt, als die Pille auf den Markt kam (1960), waren die »Regeln« für Partnerwahl und Partnerschaft relativ einfach: Männer jagen und beschützen. Und Frauen? Nun, was für unseren Kulturkreis galt, kann man beispielsweise in der Bibel nachlesen: »Das Weib sei dem Manne untertan« (Epheser 5, 22 – falls Sie es mal nachschlagen wollen), und so war es dann auch. Doch wird bei diesem Machtverhältnis oft vergessen, dass es nicht nur gute und schlechte Untertanen gibt, sondern auch gute und schlechte Herrscher, so wie es auch in Beziehungen zwischen Mann und Frau gute und schlechte Männer gibt. Und Frauen hatten in dieser Konstellation sehr lange das Nachsehen …

Noch für die Generation unserer Mütter galten in einer Partnerschaft einfach bestimmte »Regeln« und die Rollenverteilung war in den meisten Fällen eindeutig. In den Werbespots der 1960er-Jahre beispielsweise finden Sie durchgehend das gängige Familienideal auf eine Art und Weise dargestellt, dass es uns

heute bei diesem Anblick fast die Schuhe auszieht: Die Haupt-
aufgaben einer guten Frau waren, für ein schönes Heim und ein
gutes Essen zu sorgen, brave, gesunde Kinder zu gebären und
zu ernähren und ansonsten möglichst hübsch und freundlich zu
sein. Wollte eine Frau etwas mehr als das, bedurfte es in der
Regel der Zustimmung ihres Mannes. Und war man (Oje!)
mit dreißig noch nicht verheiratet, galt man bereits als »alte
Jungfer«.

Undenkbar, dass eine Frau Mitte dreißig allein lebt, allein
reist (und dabei ihren Koffer selbst trägt), beruflich erfolgreich
ist, alleinerziehende Mutter ist, One-Night-Stands hat …

Heute ist das glücklicherweise anders, doch scheinen die
Nebenwirkungen ebenso groß zu sein wie die Freiheiten, die wir
erlangt haben.

Einerseits hat die westeuropäische Frau des 21. Jahrhunderts
alle Möglichkeiten: Sie kann studieren, wenn sie möchte und
was sie möchte, und hat alle Freiheiten bei ihrer Berufswahl. Sie
ist in allen Bereichen gleichberechtigt. Sie kann gehen, wohin
sie will, und leben, wo und wie sie will. Sie kann sich allein eine
Wohnung nehmen und allein verreisen, wohin sie möchte. Sie
kann sogar in eine WG mit völlig fremden Männern ziehen, ohne
damit ihren Ruf zu beschädigen. Sie kann eine Firma gründen.
Sie kann auch Kinder allein großziehen und braucht noch nicht
mal einen Partner für die Zeugung.

Ist das nicht wunderbar?

Freiheit, Eigenständigkeit und Gleichberechtigung als Ideal!

Von ihren Müttern haben die meisten Frauen jedoch vermutlich auch von Kindesbeinen an gelernt, wie sich ein »an-
ständiges Mädchen« zu benehmen hat: dass es sich rarmachen
solle (vor allem bei Männern), dass es sich nicht wie ein Flitt-
chen benehmen solle (also auf keinen Fall den ersten Schritt
machen) und im schlimmsten Fall sogar, dass Männer Schweine
seien oder dass man ihnen nicht trauen soll.

Vielleicht haben ihre Mütter ihnen dann noch suggeriert: »Mach es mal besser als ich« oder »Sei frei und lebe dein Leben«. Mütter tendieren dazu, sich selbst durch ihre Töchter »verwirklichen« zu wollen, indem sie sie ermutigen, Dinge zu tun, die sie selbst nicht durften oder konnten (egal ob die Töchter das nun wollen oder nicht), aber auch dadurch, dass sie passiv (aber neugierig) am ereignisreichen Leben der Tochter teilhaben.

Dabei übersehen die meisten Mütter jedoch, dass ihre Töchter nur selten gleichzeitig studieren, frei sein, reisen, Karriere machen und dabei einen tollen Mann finden, heiraten und Kinder kriegen können. Weshalb sie ihnen meist circa ab ihrem 26. Lebensjahr wöchentlich unterschwellig die Frage stellen, warum sie denn immer noch (oder wieder!) Single seien.

Kommt Ihnen das bekannt vor?

Anfangs noch mit Leichtigkeit, suchen viele Frauen dann immer akribischer nach ihrem Traumpartner, ihrem Seelengefährten, ihrem passenden Gegenstück – schließlich will man entweder mindestens so glücklich werden, wie die Eltern es sind oder waren (wenn es denn wirklich so ist), oder (und das noch häufiger) eine Beziehung führen, die besser ist als das, was sie von zu Hause kennen. Sie möchten eine Beziehung, in der man wirklich miteinander spricht, in der es zärtlich, aber auch ehrlich zugeht, in der man füreinander da ist und dem anderen auch Raum lässt. Eine Beziehung ohne Rollenklischees, in der sich niemand dem anderen unterordnen muss.

Wenn sie das erste Mal merken, dass sie eine Beziehung führen, die auch nicht besser ist als die ihrer Eltern, ist das ein ziemlicher Schock. Mindestens ebenso schockierend ist die Erkenntnis, plötzlich über dreißig zu sein ... und Single.

Bei vielen Frauen beginnt in diesem Alter die biologische Uhr zu ticken – und das mit jedem Jahr lauter. Das macht es nicht gerade einfacher.

Dazu kommt: Viele Frauen haben sich in diesem Alter einen gewissen Lebensstandard erarbeitet. Einen Mann zu finden, der da mithalten kann, ohne dass er glaubt, konkurrieren zu müssen, das ist gar nicht so leicht. Vor allem, weil die Männer es sich offenbar häufig gern »einfacher« machen: Ärzte bändeln oft lieber mit Krankenschwestern an als mit Ärztinnen. Manager lieber mit Sekretärinnen als mit Managerinnen ... Viele Männer schauen eher aufs Äußere und ziehen eine junge, hübsche Frau einer gleichaltrigen, intelligenten Frau vor – selbst wenn diese ebenfalls attraktiv sein sollte! (Viel zu anstrengend!) Und macht man es diesen Männern leicht und gibt sich dann unkompliziert, ist man uninteressant für sie.

Und genau an dieser Stelle entdecken wir einen wichtigen Grund für unser Dilemma:

Die meisten Frauen wünschen sich »einen Mann auf Augenhöhe« – doch meistens heißt das, ein wenig »nach oben« schauen zu können, keinesfalls nach unten. Und das bitte schön in allen Bereichen: intellektuell, emotional und finanziell, wenn es geht, auch.

Der (jahrtausendealten) Idealvorstellung der meisten Frauen entspricht nach wie vor ein Mann, der sie »beschützen« kann – auch wenn die »Frau von heute« eigentlich keinen Schutz mehr braucht und auch keinen Zweifel daran lassen möchte, dass sie gut allein klarkommt. Sie sucht einen Mann, der ihr in gewisser Weise überlegen ist und der ihr eine starke Schulter bieten kann – was sie natürlich nie zugeben würde. Sie sucht nach wie vor nach dem Prinzen auf dem weißen Pferd – während sie sich davon nach außen hin nichts anmerken lässt und beim ersten Date selbst zahlt.

Das Problem dabei ist: Während Frauen bei ihrer Partnerwahl sehr umfassende Ansprüche haben, sind Männer offenbar deutlich leichter glücklich zu machen (aber auch leichter zu verunsichern!).

Bei Männern ist für die Attraktivität einer Frau nicht im Geringsten entscheidend, wie gebildet oder erfolgreich sie ist – eher im Gegenteil. Die Ansprüche der meisten Frauen steigen proportional zu ihrem Bildungsgrad und Karriereniveau – und diesen Ansprüchen dann wiederum zu entsprechen, ist vielen Männern schlicht zu anstrengend.

Ich kann die Männer da, ehrlich gesagt, gut verstehen. In der Haut eines Mannes im 21. Jahrhundert möchte ich nicht stecken: Über Tausende von Jahren hinweg war es genug, ein guter Beschützer und Versorger zu sein – doch das ist beides nicht mehr gefragt. Und spätestens seit den 80er-Jahren sehen sie sich beinahe im monatlichen Turnus auch noch mit neuen Männer-Idealen konfrontiert: dem Softie, dem Macho, dem neuen Macho, dem Davidoff-Cool-Water-Mann, dem Erfolgstypen, dem gefühlvollen Wilden und nicht zuletzt dem Metrosexuellen – einem Mann, der sich stylt, für Mode interessiert und trotzdem hetero ist.

Männer sollen männlich sein, aber irgendwie auch nicht …

Männer sollen über ihre Gefühle reden, aber bloß keine Weicheier sein. Sie sollen wissen, was sie wollen, und mit beiden Beinen im Leben stehen, aber auch verständnisvoll und kompromissbereit sein. Spontan – aber zuverlässig! Draufgängerisch – aber treu! Humorvoll – aber mit Niveau! Männlich – aber gepflegt!

Sie sollen nach wie vor auf Frauen zugehen – nicht plump, aber auch nicht zögerlich –, aber angemacht fühlen wollen wir uns auch nicht. Also wenn es professionell wirkt, geht das gar nicht …

Und es soll prickeln, aber er soll nicht nur an Sex denken! Er soll mich begehren, aber auch echtes Interesse an mir als Mensch haben!

Und er soll bloß nicht so sein wie mein Ex!

…

Nein, ich beneide die Männer nicht.

Die meisten Männer sind völlig überfordert mit den – für sie unlogischen – Wünschen der Frauen. Auch Männer haben seit Jahrtausenden ein Ideal, das nach wie vor dasselbe ist. Attraktiv ist eine Frau, wenn sie weiblich, gesund und jugendlich wirkt: schöne Haut, glänzendes Haar und mit Rundungen an den richtigen Stellen. Auch wenn die meisten Männer durchaus Anforderungen an die Intelligenz und Eloquenz einer Frau als Partnerin stellen: Sie sind lange nicht so anspruchsvoll wie wir!

Viele Männer fühlen sich von einer beruflich erfolgreichen Frau sogar eher eingeschüchtert oder haben Angst, mit ihr konkurrieren zu müssen. Das hat jedoch nichts mit der Frau an sich zu tun, sondern mit einem ganz einfachen Wunsch der Männer:

 Männer möchten in einer Beziehung zu einer Frau vor allem eines: sich wohlfühlen!

Männer werden sehr gern bewundert. Das ist einfacher und geschieht häufiger, wenn sie der Frau zum Beispiel in Sachen Bildung und Karriere voraus sind und wenn die Frau besonders attraktiv ist, denn damit erhöhen Männer ihren eigenen Status – was ihnen noch mehr Bewunderung einbringt.

Wir alle haben uns das nicht ausgesucht – weder die Männer noch die Frauen. Es ist ein ganz natürlicher Instinkt, dass Frauen nach Männern suchen, die ihnen »etwas bieten können«. Genauso wie es ein Instinkt von Männern ist, die jeweils schönste Frau am attraktivsten zu finden, nicht die klügste.

Die Emanzipation und die Gleichberechtigung brachten ohne Zweifel viel Gutes mit sich. Unsere vielfältigen Möglichkeiten der Kommunikation per E-Mail, Chat, SMS und Webcam sind ebenfalls grundsätzlich großartig. Doch wie bei jeder neuen Entwicklung gibt es auch hier Nebenwirkungen. Diese Nebenwirkungen bestehen zum Beispiel darin, dass »Regeln«, die sich über Jahrhunderte oder gar Jahrtausende entwickelt haben, nun ihre Gültigkeit verlieren oder sich zumindest stark verändern.

Und das ist noch lange nicht alles – denn so wie wir Frauen die Freiheiten der Emanzipation (und der Anti-Baby-Pille) genießen, haben auch die Männer einen neuen Bereich der Freiheit entdeckt: Wenn ihre Qualitäten als Versorger und Beschützer nicht mehr gefragt sind, warum sie dann noch entwickeln?! Der Mann von heute scheint den einfachsten Weg für sich gefunden zu haben, mit der veränderten Situation umzugehen: Er wird einfach nicht mehr erwachsen.

Der Begriff »Midlife-Crisis« wird heute nur noch selten gebraucht, weil kaum ein Mann sie mehr bekommt: Wo Männer früher mit Ende dreißig die Krise bekamen, weil sie Angst hatten, sie hätten etwas verpasst, da überlegt der Mann von heute gerade erst, was er eigentlich später mal machen will – wenn er groß ist.

Es scheint Männern wie Frauen an ausreichend guten Vorbildern zu fehlen, wenn es darum geht, ein moderner Mensch im 21. Jahrhundert zu sein. Erst recht, wenn es darum geht, ein Mann zu sein in einer Welt, in der Frauen Männer eigentlich gar nicht mehr zu brauchen scheinen, und eine Frau zu sein in einer Welt, in der Wärme, Weiblichkeit und Liebe Werte sind, mit denen sie sich kaum noch identifizieren kann und die fast schon als Schwäche verstanden werden.

Was bleibt, ist in vielen Fällen Ratlosigkeit oder noch schlimmer: Frust.

Die Gleichberechtigung hat einen Bereich noch lange nicht erreicht: die Partnerwahl! Oder finden Sie es vielleicht emanzipiert, attraktiven Männern vorzutäuschen, Sie hätten kein Interesse an ihnen – nur weil Ihnen nichts Besseres einfällt? Viele Frauen tun genau das. Beispiel gefällig? Ein Mann versucht, mit einer Frau Augenkontakt aufzunehmen. Und sie? Sie guckt weg und signalisiert ihm in seinen Augen damit »Kein

Interesse!« – gewissermaßen reflexartig –, und dann ist sie am Ende des Abends enttäuscht, dass sich »mal wieder« kein einziger Flirt ergeben hat.

Wie ist man selbstständig und emanzipiert und dennoch weiblich und verführerisch?

Früher gab es ein paar einfache Regeln – die waren nicht toll, aber zumindest gab es etwas, woran man sich halten konnte. Heute wissen die Männer nicht mehr, wie sie eine Frau ansprechen sollen, geschweige denn wann (oder ob überhaupt), und fragen sie Frauen ganz offen, wie sie es denn gern hätten, ist das auch schon wieder verkehrt. Und Frauen, die Männer ansprechen, machen schnell die Erfahrung, dass das nur selten zum gewünschten Ergebnis führt. Sollte man vielleicht doch wieder zur alten Rollenverteilung zurückkehren? Dann müssten aber bitte neue Regeln aufgestellt werden. Nur welche? Und wann gelten die?

Einen Wunsch jedoch hört man immer wieder: Der »Mann von heute« soll die »Frau von heute« verstehen!

Doch die wenigsten Frauen haben sich bisher Gedanken darüber gemacht, ob es vielleicht hilfreich wäre, den Mann von heute zu verstehen!

Höchste Zeit also, sich die Zielgruppe Mann einmal genauer anzuschauen und sich nicht länger zu verhalten wie eine Mischung aus der weiblichen Version vom Terminator und der Prinzessin auf der Erbse.

Ich werde Ihnen aus meiner langjährigen Erfahrung als Partnerschaftscoach und glückliche Ehefrau Wege aus diesem scheinbaren Dilemma zeigen. Ich werde Ihnen viele gute Gründe nennen, Männer zu lieben, und ebenso viele, die dazu führen werden, dass Männer Sie lieben werden!

Als Allererstes gebe ich Ihnen einen ganz wichtigen Tipp:

 Nehmen Sie Männer nicht so ernst.

Damit meine ich nicht, dass Sie Männer nicht respektieren sollten – ganz im Gegenteil! Ich respektiere Männer im Allgemeinen und im Besonderen. Ich liebe Männer und verbringe meine Zeit sogar meist lieber mit ihnen als mit Frauen.

Ich kann Ihnen jedoch versprechen: Kein Mann kann auch nur ansatzweise so kompliziert sein, wie eine Frau ihn sich denken kann. Kein Mann ist in der Lage, die Gedanken, die eine Frau sich machen kann, bis zum Ende nachzuvollziehen. Und das ist in Ordnung!

Ein Mann wird nie so komplex und kompliziert denken wie eine Frau. Kein Mann wird uns Frauen je wirklich verstehen – und auch das ist gut so!

Männer sollen anders sein als Frauen! Das ist doch der Reiz an der Sache.

Lernen Sie, über Männer zu schmunzeln und sie zu lieben. Entdecken Sie, wie viel Spaß es *beiden* macht, wenn eine Frau einen Mann um den Finger wickelt.

Lernen Sie, was es bedeutet, eine Verführerin zu sein, und wie es funktioniert, dass die Frau die einzige Beute ist, die ihrem Jäger auflauert.

Und dann gebe ich Ihnen noch einen ganz wichtigen Tipp, den ich auch den Männern gebe: Nehmen Sie vor allem auch sich selbst nicht so ernst.

Werden Sie lieber neugierig!

Ihre Zusammenfassung:
Wo wir gerade stehen und warum
Fassen Sie die Inhalte dieses Kapitels noch mal in Ihren eigenen Worten zusammen!
- Was sind die drei für Sie wichtigsten Punkte und Erkenntnisse?
- Was ist Ihr Fazit?

Was Männer wirklich wollen

Ursprünglich sollte dieses Buch den Untertitel *Was Männer wirklich wollen* tragen. Ich habe sehr eindrücklich darum gebeten, dass dies geändert wird, denn das (und da habe ich mich bei vielen Männern erkundigt) wäre ein sehr, sehr kurzes Buch geworden.

Wir Frauen scheinen jedoch irgendwie Probleme damit zu haben zu verstehen, was Männer wirklich wollen. Vor allem aber haben wir ein Problem damit, es dann auch noch zu akzeptieren.

Erst kürzlich sagte eine Klientin von mir wieder den berühmten Satz: »Tja, Männer sind halt einfach gestrickt!«

Sie sagte es abfällig, wie eine Beleidigung.

Wissen Sie, ich habe in meinem Leben immer wieder festgestellt, dass Männer – im Gegensatz zu den meisten Frauen – tatsächlich eher »einfach gestrickt« sind. Und ich habe diese Tatsache immer sehr genossen.

Ich finde es wunderbar, dass Männer so leicht glücklich zu machen sind – viel einfacher als wir Frauen.

Ich finde es großartig, dass Männer auf eine einfache Frage in der Regel auch eine einfache, klare und verlässliche Antwort geben.

Ich finde es beeindruckend, dass Männer Frauen so toll finden und dass sie fast alles für eine Frau tun würden, die ihnen gefällt.

Doch weil all das in so vielen weiblichen Köpfen so ganz anders bewertet wird, ist dies nun doch ein recht umfangreiches

Buch geworden, das Ihnen erklärt, was Sie tun können, um mit (mindestens) einem Mann glücklich zu werden und zu bleiben, und was Sie sich getrost sparen können.

Doch um der vieldiskutierten Frage vom Anfang Rechnung zu tragen, verrate ich Ihnen sehr gern, was Männer wirklich wollen. Glauben Sie nicht, dass ich über- oder untertreibe oder dass ich mir das selbst ausgedacht habe. Vielleicht bin ich nur die Erste, die es wagt, es auf einen so klaren Nenner zu bringen.

Die nun folgenden Punkte gelten für jeden, und ich meine absolut jeden Mann, der nach Auffassung des aktuellen Standes der Medizin psychisch und physisch gesund und »normal« ist.

Die Reihenfolge ist nach Prioritäten geordnet, wie sie die meisten Männer, mit denen ich gearbeitet habe, für sich gesetzt haben. Darin eingeflossen sind auch die Erfahrungen aus meinem Workshop »Abenteuer Liebe«, der schon vielen Frauen die Augen geöffnet hat, wenn sie von den Männern hörten, was für sie wichtig und an einer Beziehung beziehungsweise einer Partnerin wünschenswert ist.

Nun gut, ich will Sie nicht länger auf die Folter spannen. Hier kommt sie, die Wahrheit ...

MÄNNERPRIORITÄTEN –
WAS MÄNNER WIRKLICH WOLLEN, WAS SIE BRAUCHEN
UND WAS SIE GLÜCKLICH MACHT:

Sex

....

Essen

....

Ruhe

....

Herausforderung und Anerkennung

....

Spaß

....

Freiheit

So, jetzt ist es raus …
Na, schockiert?
Überrascht?
Nicht überrascht?
Nicht überrascht, aber dennoch irgendwie enttäuscht?

Nun, diese Punkte sind die Dinge, die ein Mann braucht, um glücklich zu sein. Die Prioritäten eines jeden Mannes unterscheiden sich von denen der anderen entweder durch eine andere Gewichtung oder dadurch, wie er den einzelnen Punkt für sich definiert. Das Endergebnis bleibt aber dasselbe.

Lassen Sie mich – zum besseren Verständnis – darauf eingehen, was diese Punkte im Einzelnen bedeuten und was Sie als Frau darüber wissen müssen:

Sex

Sex spielt auch bei Männern für den einen eine größere Rolle als für den anderen. Und auch hinsichtlich der sexuellen Vorlieben, der Wahl der Geschlechtspartnerinnen und der Dauerhaftigkeit der Kontakte gibt es große Unterschiede bei Männern. Dennoch ist und bleibt es wahr: 99 Prozent aller Männer räumen Sex oberste Priorität ein (manche setzen ihn zusätzlich noch an die zweite, dritte und vierte Stelle auf ihrer Liste).

Männer leugnen es gern und finden die Zahlen übertrieben – dennoch ist es nicht nur meine persönliche Erfahrung, sondern inzwischen auch durch verschiedene wissenschaftliche Untersuchungen aus den letzten vierzig Jahren belegt: Männer denken alle drei bis dreißig Minuten an Sex. Ob diese großen Unterschiede in der Zeitspanne nun an den untersuchten Männern oder an der Untersuchungsmethode liegen, ist mir nicht bekannt – doch ist es ein Fakt, dass Männer deutlich öfter an Sex denken als die meisten Frauen und dass sie vor allem auch deutlich schneller erregbar sind als wir Frauen. Von so mancher Teilnehmerin meiner

Kurse höre ich Sätze wie: »Männer denken immer nur an Sex. Ich möchte nicht zum Lustobjekt degradiert werden!«

Nun, liebe Frauen – es gehört nun mal »leider« zu einem Mann dazu, dass er immer wieder an Sex denkt. Und sind wir doch mal ehrlich – neben der Tatsache, dass wir hübsch anzuschauen sind und man sich mit uns gepflegt unterhalten kann, bringen wir den Männern nur Schwierigkeiten: Wir sind anspruchsvoll, wir sind bisweilen zickig, wir sind anstrengend, wir sind schwer zu verstehen, wir sind manchmal sogar einschüchternd für die Jungs – warum also sollten die sich so eine Mühe geben, eine von uns zu erobern? Warum lassen sie sich darauf ein, sogar eine Wohnung mit uns zu teilen? Warum ist ein Mann gewillt, einer Frau einen Drink zu spendieren? Für das gute Gespräch vielleicht?

Ich bitte Sie!

Letztlich ist der Sex das Einzige, was den wahren Unterschied zwischen einer sehr guten Freundschaft und einer Partnerschaft macht. Seien Sie doch mal ehrlich: Sie können sicherlich aus dem Stegreif fünf Menschen aufzählen, mit denen Sie sich besser unterhalten können und/oder besser verstehen als mit den meisten ihrer bisherigen Partner, oder? Vermutlich sind die meisten davon weiblich oder schwul oder aber sie haben einen sehr niedrigen Testosteronspiegel. Und dennoch suchen Sie weiter nach einem Partner … warum nur?

Was muss denn ein Mann haben, damit Sie sich zu ihm hingezogen fühlen? Damit Sie mit ihm nicht nur bekannt oder befreundet sein wollen?

Warum gibt es Männer in Ihrer Umgebung, die Sie unglaublich nett finden, aber mit denen Sie trotzdem nicht zusammen sein wollen, weil es einfach nicht »prickelt«?

Und warum »prickelt« es nicht?

Und warum ist es Ihnen überhaupt wichtig, dass es »prickelt«?

Worum geht es dabei?

Geben Sie es ruhig zu: Es geht Ihnen doch nur um den Sex!

Natürlich möchten wir auch für unsere Persönlichkeit, unseren Charme, unseren Intellekt geliebt werden. Und all das sind wichtige Voraussetzungen für eine gute Beziehung. Doch das Wichtigste ist das Begehren, die Anziehung: das »Prickeln« – und das entspringt dem Wunsch nach Sex.

Hören wir also auf, uns selbst in die Tasche zu lügen: Wir wollen es genauso, wir haben nur eine andere Perspektive und wir haben vielleicht andere Präferenzen als Männer. In Ordnung. Nichtsdestotrotz: Wenn uns ein Mann positiv auffällt, dann immer deshalb, weil unser kleines »Steinzeitgehirn« sich (oft ohne dass es uns bewusst ist) die Frage gestellt hat, ob wir uns Sex mit diesem Mann vorstellen können. Lautet die Antwort Ja, finden wir den Mann attraktiv.

Die Männer haben uns hier also schon fast etwas voraus, denn sie stellen sich die Frage vermutlich einfach bewusster als wir und haben daher auch häufig eine klarere Antwort.

Dass Männer aufgrund ihrer biologischen Anlagen nicht so wählerisch sind (und es auch nicht sein müssen) wie wir Frauen, können wir ihnen ja nun wirklich nicht zum Vorwurf machen!

Wir stellen also fest, das Klischee stimmt und der Satz trifft vollkommen zu:

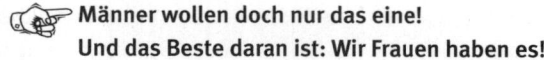 **Männer wollen doch nur das eine!**
Und das Beste daran ist: Wir Frauen haben es!

Liebe Leserin, wenn Sie auf der bewussten Ebene grundsätzlich nichts oder nur wenig für Sex übrig haben, gibt es jetzt zwei Möglichkeiten für Sie:

→ Es könnte sein, dass Sie vielleicht noch nie wirklich guten Sex hatten. Dann sollten Sie lernen,
  • sich zu entspannen,
  • einem Mann beizubringen, was Sie brauchen,

oder

→ Sie sollten nicht weiter nach einem Mann als Partner suchen. Vielleicht fühlen Sie sich nur generell einsam und sind mit einem Haustier und einem neuen Hobby oder einem erweiterten Bekanntenkreis gut beraten.

Wenn Sie sich wirklich einen Partner wünschen, dann heißt das, Sie suchen nach einem Mann.

Ein Mann will Sex.

Er will ihn oft, er will ihn unkompliziert und er will ihn wieder und wieder und wieder und wieder.

Er will ihn bis ins hohe Alter und selbst wenn er körperlich nicht mehr in der Lage dazu sein sollte, wird er, solange er noch etwas sieht, Ausschau halten nach Brüsten und Hintern.

Männer wollen Sex so sehr, dass Prostitution nicht umsonst »das älteste Gewerbe der Welt« genannt wird und noch nie eine Krise kannte. Man schätzt allein in Deutschland eine Summe von 14,5 Milliarden (!) Euro, die im Bereich des käuflichen Sex jährlich erwirtschaftet wird. Wahrscheinlich ist es sogar noch deutlich mehr. Porno ist eine der wirtschaftlich gesündesten Sparten in der Filmbranche – Pornos gehen immer und überall. Die Betreiber von Pornoseiten im Internet verdienen sich dumm und dämlich damit und 90 Prozent der Pornoindustrie sind auf die Bedürfnisse von Männern ausgerichtet.

Männer lieben Sex. Sie lieben es, Frauen dabei zu sehen und sie von oben bis unten betrachten und studieren zu können, deshalb lieben sie Pornos. Pornofilme helfen ihnen, sich vorzustellen, dass sie dabei sind, auch wenn sie allein sind, und sie entspannen sich dabei. Sex bedeutet für Männer ganz allgemein nämlich auch Entspannung.

Der Sex mit einer Frau kann Männer völlig aus der Bahn werfen – wenn ein Mann eine Frau begehrt, schaltet sich seine

Intelligenz gewissermaßen ab. Manchen Männern geht es dabei gar nicht unbedingt um diese eine Frau, sondern bei ihnen ist der Wunsch, eine bestimmte Fantasie zu erleben oder eine bestimmte Technik auszuprobieren, so stark, dass sie all ihr Geld, ihren Ruf, ihre Familie, ihren Job, ja sogar bisweilen ihr Leben dafür riskieren würden.

Männer wollen Sex.

Ist ein Mann heterosexuell, will er Sex mit Frauen.

Sie sind eine Frau.

Nehmen Sie es hin und akzeptieren Sie es. Ich werde Ihnen im Verlauf des Buchs zeigen, wie Sie selbst auf Ihre Kosten kommen und dafür sorgen, dass ein Mann nur noch Sex mit Ihnen haben möchte – und dass er großes Interesse daran gewinnt, dass es Ihnen gefällt!

Na, wenn das keine guten Nachrichten sind!

Essen

Viele Männer haben eine eher schlichte Vorstellung davon, was »Essen« bedeutet. Für die meisten heißt es nämlich »satt sein«. Bei vielen gern noch in der Verbindung »von Fleisch satt sein«. Es mag sich wie ein Klischee anhören, doch ich habe die Anzahl der Steakliebhaber in meinem recht umfangreichen Bekanntenkreis gezählt und festgestellt: Die meisten Kerle lieben ein gutes Stück Fleisch. Nur wenige Männer in meiner Umgebung sind Vegetarier. (Interessanterweise sind fast alle davon entweder Dauersingle oder homosexuell – meistens beides ... Ich wundere mich selbst, während ich darüber nachdenke! Nein, das soll nicht heißen, dass man als Vegetarier/in keine oder schlechtere Chancen auf eine Partnerschaft hat! Ich finde es nur irgendwie komisch.)

Als Vegetarierin wird man häufig von manchen Männern erst mal als langweilige Spaßbremse oder direkt als Kostverächterin betrachtet. Vermutlich hat es damit zu tun, dass es für viele Männer etwas mit Genuss zu tun hat, in ein Steak zu beißen, und sie sich nicht vorstellen können, wie man darauf verzichten kann. In Wahrheit jedoch ist es einem Mann ziemlich egal, was man selbst isst – solange man dabei gute Laune hat und ihm die Freude an seinem Steak nicht verdirbt.

Ein Mann, der sich nichts aus Essen macht, hat es vermutlich einfach nicht gelernt oder ist in einer Familie groß geworden, in der es keine gemeinsamen Mahlzeiten gab (oder diese einfach nicht geschätzt wurden). Für den Großteil der Männer jedoch bedeutet Essen nicht nur Sättigung, sondern auch so etwas wie Lebensfreude und Gemeinschaft – für viele ist es sogar ein Liebesbeweis, wenn man ihnen ein gutes Essen zubereitet.

Wie heißt es so schön: Liebe geht durch den Magen. Sie müssen keine Meisterköchin sein, um das Herz eines Mannes zu erobern – Sie sollten jedoch nie die Macht und Bedeutung eines guten Essens unterschätzen. Selbst Männer, die sich nach eigener Aussage nicht viel aus Essen machen, möchten das Gefühl, satt zu sein, nicht missen und sie lernen sehr schnell gutes Essen zu schätzen, wenn sie es bekommen.

> **Streiten Sie nie mit einem Mann, der Hunger hat, und fordern Sie auch sonst nichts von ihm, schon gar nicht seine Aufmerksamkeit.**

Wenn Sie das Gefühl haben, dass der Mann, mit dem Sie gerade zusammen sind (egal ob in einer Beziehung, im Job oder bei einem Date), fahrig, schlecht gelaunt, abgelenkt oder unaufmerksam ist – bieten Sie ihm etwas zu essen an, häufig verändert das die Situation schlagartig.

Kaum einem Mann ist dieser Zusammenhang tatsächlich bewusst, doch bei manchem Mann ist er so ausgeprägt, dass er mit leerem Magen ganz andere Entscheidungen trifft als gesättigt.

(Übrigens meistens schlechtere.) Möglicherweise ist dies der Ursprung des typischen Ablaufs eines »Geschäftsessens«, bei dem die wirklich wichtigen Themen meist erst zum Dessert besprochen und entschieden werden.

Mit einem Mann essen zu gehen hat viele Vorteile: Er wird sich spätestens nach dem Hauptgericht sehr gut auf Sie konzentrieren können und an der Art, wie er isst (und auch daran, was er sich bestellt), können Sie bereits viel über ihn erfahren.

Wenn Sie mit einem Mann »reden« wollen, muss er satt sein. Wenn Sie von einem Mann einen Gefallen wollen, sollte er am besten satt sein und Sex in Aussicht haben oder gerade welchen gehabt haben.

Und wenn Ihnen das jetzt zu banal und klischeehaft klingt: Probieren Sie es einfach aus!

Ruhe

Ist ein Mann satt und hatte Sex, dann hat er am liebsten seine Ruhe.

(Oje – es wird immer schlimmer, nicht wahr?)

Ich gebe zu, es klingt wie ein tiefer Griff in die Klischeekiste – aber beobachten Sie ruhig mal Männer in Ihrem Umfeld!

Das Bedürfnis nach Ruhe ist jedem Mann eigen – vor allem bei Männern, die in Beziehungen sind, fällt dies besonders auf. Sie vermissen etwas, was sie vorher gar nicht zu schätzen wussten: die Möglichkeit, stundenlang hemmungslos schweigen zu können, ohne gefragt zu werden: »Was denkst du gerade?«

Loriot hat es bereits in den 1970er-Jahren wunderschön in einem Sketch verarbeitet: »Was machst du?«, fragt die Ehefrau ihren Mann aus der Küche heraus, der regungslos und schweigend auf einem Sessel sitzt. »Nichts«, antwortet dieser. »Überhaupt nichts?«, will sie wissen und kann es nicht fassen. »Aber irgendwas machst du doch?«, fragt sie ihn und er antwortet schlicht: »Nein.« Doch glücklich wird er nicht mehr – denn nachdem er angeblich auch nichts Besonderes denkt, möchte die gute Ehefrau helfen und schlägt diverse Dinge vor, die er tun könnte. Dass er »einfach nur hier sitzen möchte«, ist für sie weder verständlich noch akzeptabel.

So mancher Ehemann lacht leicht gequält bei dieser Geschichte, denn ganz unbekannt ist ihm die Situation nicht.

Schon seit bald zwanzig Jahren versucht John Gray – Autor des Buches *Männer sind anders. Frauen auch.* – es uns mit der schönen Metapher von Mars und Venus beizubringen: Wenn der Mann schweigt, täte die Frau gut daran, ihn einfach in Ruhe schweigen zu lassen. Warum ist das nur so schwer für sie?

Dem Mann bleibt bis heute nichts anderes übrig, als sich Rückzugsgebiete zu sichern, um das zu finden, was er so gern hat: seine Ruhe.

Das soll nicht heißen, dass Männer nicht gern reden – viele Männer reden sehr gern, gerade mit Frauen. Doch während wir Frauen wahnsinnig gern reden, zum Beispiel um uns über unsere Gefühle klar zu werden, um eine Beziehung aufzubauen, um einander unsere Wertschätzung auszudrücken, um uns einfach wohlzufühlen, haben die Männer das Schweigen für sich entdeckt. Viele Männer gehen regelrecht »offline« und denken einfach mal nichts. Sie können es genießen, für lange Zeit irgendwo zu sitzen und einfach mal nichts oder zumindest nichts Bestimmtes zu tun oder zu denken, vor allem aber zu schweigen.

Oder was dachten Sie, warum Männer stundenlang mit einer Zeitung auf dem Klo sitzen können? Warum sie zum Angeln gehen? Einen »Hobbykeller« oder eine »Werkstatt« haben? Warum sie so leidenschaftlich an Autos herumschrauben können? Modellbau betreiben? Schach spielen? Segeln gehen? Golf spielen? Motorrad fahren? Rennrad fahren? Computer-was-auch-Immer machen?

Ja, es gibt inzwischen auch Frauen, die einigen dieser Freizeit-
beschäftigungen nachgehen – doch erfunden wurden sie allesamt von Männern. Und das nur aus einem einzigen Grund: weil
all dies Tätigkeiten sind, bei denen man vorzugsweise schweigt.

Viele Männer sind in der Lage, sich selbst – ganz ohne
Meditationsübung – in einen Zustand geistiger Leere zu versetzen,
in dem sie minutenlang verharren können und nur das Atmen als
letztes Zeichen körperlicher Aktivität aufrechterhalten wird.

Auch bei Meinungsverschiedenheiten können Männer ganz
wunderbar schweigen. Das ist jedoch sehr einfach zu erklären:
Männer schweigen, wenn sie denken. Ein Mann kann offensichtlich immer nur eine Sache zur selben Zeit. Viele Männer behaupten sogar, sie können auch nur entweder fühlen oder denken.
Das würde erklären, warum Männer nicht besonders gut über
Gefühle sprechen können.

Aber natürlich gibt es auch Männer, die hervorragend über
ihre Gefühle sprechen können!

Es gibt Männer, die sind so tiefsinnig, so feingeistig, so unglaublich reflektiert – sie sprechen die ganze Zeit über ihre Gefühle. Sie
sprechen über Dinge, die sie bewegen, über alles, was sie über sich
selbst herausgefunden haben, und wie es ihnen damit geht.

In meiner langjährigen Praxis als Coach habe ich unzählige
Frauen getroffen, die verzweifelt zu mir kamen, weil sie endlich,
endlich, endlich den Mann ihrer Träume kennengelernt haben.
Eines dieser seltenen eben beschriebenen Exemplare, mit dem
man reden kann und der tatsächlich reflektiert. Ein Mann, der
sich seiner Gefühle bewusst ist und auch noch über sie sprechen
kann. Ein sensibler, feinsinniger Mann mit geistiger Tiefe. Endlich. Nur leider, leider, leider konnte sich der jeweilige Mann nicht
für eine »echte« Beziehung mit der betreffenden Frau entscheiden.
Er konnte allerdings fantastisch erklären, welche Qualen er erlitt
und warum ihm das so schwerfiel. Letztlich stellte sich in jedem
einzelnen Fall heraus, dass der vermeintliche Tiefgang und die

Sensibilität des Mannes nur die Fähigkeit war, seine Unfähigkeit, sich zu entscheiden, zu verbalisieren.

Wie Sie mit einem solchen Mann umgehen, werde ich im Verlauf des Buchs noch erläutern. Doch bis dahin gehe ich von einem »normalen« Mann aus und rate: Wenn Sie einen Mann glücklich machen wollen, lassen Sie ihn ein paar Stunden am Tag einfach in Ruhe.

Herausforderung und Anerkennung

Männer sind wild nach Anerkennung und sie lieben daher Herausforderungen, die Anerkennung versprechen. Während wir Frauen jedoch in Anerkennung das Gefühl »beliebt zu sein« sehen, ist es bei Männern das Bedürfnis, »der Beste« zu sein.

Alles Machtstreben von Männern ist motiviert durch den brennenden Wunsch nach Anerkennung für den Sieg – auf welchem Gebiet auch immer.

Der Beste zu sein ist ein Bedürfnis, das jeder Mann auf seine eigene Weise auslebt. Hat ein Mann als Kind nicht genug Anerkennung von seinen Eltern bekommen, kann dieses Bedürfnis sogar regelrecht krankhaft werden und verheerende Züge annehmen, sodass es den Mann zwar zu Höchstleistungen motiviert, diese jedoch bei Nichterfüllung der angestrebten Belohnung pervertieren. Dafür gibt es zahlreiche historische Vorlagen: Die Soziologin, Psychologin und Kindheitsforscherin Alice Miller beispielsweise hat die Kindheit vieler Diktatoren erforscht, um den Ursprüngen der schlimmen Taten dieser Männer auf die Spur zu kommen. Alle untersuchten Staatsmänner hatten gemeinsam, dass es ihnen an Anerkennung und Liebe in der Kindheit fehlte, und allesamt hatten sie das starke Bedürfnis, etwas »beweisen« zu müssen.

Auch bei den jüngst leider häufiger vorkommenden Amokläufen ist auffällig, dass die fast ausschließlich männlichen

Amokläufer immer Außenseiter waren, die wenig bis gar keine Anerkennung von ihrer Umwelt bekommen hatten. Fast immer ging der Tat eine Art »finale Kränkung« voraus, die den geistigen Kurzschluss auslöste und die Männer zu Mördern machte, weil sie es »allen endlich mal so richtig zeigen« wollten.

Doch man findet in allen Bereichen der Gesellschaft, zum Beispiel in der Wirtschaft und ebenso in der Politik, Beispiele von Männern, die nach Anerkennung so sehr dürsten, dass sie zu Höchstleistungen bis zur Selbstaufgabe bereit sind oder sich sogar lächerlich machen.

Der komplette Breitensport – allen voran Kumpel Fußball – bedient das Bedürfnis der Männer, der Beste zu sein. Ein Mann, der in seinem ganzen Leben noch nie Stollenschuhe und Knieschützer getragen hat, versichert uns dennoch glaubhaft: »Wir haben gewonnen« oder »Wir sind Meister« – nur weil er sich irgendwann für eine Mannschaft entschieden hat, mit der er sich identifizieren möchte, und jetzt neunzig Minuten lang ein Fußballspiel angesehen hat. Fußball ist im heutigen Europa der populärste Ersatz für die Gladiatorenkämpfe des alten Rom.

Männer sind immer auf der Suche nach ihrem Feld, in dem sie der Beste sein oder sich beweisen können.

Ich kannte mal einen Mann, bei dem das so extrem war, dass man ihn zu den dümmsten Dummheiten bringen konnte, wenn man ihm nur sagte: »Wetten, du traust dich nicht ...«

Wollen Sie mal so richtig Spaß haben? Suchen Sie sich einen Mann aus ihrem Bekanntenkreis, den Sie mögen und der Ihnen nicht »gefährlich« werden kann, aber zu dem Sie ein gutes Verhältnis haben möchten (zum Beispiel Ihren Chef, einen netten Kollegen oder jemanden in Ihrem Lieblingssupermarkt). Bitten Sie ihn um irgendeinen kleinen Gefallen oder bieten Sie ihm eine Art der Herausforderung (»Ich wüsste nicht, wer das besser könnte als du!«) und wenn dies geschehen ist, bedanken Sie sich mit dem Satz: »Du bist der Beste!« und Sie haben einen neuen Fan.

Bitte sagen Sie jetzt nicht, das wäre Ihnen zu einfach … nur weil es funktioniert, muss es nicht schlecht sein.

Spaß

Spaß ist die Würze des Lebens für jeden Mann. Darf er keinen Spaß mehr haben, geht er bald ein wie Supermarkt-Basilikum auf der Fensterbank.

Leider jedoch verstehen Männer unter »Spaß« fast immer etwas ganz, ganz anderes als wir Frauen.

Neben den spaßigen Aspekten des Sex und des Schweigens bedeutet Spaß für einen Mann das, was wir Frauen im Allgemeinen unter »sich kindisch benehmen« verstehen.

Männer sind, was das angeht, eigentlich alle immer noch große Kinder und wie Kinder nun mal so sind, begeistern sie sich für alles, was Krach macht, schnell oder gefährlich ist und alles, was man als Wettstreit austragen kann.

Fußball ist, neben der Möglichkeit, auch durch passive Teilnahme der Beste werden zu können, eine bekannte und beliebte Variante von Spaß: egal ob direkt auf dem Platz oder brüllend, fiebernd, fahnenschwenkend und jubelnd (oder schimpfend) auf den Rängen eines Stadions oder wenigstens vor dem Fernseher. Hier kann der Mann mal so richtig aus sich rausgehen. Hier darf er auch nach Herzenslust rülpsen und auf den Boden spucken. Hier darf er aggressiv sein und all seine Emotionen auf natürlich männliche Weise offenbaren.

So sehr manche Frauen darunter leiden, dass ihr Partner »zu wenig Gefühle zeige«, so wenig möchten die meisten Frauen die männliche Art, Gefühle zu zeigen, tatsächlich miterleben.

Männlichen Spaß haben kann ein Mann auf viele Arten und jeder Mann hat seine Lieblingsart: Bei manchen ist es eben der Fußball, bei anderen sind es Wettsaufen mit den Kumpels, ein schnelles Auto oder ein fettes Motorrad. Wieder andere lieben es, mal so richtig abzurocken: Live oder vor der Stereoanlage, mit Luft- oder tatsächlich E-Gitarre – wichtig ist nur: Es muss laut sein!

Männerspaß ist eigentlich immer laut. Männerwitze sind fast immer anzüglich. Männerfreundschaften bestehen aus dem »miteinander tun« oder dem »sich für dasselbe begeistern« – nicht aus dem »miteinander reden«.

Natürlich gibt es auch eine Sorte Mann, die nie laut ist und nicht über versaute Witze lacht. Meist sind das eher introvertierte, feingeistige, anspruchsvolle, intellektuelle Männer – die jedoch leider fast immer überhaupt keinen Humor haben und auf keinem Niveau Spaß haben können oder bisher einfach nur sehr, sehr, sehr gut ihre wahre Natur verborgen haben ... vielleicht sogar vor sich selbst. Viel Spaß mit einem solchen Modell von Mann. Sicher bietet so ein Mann Ihnen großzügig die Adresse eines Therapeuten an, bei dem er auch schon lange in Behandlung ist. Sie werden ihn brauchen, denn ein Mann, der nicht ab und zu mal das Bedürfnis hat, »die Sau rauszulassen« (und dem auch nachgibt), leidet mit an Sicherheit grenzender Wahrscheinlichkeit an psychischen Qualen, an denen Sie als Partnerin früher oder später verzweifeln werden.

Entscheiden Sie sich lieber für einen echten Mann und gönnen Sie ihm seinen Spaß.

Leider glauben aber inzwischen auch viele Männer, dass man mit Frauen keinen Spaß haben könnte. Zumindest mit den meisten Frauen. Nun, Sie sind nicht »die meisten Frauen«! Wenn ein Mann merkt, dass er mit Ihnen Spaß haben kann, wird er Sie interessant finden. Das heißt nicht, dass Sie sich benehmen müssen wie ein Kerl (das führt eher nicht zum gewünschten Ergebnis) oder eine Reihe schmutziger Witze erzählen können müssen ...

Spaß mit Frauen bedeutet für Männer zum einen der Flirt, die Verführung, aber zum anderen auch, wenn eine Frau einfach locker sein kann und einen Mann auch mal verblüfft.

Ein beliebtes Männerspiel ist es zum Beispiel zu versuchen, eine Frau verlegen zu machen. Das Spiel wird (auch für uns Frauen) besonders amüsant, wenn Sie eine Weile mitmachen und so tun, als wären Sie wirklich »ein Mädchen«, das gleich rote Wangen bekommt, und dann hauen Sie ihm einen Spruch um die Ohren nach dem Motto: »Und wollen wir jetzt weiter so tun, als wäre ich dumm, oder wollen wir wirklich Spaß haben, du Angeber!?« Mit der Erschaffung einer solchen Situation sorgen Sie nicht nur für Spaß, Sie schaffen es auch, direkt den nächsten wichtigen Punkt anzugehen:

Freiheit

Der Wunsch nach Freiheit und Unabhängigkeit ist das wohl am meisten »störende« Bedürfnis eines Mannes für eine bindungswillige Frau. Scheinen doch der Wunsch, frei zu sein, und der Wunsch, sich in eine Beziehung mit einer Frau einzulassen, einander auszuschließen.

Genau das ist es dann auch, was viele Männer so ambivalent macht und solche Satzanfänge hervorbringt wie:

- »Ich liebe dich ja auch wirklich, aber …«
- »Ich verstehe, dass du mit mir zusammen sein möchtest, aber …«
- »Ich wünsche mir ja auch eine Beziehung, aber …«

Die französische Psychoanalytikerin Christiane Olivier ergänzte die Freud'sche Betrachtungsweise des Ödipuskomplex um eine weibliche Perspektive: Während Freud in seiner Betrachtungsweise von einer »Kastrationsangst« spricht, führt Olivier unter anderem den Wunsch nach Unabhängigkeit von der Mutter an:

In der Entwicklung eines Mannes ist die Mutter sein erstes Liebesobjekt. Die Beziehung zwischen einer Mutter und ihrem

Kind ist die Basis für alles, was später im Zusammenhang mit dem Begriff »Liebe« erwartet und erlebt wird. In frühester Kindheit erleben wir durch die Zuwendung der Mutter unsere erste vollkommene Liebesbeziehung. Ambivalent wird diese Beziehung, wenn das Kind sich von der Mutter eingeengt fühlt: Schon sehr früh in der Kindheit streben vor allem kleine Jungs danach, »die Welt zu entdecken«, und es ist in der Regel eine Frau, die sie immer wieder davon abhält. Noch stärker ist dieser Effekt bei Söhnen alleinerziehender Mütter, für die der Sohn der einzige Mann ist, den sie ihr Leben lang haben werden – all ihre Liebe und all ihre Fürsorge konzentrieren sich dann noch stärker auf diesen einen Mann. Gleichzeitig jedoch wird der Sohn auch Hauptzielperson für all ihre Ängste, alle Vorwürfe an das andere Geschlecht und natürlich auch ihre Kontrolle.

Je mehr eine Mutter versucht, ihren Sohn vor Schäden zu bewahren, desto mehr erlebt der Sohn die Liebe der Mutter als kontrollierende, beengende Instanz. Gleichzeitig jedoch will er natürlich auch die Anerkennung und Liebe der Mutter gewinnen, sodass die Kindheit ein stetiger Kampf um Unabhängigkeit von einer Frau ist, den er nicht gewinnen darf, weil er dabei die Frau verlieren würde, die er liebt.

Männliche Kinder erfahren so die Sehnsucht der Mutter nach Liebe und Nähe in Kombination mit Fürsorge, aber auch mit Verboten als einengendes Element. Ein Junge lernt hier schon sehr früh, dass die Liebe einer Frau auch etwas mit »Freiheitsberaubung« zu tun hat, und er sucht sich seinen eigenen Weg, damit umzugehen. Verzichten will ein Mann in der Regel nicht auf Liebe – bedeutet sie im Erwachsenenalter unter anderem ja auch Anerkennung, Sex und Geborgenheit. Sieht er jedoch seine Freiheit in Gefahr, wird er Mittel und Wege suchen (und finden), beides zu haben.

Ein Mittel, zu dem viele Männer schon im Kindesalter greifen, ist, sich in Sachen Liebesbekundungen zurückzuhalten: Zeigt ein

Mann Zuwendung und Zärtlichkeit und drückt diese auch verbal aus, gibt er damit der Frau Macht über sich. Zumindest wird dies von Männern so erlebt und erklärt damit sehr einleuchtend, warum ein Mann sich so schwer tut, seine Gefühle zu zeigen oder gar zu artikulieren.

Je stärker im späteren Erwachsenenleben der Wunsch einer Frau ist, den Mann an sich zu binden und zu kontrollieren, desto mehr wird der jeweilige Mann versuchen, sich Freiheiten zu erhalten, der Kontrolle zu entgehen oder sich Freiheit auf andere Art zu sichern (durch Schweigen, wenig Liebesbekundung, Fremdgehen etc.). Spürt ein Mann, dass eine Frau sich gefühlsmäßig von ihm abhängig macht, treibt ihn genau das in die Flucht.

Viele Männer wollen sich auch auf keinen Fall von einer Frau »kriegen lassen« – zwar wollen sie all die Vorzüge genießen, die eine Partnerschaft mit sich bringt, doch sie haben Angst, ihr das Etikett »Beziehung« aufzukleben. Denn diese Männer haben die Vorstellung verinnerlicht, dass »sich zu einer Beziehung bekennen« gleichbedeutend ist mit »eingefangen werden«. Ein Mann, der innerlich sehr unsicher ist und Angst davor hat, von einer Frau vereinnahmt zu werden, wenn er tatsächlich Gefühle für sie entwickelt, wird sich damit schützen, sich nie ganz und gar auf eine Beziehung einzulassen. Er wird sich sogar stetig darin weiterbilden, Frauen zu manipulieren, um das zu erhalten, was er sich von Frauen wünscht (Zuneigung, Zärtlichkeit und Sex), ohne sich dabei selbst »in Gefahr« zu begeben, sprich sich auf eine partnerschaftliche Beziehung mit einer Frau einzulassen, da er stets befürchten muss, dass die Liebe ihm die Freiheit und die Selbstständigkeit raubt.

Im Umkehrschluss bedeutet das für Sie nichts anderes als:

→ Je mehr Freiheit Sie einem Mann lassen, umso lieber wird er mit Ihnen zusammen sein.

→ Je weniger Sie Ihr Glück und Ihre Laune von seiner Zuneigung abhängig machen, umso lieber wird er Ihnen seine Zuneigung zeigen.

→ Je mehr ein Mann sich dagegen wehrt, eine Beziehung mit Ihnen einzugehen (obwohl Sie ihm Freiheit lassen), umso mehr können Sie davon ausgehen, dass dieser Mann für eine erwachsene Beziehung mit Ihnen gar nicht geeignet ist (und auch nicht eines Besseren belehrt werden kann). Und je mehr Sie ihn dazu bringen wollen, umso weniger Lust wird er darauf haben.

Fazit der Männerwünsche

Sex, Essen, Ruhe, Herausforderungen und Anerkennung dafür, diese Herausforderungen zu meistern, sowie auch Spaß und Freiheit sind das, was einen Mann glücklich macht. Nicht mal zwanzig Seiten braucht es also, um hinlänglich zu erklären, was Männer wirklich wollen – und dieses Buch könnte hier zu Ende sein.

Gut, es wäre vermessen zu behaupten, dass damit alle Bedürfnisse von allen Männern abgedeckt wären … so einfach sollte man Menschen schließlich nicht über einen Kamm scheren. Haben Sie jedoch etwas gefunden, was Ihnen bisher nicht klar war, oder haben Sie starke Schwierigkeiten damit, etwas davon zu akzeptieren, so könnte das einer der Hauptgründe sein, warum Sie aktuell nicht in einer glücklichen Beziehung sind.

Machen Sie sich immer wieder klar, dass das Verhalten eines Mannes in jeder Situation von diesen sechs Grundbedürfnissen motiviert ist, und Sie haben bereits viel gewonnen.

Wenn Sie sich eine dauerhaft schöne Beziehung mit einem Mann wünschen, finden Sie auf den nächsten gut 200 Seiten alles, was Sie wissen müssen, um einen Mann glücklich zu machen und selbst zu bekommen, was Sie wollen. Und bis Sie den Richtigen finden, wird es auf diese Art garantiert nicht langweilig.

Doch sollten Sie wissen: Einen Mann um den Finger zu wickeln und ihn dazu zu kriegen, sein Leben mit Ihnen verbringen zu wollen, sind tatsächlich zwei Paar Schuhe!

Ihr Erfolgsfaktor liegt darin, die Grundwerte eines Mannes nicht nur zu respektieren, sondern auch zu wissen, was Sie als Frau dafür tun können, dass ein Mann Sie – und nur Sie – will.

Dabei geht es keinesfalls darum, dass Sie einem Mann »alles recht machen« sollen – im Gegenteil! Es geht darum, wie Sie es schaffen können, dass »Ihr Mann« nur allzu gern bereit ist, es Ihnen »recht zu machen«.

In den Wünschen des Mannes liegen die Schlüssel zu seinem Herzen – für manche dieser Wünsche können wir als Frauen letztlich einfach nur eins anbieten: ihm nicht im Weg zu stehen. Für die Erfüllung seiner anderen Wünsche sind wir geradezu perfekt, denn nur in einer Frau wird er genau das finden, was er sich wünscht – und mehr. Von vielen Dingen, die eine Frau ihm zu bieten hat, wird er nämlich erst wissen, dass er sie braucht, wenn er sie gefunden hat. Neben allen Geheimtipps und Kniffen, die ich Ihnen in diesem Buch anbiete, sollten Sie diese fünf Aspekte und Ihre Bedeutung kennen, denn sie gelten für alle sozialen Interaktionen mit Männern und können Ihnen in allen Lebensbereichen hilfreich sein:

🗝 Schlüssel Nummer eins: Herausforderung

Männer sind interessiert an Frauen, die sie für eine Herausforderung halten – das gilt für einen Flirt genauso wie in der Kennenlernphase, aber auch in der Beziehung. Wenn ein Mann in einer Flirtsituation das Gefühl hat, dass er bei einer Frau »sowieso keine Chance« hat, wird er es gar nicht erst versuchen. Ist es zu leicht, wird er die Chance auf »leichte Beute« zwar vielleicht wahrnehmen – aber er wird sie als Mensch und als potenzielle Partnerin nicht wertschätzen.

Bei einem Flirt beispielsweise ist Ihre Aufgabe, es dem Mann möglich – aber nicht zu einfach – zu machen und den eigenen Wert zu bestimmen, indem Sie ihn wissen lassen, dass es sich lohnt ... aber er sich nun mal ein bisschen dafür anstrengen muss. Männer lieben die Jagd – und genau das ist es, was wir ihnen anbieten müssen, auch wenn wir sie noch so sehr begehren. Welcher Mann findet schon die Beute reizvoll, wenn sie sich vor ihn wirft und ruft: »Nun schieß doch endlich, du Idiot!«

Nein, besonders wertvoll sind die Trophäen, denen er nachgeschlichen ist, für die er ausharren und besonders schlau sein musste. Es bringt allerdings nichts, wenn Sie versuchen, das vorzutäuschen: Wenn Sie brennend an einem bestimmten Mann interessiert sind und versuchen, ihn zu kriegen, indem Sie vortäuschen, dass *Sie* schwer zu kriegen sind, geht das meistens in die Hose. Männer sind nicht dumm – sie merken durchaus, wenn sie an der Nase herumgeführt werden.

Sorgen Sie also einfach unter allen Umständen dafür, dass sich Ihr Leben nicht um einen bestimmten Mann dreht!

Mit meinen Flirt- und Datingtipps wird Ihnen das sicher nicht schwerfallen – doch die nützen nur etwas, wenn Ihre innere Einstellung stimmt. Wie hat ein Freund von mir es mal so schön formuliert: »Ein Mensch, in den man verliebt ist, ist wie ein helles, warmes Licht einer großen Kerze – doch ein Raum sollte von mehr erhellt werden als nur von einer einzigen Kerze, sonst gibt es zu viel Schatten!«

Ja, da ist was dran.

Sorgen Sie also dafür, dass Sie gefragt sind. Wenn ein Mann mitbekommt, dass er nicht der Einzige ist, der um Ihre Gunst, Ihre Zeit, Ihr Herz und Ihr Höschen buhlt, dann wird ihn das motivieren – vor allem wenn Sie ihn durch die Blume wissen lassen, dass er durchaus gute Chancen hat, das Rennen zu machen!

Doch übertreiben Sie nicht! Viele Männer lassen sich äußerlich überhaupt nichts anmerken und die Frauen denken, »er hat es nicht begriffen«. Doch, hat er – und er überlegt, wie er möglichst souverän bleibt, denn das ist eine der obersten Männerregeln: Indianerherz kennt keinen Schmerz – Howgh!

Machen Sie sich (und Ihre gute Laune) grundsätzlich nicht von der Zuneigung und Aufmerksamkeit eines Mannes abhängig.

So sind Sie eine Herausforderung:

→ Sie haben nicht immer Zeit.
→ Wenn er sich mit Ihnen verabreden möchte, dann muss er innerhalb einer zumutbaren Frist einen Vorschlag machen.
→ Sie sind grundsätzlich (!) ab spätestens Donnerstagvormittag für das Wochenende verplant (und das sind Sie wirklich – sorgen Sie dafür!).
→ Sie sagen niemals (!) eine Verabredung mit einer guten Freundin (oder einem Freund) ab für einen Kerl, den Sie gerade erst kennengelernt haben.
→ Er bekommt Ihre Telefonnummer nur, wenn er nicht »irgendwann mal anruft«, sondern sich ins Zeug legt für Sie. (Was glaubt er, wer Sie sind!?)
→ Eine Verabredung muss für Sie vergnüglich sein – und es ist sein Job, Ihnen etwas vorzuschlagen.
→ Sie sind keine Frau für eine Nacht.
→ Sie machen nicht (alles), was er sagt.
→ Sie geben nicht auf jede Frage »brav« eine Antwort.

Besonders wichtig ist die Herausforderung für einen Mann, wenn er genau weiß, dass er »Mist gebaut« hat. Manche Männer ziehen sich zurück oder gehen auf Abwehr, wenn sie merken, dass sie eine Frau verärgert haben. Wieder andere versuchen es mit dem Hundeblick. Nichts davon darf bei Ihnen funktionieren! Reichen Sie einem Mann die Hand zur Versöhnung, aber lassen Sie ihn wissen, was er zu tun hat, um es wiedergutzumachen. Bei mir muss immer mindestens ein Abendessen in einem guten Restaurant rausspringen – oder eine Massage. Oder wenn es etwas wirklich Schlimmes war, dann etwas, was dem Mann auch ein bisschen »wehtut«. (Mögen Sie Ballett? Die meisten Männer hassen es – also das wäre eine Wiedergutmachung: Sie gehen zum Ballett – er zahlt und muss mitkommen! Für die meisten Männer wäre es allerdings wahrscheinlich schon »Strafe« genug, Sie zum Shopping begleiten zu »dürfen« – denken Sie mal drüber nach.)

Für uns Frauen ist es ein gutes und überaus wichtiges Gefühl, dass ein Mann an uns denkt. Studien in der Gehirnforschung haben ergeben, dass wir ganz besonders stark und lange an das denken und uns besonders lange an das erinnern, was anstrengend ist (und war), weil herausfordernde Aufgaben auch besonders viele neuronale Vernetzungen erfordern.

Wenn Sie also möchten, dass ein Mann lange und oft an Sie denkt, ist es gut, wenn er sich ein wenig anstrengen muss, um von Ihnen das zu bekommen, was er sich wünscht.

Warum lässt sich ein Mann darauf ein? Weil sein zweitwichtigster Wert erst dann richtig wertvoll ist, wenn er verdient wurde: Anerkennung.

Noch schöner als Anerkennung ist allerdings für einen Mann, wenn er von einer Frau bewundert wird – und damit sind wir auch direkt bei …

🔑 Schlüssel Nummer zwei: Bewunderung

Bewunderung ist die Steigerung von Anerkennung – und sie ist so etwas wie der Generalschlüssel zu so ziemlich jedem Mann, egal ob es Ihr Chef, Ihr Vater, Ihr Kollege, Ihr Nachbar oder ein echt heißer Typ ist.

Was glauben Sie wohl, warum so viele Männer so wahnsinnig viel Geld für Autos ausgeben? Na klar, weil das so ziemlich die einfachste Art ist, Aufmerksamkeit zu erregen und sogar mal von anderen Kerlen Bewunderung einzuheimsen – und sei es nur in Form von Neid!

Was ermutigt einen jungen Mann, nach seiner ersten Gitarren-stunde den gerade gelernten Akkord einer Frau vorzuspielen? Die vage Aussicht, ihr damit mehr imponieren zu können als mit seinen Verdiensten an der Playstation.

Bewunderung ist der höchste Lohn, den ein Mann erringen kann, und die Sehnsucht danach treibt ihn zu den irrwitzigsten Taten, wenn die Situation diese erfordert. Ein Löwenanteil der im Guinnessbuch verzeichneten Rekordhalter ist männlich – schließ-lich gibt es hier eine Menge Potenzial für Männer auf der Jagd nach einer Disziplin, in der sie der Beste der Besten sein können. Denn was winkt dem Besten der Besten? Sie ahnen es: Bewunderung!

Es ist nicht das Geld, das Männer dazu bringt, Rockstar werden zu wollen oder Schauspieler oder Profi-Fußballer ... Es ist – neben der Begeisterung für Musik, Selbstdarstellung oder Sport – vor allem die Aussicht auf Ruhm und darauf, die besten Frauen abzukriegen ... denn diese bewundern Stars nun mal.

Und da sind wir auf der richtigen Fährte: Während die Männer sich mit der gegenseitigen Bewunderung doch sehr zurückhalten, ist Bewunderung von Frauen das, wonach Männer streben und worin wir Frauen offenbar ziemlich gut zu sein scheinen.

Männer spielen gern den Helden und wir finden in zahlreichen Werken der klassischen (und der Comic-) Literatur Vorlagen, wie so etwas zu enden hat: Mann tötet Drachen, Frau ist glücklich, bewundert den Helden und ist die Seine. Oder: Mann tötet bösen Widersacher, Frau ist glücklich, bewundert den Helden und ... na ja, Sie wissen schon.

Jetzt stehen wir allerdings vor dem Problem, dass wir Frauen heutzutage nur sehr selten mit feuerspeienden Ungetümen oder bösen Weltvernichtern konfrontiert werden. Was also tun, um einem Mann die Chance zu geben, als Held bewundert werden zu können?

Nun, bis Sie etwas zu Bezwingendes finden, das groß und furchterregend genug ist, müssen wir uns mit Alltagsheldentum begnügen. Wichtig für unsere Zwecke ist einfach nur das Bewusstsein, dass Männer sich gut fühlen, wenn sie Helden sein können.

Wenn Sie einen Mann langfristig glücklich machen wollen, müssen Sie ihn regelmäßig bewundern. Das funktioniert erfreulicherweise ganz hervorragend im Zusammenspiel mit den Herausforderungen, die Sie ihm regelmäßig stellen sollten.

Es ist ein Unterschied, ob Sie nach einem Gefallen, den ein Mann Ihnen tut, einfach nur Danke sagen, oder ob Sie sagen: »Vielen Dank – ohne dich hätte ich das nicht geschafft« oder »Wow, toll! Danke!« oder schlicht und einfach »Du bist mein Held!«.

Die Formel ist so einfach wie logisch:

 Wenn Sie möchten, dass ein Mann Sie toll findet: Sagen Sie ihm, dass Sie ihn toll finden!

Eine Sache gibt es, die ein Held niemals zugeben würde: Neben der Bewunderung ist da etwas, das er noch mehr begehrt. Kaum ein Mann kann es tatsächlich artikulieren, doch ein Faktor ist ausschlaggebend für den großen Unterschied, ob ein Mann eine Frau einfach nur sexy oder geil findet oder ob er sich wirklich wohl mit ihr fühlt, ob er sie nur hin und wieder mal treffen will oder ob er ihre Nähe immer wieder sucht und bereit ist, auch eine echte Beziehung mit ihr einzugehen.

Das ist:

🗝 *Schlüssel Nummer drei: Wärme*

Bisher waren Sie vermutlich nicht besonders überrascht, denn die ersten beiden Schlüssel decken sich schließlich eins zu eins mit dem Wunsch des Mannes nach Herausforderung und Anerkennung.

Doch Wärme ist sozusagen die geheime Zutat – der ganz besondere von allen Schlüsseln: Sie funktionieren nur in Kombination alle zusammen, doch die Wärme ist entscheidend, wenn es um den Aufbau einer glücklichen Beziehung geht. Wenn Ihnen die Wärme fehlt, werden Männer Sie vielleicht immer toll und interessant finden – aber sie werden Ihnen doch immer wieder davonlaufen.

Herausforderung findet ein Mann nämlich durchaus auch, wenn er sich jeden Tag eine neue Frau sucht, die ihn bewundert. Doch eine Sache findet er nicht bei einem One-Night-Stand: Wärme.

Mit Wärme meine ich dieses gute Gefühl von echter Zuneigung und Geborgenheit, wie es nur eine wirklich tief empfundene und ausgedrückte Liebe erzeugen kann.

Ein Mann erfährt Wärme in der Regel nur als Kind – in manchen Familien endet sie sogar schon recht früh, ab dem Moment nämlich, in dem das Kind nicht mehr gestillt wird – und er ist von da an sein ganzes Leben lang auf der Suche danach.

Die meisten Männer wissen noch nicht einmal, wonach sie da eigentlich suchen, und wenn sie es nicht bekommen oder ihr Bedürfnis danach verdrängen (weil sie zum Beispiel verletzt wurden), werden sie verbittert, kalt und seelenlos.

Ein Mann findet zu seiner ganzen Stärke, wenn er eine Partnerin findet, die ihm die Wärme der tiefen Zuneigung und Liebe schenkt.

Damit meine ich nicht, dass Sie einen Mann bemuttern sollen! Tatsächlich wird das in der Realität in vielen Beziehungen oft verwechselt. Und dann ist ein Mann nach wenigen Wochen wieder im selben Entwicklungsstadium wie mit acht ... Nein, bitte verwechseln Sie niemals Ihre Rolle: Ein Mann braucht keine Ersatzmutter – er braucht eine Gefährtin. Eine Frau, von der er weiß, dass sie zu ihm hält, eine Frau, der er seine geheimsten Geheimnisse anvertrauen kann. Er braucht eine Frau, die stark genug ist, ihre eigene Schwäche zugeben zu können, denn dann darf er stark sein und auch er darf sich dann Schwäche erlauben, ohne sich schlecht zu fühlen. Er muss sich in Anwesenheit dieser Frau entspannen können und wissen, dass er sich auf sie verlassen kann. Ein Mann braucht eine Partnerin, der er vertrauen kann und die auch ihm voll und ganz vertraut – das gibt ihm die Sicherheit, zu seiner vollen Stärke zu finden und diese auch leben zu können.

Diese Wärme ist die wohl größte Aufgabe für »die Frau von heute« und häufig scheitern die Versuche, eine Beziehung aufzubauen, genau daran.

 Wenn Sie das Herz eines Mannes erobern möchten, müssen Sie in der Lage sein, ihm Wärme und Geborgenheit anbieten zu können.

Lob, Anerkennung und Zärtlichkeit sind Ausdruck von Wärme – ebenso wie die Akzeptanz des Schweigens oder ein gutes Essen. Doch grundsätzlich ist es eine Frage der inneren Einstellung: Wenn Sie selbst in einem Zustand des emotionalen Mangels sind und erwarten, dass ein Mann Sie glücklich macht, wenn Sie aus Angst vor Verletzungen misstrauisch und abwartend (oder sogar abwertend) sind, werden Männer sich von Ihnen automatisch abgestoßen fühlen.

Wenn Sie jedoch selbst glücklich sind, erfüllt sind und vor allem herzlich sind, werden Männer sich in Ihrer Nähe wohlfühlen. Die Aufgabe ist also zunächst, sich selbst glücklich zu machen. Viele Frauen glauben, dass »unabhängig sein« und »sich selbst glücklich machen« ein und dasselbe sind. Das sind sie nicht. Sich selbst glücklich zu machen bedeutet, sich selbst die Wärme, Aufmerksamkeit und Liebe zukommen zu lassen, die Sie sich auch von einem Partner wünschen würden.

Dann wird es Ihnen auch gelingen, Folgendes zu nutzen:

Schlüssel Nummer vier: Freiheit

Die Freiheit ist sozusagen der natürliche Gegenpol zur Wärme: So wie der Mann in früher Kindheit bereits in der Liebesbeziehung zur Mutter immer wieder die Gegensätze der mütterlichen Zuneigung und Geborgenheit und den Reiz der Freiheit sucht, so geht es ihm als Erwachsenem in einer Beziehung zu einer Frau.

Wenn ein Mann in einer Beziehung gleichermaßen die Wärme der echten Zuneigung und die Freiheit findet und spürt, wird er für die Frau, mit der er diese Beziehung hat, alles tun.

Um einem Mann das Gefühl von Freiheit zu geben, ist es wichtig, dass Sie sich selbst Freiheit geben!

Bleiben Sie unter allen Umständen Ihren Freizeitaktivitäten treu, selbst wenn sogar er es ist, der anfangs nach mehr gemeinsamer Zeit fragt. Fragen Sie einen Mann nicht nach jedem Treffen, wann Sie sich wiedersehen wollen, sondern lassen Sie ihn kommen und wenn Sie bereits in einer Beziehung sind: Wenn Ihr Partner alleine ausgeht, fragen Sie ihn nie, wann er wiederkommt – Sie sind nicht seine Mutter!

Lassen Sie ihm seine Freiheiten und seine Hobbys und werfen Sie ihn auch ab und zu mal raus – je mehr er bemerkt, wie viel Freiheit Sie ihm geben (vor allem wenn er sie in diesem Moment vielleicht gar nicht haben will), umso lieber verbringt er Zeit mit Ihnen.

Mit der Freiheit, die Sie ihm geben, wird er seinen Lieblings-beschäftigungen »Schweigen« und »Männerspaß« weiterhin nachgehen können und alles andere mit Ihnen umso mehr genießen.

Auch Verantwortung, die Sie einem Mann überlassen, gibt ihm ein Gefühl von Freiheit – wenn er spürt, dass er nicht die Aufgabe hat, »alles richtig zu machen«, um Ihnen zu gefallen, sondern dass Sie möchten, dass er einfach er selbst ist, wird ihn das beflügeln.

Viele Menschen – darunter auch Frauen – sehen in einer Part-nerschaft eine Einschränkung ihrer Freiheit. Eine glückliche Part-nerschaft jedoch bedeutet eine Erweiterung der Freiheit: Wenn beide Partner sich gegenseitig Geborgenheit, Unterstützung und Sicherheit schenken, doch dabei dem anderen die Freiheit der eigenen Verantwortung und der eigenen Entscheidung lassen, führt das zu einer massiven Ausweitung der Freiheit. Sie werden spüren, dass Sie mutiger werden, mehr Möglichkeiten haben und sich freier fühlen können, weil Sie wissen, dass Sie dabei nicht alleine sind.

Freiheit bedeutet in der Regel nämlich gleichzeitig eine gewisse Einsamkeit – findet man jedoch einen Partner, mit dem man die Vorzüge der Freiheit teilen kann, macht es erst richtig Spaß!

Apropos richtig Spaß:

🔑 Schlüssel Nummer fünf: Erotik

Das dürfte keine Überraschung sein – die Priorität bei Männern ist Sex und damit ist die Erotik selbstverständlich auch ein wichtiger Schlüssel. Doch nur in Verbindung mit den vier anderen Schlüsseln Herausforderung, Bewunderung, Wärme und Freiheit werden Sie wirklich dauerhaft begehrenswert für einen Mann.

Um Ihnen zu verdeutlichen, wie ich das meine, einfach ein plakativer, beispielhafter Satz, damit Sie es bildhaft vor Augen haben (und hoffentlich nie wieder vergessen): Besonders reizvoll werden Sie für einen Mann, wenn er sich anstrengen muss, um Sie ins Bett zu kriegen, er dann verdammt guten Sex mit Ihnen hat, Sie ihn dann dafür bewundern, ihm zärtlich Ihre volle Zuneigung schenken und ihn anschließend rauswerfen, wenn er mehr will.

Das mag jetzt etwas überzeichnet sein, doch im Großen und Ganzen ist das ein Erfolgsrezept.

Für Männer ist es im Normalfall deutlich einfacher als für uns Frauen, sexuelle Befriedigung zu finden. Und der Mann hat, was das angeht, auch gern sein Glück im wahrsten Sinne des Wortes selbst in der Hand. Nichtsdestotrotz weiß ein Mann wirklich guten Sex und die Verführung durch eine Frau sehr zu schätzen.

Wenn Sie schlau sind, sorgen Sie dafür, dass der Mann an Sie denkt, wenn er an Sex denkt – denn an Sex denkt er dauernd!

Wichtig ist, nicht »billig« zu sein – und dennoch seine Sehnsucht zu wecken. Die Erotik liegt in einer Kombination der Zutaten und in einem schlichten Gedanken in Ihrem Kopf: »Ich habe, was du willst!«

Sorgen Sie dafür, dass Sie Sex genießen können, indem Sie einem Mann zeigen, was Ihnen gefällt, und sorgen Sie vor allem dafür, dass Ihre Lust auf Sex nicht einschläft, wenn Sie Single sind.

Ein Mann, der ohne Partnerschaft und ohne Sex lebt, bekommt den sprichwörtlichen Druck: Sex wird für ihn immer wichtiger. Frauen, die ohne Partnerschaft und Sex leben, vergessen beinahe, wie schön Sex ist, und haben im Normalfall mit der Zeit immer weniger ausschweifende sexuelle Gedanken.

Das führt dann zu einem regelrechten Paradoxon: Wir wünschen uns zwar eine Partnerschaft, doch wir denken kaum noch an Sex und strahlen damit nicht ansatzweise Erotik aus – doch genau die zieht einen Mann an.

Sex bedeutet für uns Frauen ja nicht nur Erotik und Befriedigung, sondern gleichzeitig auch Nähe und Intimität. Haben wir jedoch gerade schlechte Erfahrungen mit Nähe und Intimität (sprich: mit einem Mann) gemacht, gilt es, weitere schlechte Erfahrungen zu vermeiden – und damit auch häufig den Kontakt zu Männern. Was daraus entsteht, ist eine Art Frustration, die in Wahrheit größtenteils sexuell begründet ist, weil wir eben weder Nähe noch Befriedigung erfahren. Eine Frau in einer solchen Phase ist im wahrsten Sinne des Wortes unbefriedigt. Sie wird jedoch ihre Unzufriedenheit nicht unbedingt auf den Mangel an befriedigendem Sex beziehen, sondern vorwiegend auf ihr Leben oder »den Mann an sich«. Ich erlebe oft Frauen auf Partnersuche, die wirken, als würden sie Männer überhaupt nicht mögen. Manche von ihnen beschweren sich sogar darüber, dass Männer so stark sexuell motiviert seien. Doch kaum eine erkennt den Zusammenhang zwischen ihrer eigenen Frustration und dem Mangel an Zärtlichkeit und sexueller Befriedigung (durch einen Mann).

Sorgen Sie also dafür, dass die Erotik nicht aus Ihrem Leben verschwindet, nur weil da gerade kein Mann ist! Geben Sie sich erotischen Tagträumen hin, schauen Sie Männern auf den Hintern und überlegen Sie, ob dieser oder jener wohl nackt knackig aussehen könnte. Nehmen Sie sich ausreichend Zeit für Selbstbefriedigung und genießen Sie es. So finden Sie heraus, was Ihnen besonders gut gefällt, und Sie bleiben »in Schwung«.

Sehen Sie sich zum Beispiel auch erotische Filme an – damit meine ich nicht zwangsläufig Pornos! Auch wenn es inzwischen eine Industrie für frauentaugliche Pornos von weiblichen Produzenten gibt, finde ich persönlich Filme, die Erotik ausstrahlen und einfach nur intensive erotische Szenen haben, aufregender als Nahaufnahmen von erigierten Schwänzen. Noch spannender allerdings finde ich das Lesen erotischer Literatur, denn hierbei wird Ihre erotische Fantasie noch deutlich mehr angeregt und die Akteure haben die Gesichter, die Sie ihnen geben. In der Verlags-Reihe ANAIS zum Beispiel finden Sie erotische Literatur von Frauen für Frauen – da ist sicher auch etwas für Ihren Geschmack dabei.

 Bleiben Sie im Kopf bereit für Sex, damit Sie eine erotische Ausstrahlung entwickeln und behalten, die auf Männer wirkt und sie anzieht.

Und nicht nur das: Sie werden sehr bald spüren, dass Sie sich auch selbst wohler in Ihrer Haut fühlen. Wir sind sexuelle Wesen und wir dürfen unsere Sexualität leben, spüren und genießen. Es ist wunderbar, eine Frau zu sein – mit allem, was dazugehört. Genießen Sie Ihre Weiblichkeit in vollen Zügen!

Manchmal glaube ich, viele Frauen haben vergessen, dass sie erotische, weibliche Wesen sind, eine Versuchung sein können, dass Brustwarzen nicht nur von Kälte, sondern auch Erregung steif werden können und dass sexuelle Befriedigung ihnen einen strahlenden Teint, einen federnden Gang und eine Extra-Ausschüttung Glückshormone beschert, mit denen alles (!) im Leben leichter wirkt.

Diese fünf »Schlüssel« sind Möglichkeiten, den Bedürfnissen der Männer auf weibliche Art zu begegnen, beziehungsweise einem Mann darüber hinaus eine Art »Mehrwert« anbieten zu können, der dafür sorgt, dass er sich von Ihnen angezogen fühlt.

Was Sie noch für eine erotische Ausstrahlung tun können und wie Sie damit die »richtigen« Männer anziehen (und die falschen wieder loswerden), zeige ich Ihnen in den folgenden Kapiteln.

Ihre Zusammenfassung:
Wo wir gerade stehen und warum
Fassen Sie die Inhalte dieses Kapitels noch mal
in Ihren eigenen Worten zusammen!

- Was sind die drei für Sie wichtigsten Punkte
  und Erkenntnisse?
- Was ist Ihr Fazit?

Was wollen Sie wirklich?

Haben Sie sich schon mal Gedanken darüber gemacht, was Sie denn von einem Mann wollen, wenn Sie erst mal einen haben?

Der Gedanke mag zunächst banal erscheinen – und dennoch ist er einer der häufigsten Gründe, warum Frauen nicht bekommen, was sie wollen: weil sie sich nicht bewusst machen, was das genau ist!

Natürlich ist es schön, wenn man für vieles offen ist. Es ist sehr sinnvoll, sich nicht verbissen an einer Wunschvorstellung festzuhalten, die zu erreichen nahezu utopisch ist. Ja, und es ist auch durchaus möglich, dass diese sich je nach Laune, Tagesform, Lebenssituation oder Zyklusphase verändert – und das ist auch völlig in Ordnung.

Dennoch werden Sie kein Glück bei Männern haben, wenn Sie sich nicht klarmachen, was das genau für Sie bedeutet.

Eine gute Freundin von mir beispielsweise hing bei Männern über Jahre immer regelrecht »in der Luft«: Sie traf zwar viele Männer und hatte auch Affären, doch sonderbarerweise entwickelte sich nie eine Partnerschaft daraus – schon gar nicht mit den Männern, die sie besonders interessant fand. Wir unterhielten uns häufig darüber, bis ich eines Tages einfach ins Blaue hinein fragte: »Wofür wünschst du dir denn eigentlich einen Mann? Was für eine Art Partnerschaft stellst du dir vor?« Und sie antwortete, dass sie sich da gar nicht so sicher sei: Einerseits sehne sie sich natürlich auch – wie jeder Mensch – nach Zweisamkeit, Zärtlichkeit und Sex, andererseits habe sie sich ihr Leben gut eingerichtet und eigentlich »brauche« sie gar keinen Mann. Sie möchte keine Kinder, Heiraten könne sie sich nicht vorstellen und die Vorstellung, dass da »jeden Tag einer ist« ... Sie wusste nicht so recht, ob sie das überhaupt wolle.

Während sie das so erzählte, schaute ich sie einfach nur an und nach einigen Sätzen zog sie den Schluss selbst: »Ich muss mich wohl nicht wundern, dass ich niemanden finde, der sich wirklich für mich entscheiden kann, wenn ich ausstrahle, dass ich mich selber auch nicht entscheiden will, oder?« Nun, besser hätte ich es auch nicht sagen können. Wie sollen Sie wissen, wer »der Richtige« ist – oder besser: was »das Richtige« ist –, wenn Sie keine Vorstellung davon haben, was das sein könnte?

Viele Frauen glauben, sie wüssten genau, was sie sich in puncto Mann und Partnerschaft wünschen, und haben es zu einer regelrechten Kunstform entwickelt, Listen zu erstellen mit Eigenschaften, die der Traumpartner haben sollte.

Wenn das bisher Ihre Strategie war, dürfen Sie sich jetzt entscheiden, ob Sie dieses Kinderspiel, das Ihnen bislang nicht den Traumpartner gebracht hat, weiterspielen oder ob Sie glücklich werden wollen. Es funktioniert nämlich leider nicht und ich habe eine bessere Methode für Sie als diese!

Traumpartner-Wunschlisten

Wir machen Wunschlisten mit Eigenschaften, die ein Mann haben (oder im schlimmsten Fall sogar nicht haben) soll. Eigenschaften, die »Er« nicht haben soll, sind vor allem deshalb nicht empfehlenswert auf einer Wunschliste, weil unser Gehirn nur in Bildern denken kann – denken wir also an etwas, das wir gerade nicht wollen, macht unser Hirn dennoch ein Bild davon und integriert es in das unbewusste »Fahndungsprofil«.

Schauen wir uns diese Listen genauer an, stellt sich natürlich die Frage: Warum soll denn der Mann diese Eigenschaften haben?

Wenn Sie dabei ganz ehrlich sind, sollte Ihnen auffallen, dass es nur zwei Gründe dafür gibt:

→ Der Traummann soll bestimmte Eigenschaften, die Expartner oder der eigene Vater hatten, bitte nicht haben, weil wir mit Männern mit diesen Eigenschaften jede Menge Ärger und/oder Kummer hatten.

→ Der Traummann soll bestimmte Eigenschaften haben, weil wir glauben, dass ein Mann mit diesen Eigenschaften ganz besonders gut zu unseren Wünschen und Eigenschaften passen würde und wir dann mit ihm glücklich wären.

Mit anderen Worten: Wir glauben zu wissen, welche Eigenschaften ein Mann haben muss, damit er ein bestimmtes Gefühl bei uns auslöst.

Und glauben Sie wirklich, dass das funktioniert?

Es funktioniert offenbar nicht – sonst würden Sie jetzt nicht dieses Buch lesen, sondern ein paar schöne Stunden mit Ihrem Traummann verbringen.

Sollten Sie bisher keine solche Liste angelegt haben: Prima, Sie haben Zeit gespart und bisher auch nicht bekommen, was Sie brauchen.

Sich Wünsche bewusst zu machen – und diese am besten auch zu Papier zu bringen – ist grundsätzlich eine gute Idee. Sich jedoch den »Traumprinzen« nach Eigenschaften zusammenzustellen ist wenig erfolgversprechend. Lassen Sie mich erklären weshalb:

→ Ob ein Mann mit ganz bestimmten Eigenschaften tatsächlich Ihr passendes Gegenstück ist, hängt von sehr vielen Faktoren ab – zum Beispiel von Ihrer Fähigkeit und Bereitschaft, das anzunehmen, was er zu bieten hat, oder auch wie Sie beide tatsächlich harmonieren, wenn man die einzelnen »Zutaten« zusammenbringt.

→ Das Gefühl von Liebe und die Inhalte einer Beziehung zwischen zwei Menschen entstehen aus den Tiefen Ihres Unterbewusstseins: Aus unbewussten Träumen und Wünschen, aber auch aus Defiziten oder Inhalten, die von Ihnen erlernt werden möchten; Inhalte, die Ihnen bewusst werden möchten. Ob es »funkt« oder nicht, hat mit Dingen zu tun, die zwar in Ihnen sind und sich auf einem anderen Menschen eine Projektionsfläche suchen – aber Sie kennen sie nicht, weil sie Ihnen eben nicht bewusst sind. Deshalb können Sie auch keine sinnvollen Punkte auf solch eine Liste schreiben.

→ Wenn Sie mit einer »Fahndungsliste« im Kopf durch die Gegend laufen (die laut Punkt eins und zwei wahrscheinlich unzweckmäßige Eigenschaften enthält), fallen Ihnen die Männer auf, die auf diese Beschreibung passen könnten – da diese Männer jedoch mit recht hoher Wahrscheinlichkeit nicht diejenigen sind, die wirklich zu Ihnen passen, verpassen Sie die »Richtigen«. Unser Gehirn kann nämlich leider nur einen winzig kleinen Bruchteil der Informationen, die wir durch unsere Sinne erhalten, bewusst wahrnehmen. Also sehen (hören, schmecken, riechen) wir sehr selektiv und zwar anhand der Annahmen, die wir bereits haben. So wie Ihnen zum Beispiel gerade das Auto, das Sie sich kaufen möchten oder gekauft haben, im Straßenverkehr ganz besonders und häufig auffällt und andere nicht, werden Ihnen die Männer, die auf Ihre Fahndungsliste passen, ganz besonders auffallen – und andere nicht.

Sie haben gar keine Liste?

Das klingt jetzt vielleicht komisch, aber nehmen Sie sich doch mal ein paar Minuten Zeit, setzen Sie sich entspannt in einen Sessel oder auf Ihr Sofa. Fantasieren Sie vor sich hin, welche Eigenschaften Ihr »Traummann« haben sollte, wie er aussehen sollte, wie er nicht sein sollte ...

Kommen Sie schon, ich weiß, dass Sie das können!

Denken Sie auch mal an ganz alltägliche Dinge: Sollte er Auto fahren können? Einen Reifen wechseln? Sollte er Abitur haben oder studiert? Sollte er aus einer bestimmten Region kommen? Oder aus einer anderen auf keinen Fall? Darf er einen Dialekt haben? Muss er Gummibärchen mögen?

Wenn Ihnen diese kleine Übung alleine schwerfällt, dann treffen Sie sich mit einer Freundin (oder mehreren) und dann sprechen Sie darüber, wie der »Traummann« sein sollte, und machen Sie eine schöne große Liste.

Wenn Ihre Liste dann fertig ist, betrachten Sie sie noch einmal ganz genau. Gehen Sie sie gern Punkt für Punkt durch und erklären Sie sich, warum dieser Punkt so wichtig ist.

Und dann sagen Sie laut »Bullshit!« (oder jedes andere Wort, das für Sie ausdrückt, dass Ihnen ganz bewusst ist, dass das, was Sie aufgeschrieben haben, totaler Blödsinn und absolut bescheuert ist) und werfen Sie die Liste weg.

Diese Liste enthält nämlich all die irreführenden Glaubenssätze, woran Sie den vermeintlich »Richtigen« erkennen – und während Sie diesem nachjagen, verpassen Sie den potenziell »richtigen Richtigen«!

Sie haben Eigenschaften oder Anforderungen im Kopf, von denen Sie glauben, dass ein Mann sie haben beziehungsweise erfüllen muss, damit er zu Ihnen passt. Unbewusst sortieren Sie Männer, die Ihnen begegnen, in Schubladen ein, anstatt sie wirklich kennenzulernen.

Möglicherweise haben Sie auch eine Liste von sich selbst im Kopf: Eine Liste mit Eigenschaften, die Sie haben, die Männer davon abhalten könnten, Sie zu mögen oder sexy zu finden.

Diese Liste ist ebenso fatal, denn sie sorgt dafür, dass Sie sich immer wieder schlecht fühlen, wenn ein Mann Ihnen auf- oder sogar ge-fällt. Unbewusst gehen Sie Ihre Liste durch, warum dieser Mann sich ja wohl auf keinen Fall für Sie interessieren würde, und Sie werfen ihm dann eher einen finsteren Blick zu als ein einladendes Lächeln.

Hören Sie auf, anderen ihren Geschmack vorschreiben zu wollen!

Hören Sie auf, planen zu wollen, was zusammenpasst und was nicht!

Wagen Sie heute einen ganz besonderen Schritt, wenn es darum geht, den Mann zu finden, mit dem Sie glücklich sein können:

 Schmeißen Sie Ihre Liste weg!

Befreien Sie sich von diesem Blödsinn!

Er schränkt sie ein und sorgt letztlich nur dafür, dass Sie immer wählerischer, immer misstrauischer und immer unattraktiver für Männer werden. Kein Mann auf der Welt hat nämlich Lust, sich beim Gespräch mit einer Frau wie ein Bewerber im Vorstellungsgespräch zu fühlen.

Vergessen Sie den Traumpartner!

Immer noch geistert der Begriff in unseren Köpfen herum: »Traumpartner« oder »Traummann« oder auch »Seelenpartner«. Glauben Sie daran?

Vergessen Sie es!

Sie sind 50 Prozent der Zutaten für eine zukünftige Partnerschaft, aber Sie haben – genau wie der Mann, der die anderen
50 Prozent der Zutaten stellt – 100 Prozent der Verantwortung,
wie diese Partnerschaft verläuft. Eine gute Beziehung besteht nicht
darin, dass man jemanden trifft, der bestimmte Anforderungen
erfüllt, und dann wird alles gut. Eine gute Beziehung bedeutet,
aufmerksam zu sein, zu geben und anzunehmen, miteinander zu
reden und voneinander zu lernen und noch vieles mehr.

Eine erfüllende, schöne Beziehung entsteht durch gemeinsame
Arbeit an dieser Beziehung.

Eine gute Partnerschaft funktioniert ungefähr so wie ein gutes
Essen: Natürlich müssen die Zutaten aufeinander abgestimmt
sein und zueinander passen, doch worauf es wirklich ankommt,
ist, was man mit den Zutaten macht.

Einen Mann zu suchen, der alle Eigenschaften hat, die Sie zu
brauchen glauben, ist Zeitverschwendung!

Werden Sie ein eigener, vollständiger Mensch und erkennen
Sie an, dass ein Mann Sie nicht glücklich machen kann.

 Kein Mann auf der Welt kann Sie glücklich machen!

Damit meine ich nicht, dass Sie nicht mit einem Mann sehr, sehr
glücklich sein können. Doch ob Sie glücklich sind oder nicht,
liegt nicht am Mann sondern an Ihnen. *Sie* sind die wichtigste
Zutat für ein glückliches Paar.

Eva-Maria Zurhorst ist sehr erfolgreich geworden mit einem
Buch, das *Liebe Dich selbst und es ist egal, wen Du heiratest*
heißt. Ich muss zugeben, ich habe das Buch nie gelesen – nicht
weil ich glaube, dass es ein schlechtes Buch sei, im Gegenteil.
Das Buch ist so gut, dass mir der Titel alleine schon komplett
reicht, um es zu verstehen – ohne auch nur ein Wort vom Inhalt
zu lesen!

Ich werde Ihnen später in diesem Buch noch viele Möglichkeiten anbieten, glücklich zu sein und Ihr Selbstbewusstsein und Selbstvertrauen zu entwickeln und zu stärken – aber zunächst müssen Sie verstehen, dass es nicht die Aufgabe eines Mannes ist, Sie glücklich zu machen.

»Traumpartner« suchen nach »Traumpartnerinnen« und zwar aus ihrer männlichen Perspektive: Wenn Sie sich aus Ihrer weiblichen Perspektive für eine »Traumpartnerin« halten, nützt Ihnen das bei Männern gar nichts!

Für die meisten Männer ist eine Traumpartnerin eine Frau, die für immer 29 bleibt, top aussieht, ohne viel Zeit im Badezimmer zu verbringen, und immer scharf ist. Sie ist charmant, witzig und eloquent in Gesellschaft – aber nicht witziger als er – und sie hat zu Hause mühelos den Haushalt im Griff. Vor allem aber hat sie nie Probleme und sie hat nie ihre Tage ...

Hätten Sie Lust, dieser »Liste« zu entsprechen? Wahrscheinlich nicht. Genau deshalb machen Männer auch keine Liste.

Wenn wir uns also eine sinnvolle »Liste« machen wollen, dann sollte diese Liste keine Eigenschaften eines Mannes enthalten, die er haben muss, damit Sie beide glücklich miteinander wären. Den richtigen Mann erkennen Sie daran, was für ein Gefühl es Ihnen gibt, wenn sie zusammen sind, und nicht daran, welches Auto er fährt, was er beruflich macht oder welche Eigenschaften er momentan zu haben scheint.

Eine Liste sollte davon handeln, was Sie glücklich macht. Sie sollte enthalten, was Sie gern mit einem Menschen teilen möchten und wie Sie sich am liebsten fühlen würden, wenn Sie in einer Beziehung mit Mr Right wären.

Machen Sie sich *dafür* ruhig eine Liste – mit den Punkten, die wirklich relevant sind. Machen Sie sich Gedanken darüber,

- wofür Sie einen Mann haben möchten,
- welche Art von Beziehung Sie sich wünschen,

- wer und was Sie für einen Mann sein möchten,
- wie Sie sich in einer Beziehung fühlen wollen,

und dann steigern Sie sich in diese Gefühle ruhig hinein.

 Hören Sie auf damit, Männer zu sortieren, sondern lernen Sie Männer kennen und achten Sie darauf, wie es Ihnen mit einem Mann geht, wie Sie sich mit ihm fühlen.

Ich selbst bin ein sehr gutes Beispiel für diese beiden unterschiedlichen Herangehensweisen – natürlich habe auch ich mir früher Listen gemacht, wie ich mir »den Traummann« vorstelle: einen, der etwa in meinem Alter ist, etwas ruhiger als ich, aber humorvoll bitte, solide, mit vernünftigem Job und am liebsten mit vollen Locken zum Drin-Rumwuscheln … Ich hatte eine schöne lange Liste und bin selbst auch in genau die Fallen getreten, die ich Ihnen in diesem Kapitel beschrieben habe. So lange, bis ich begann zu lernen, worauf es wirklich ankommt. Auf manche der Erfahrungen, die ich mit dieser Liste gemacht habe, hätte ich auch gut verzichten können. Doch im Nachhinein bin ich sehr froh darüber – auch weil sie mir heute erlauben, viele der Situationen nachfühlen zu können, in denen meine Coaching-Klienten stecken.

Heute habe ich meinen »Traummann« gefunden – und er hat Eigenschaften, die weit jenseits meiner Vorstellungen von damals sind: Berliner, Musiker, Glatze und noch verrückter als ich selbst … Diese Dinge standen mit Sicherheit nie auf meiner Liste. Und doch habe ich sofort erkannt, dass er »der Richtige« ist, an der Art, wie wir uns miteinander gefühlt haben und wie wir miteinander sein konnten. Alles fühlte sich so gut und so richtig an, dass ich – die ich immer behauptet hatte, mich nie dauerhaft binden zu können und zu wollen – ganz sicher war, dass ich mit diesem Mann für immer zusammen sein wollte. Als er mir bei unserem zweiten Treffen einen Heiratsantrag machte, war ich noch nicht einmal überrascht – und ich musste auch nicht überlegen.

Es war mir egal, dass manche Leute mich für verrückt erklärten: Es gibt Menschen, die kennen sich zehn Jahre, heiraten und scheitern. Wir haben sechs Monate, nachdem wir uns zum ersten Mal begegnet sind, geheiratet.

Einen Mann auf diese Art kennenzulernen und sich so schnell zu verlieben ist ungewöhnlich und sehr selten – aber es ist tatsächlich möglich.

Seien Sie offen dafür, einfach Menschen – und vor allem Männer – kennenzulernen. Es gibt mehr als einen Mann auf dem Planeten, der zu Ihnen passt, und Sie können einem dieser Männer jederzeit und überall begegnen ... aber vermutlich steht keiner von ihnen mit einem Schild um den Hals im Park.

Und auch wenn Hollywood seit Jahrzehnten auf die Verwechslungskomödie mit Happy End setzt: Das echte Leben ist nicht so! Manchmal begegnen sich zwei Menschen in einem völlig unspektakulären Zusammenhang und passen gut zusammen und dann müssen sie herausfinden, wie sie ihr gemeinsames Leben gestalten möchten. Ende der Geschichte. Kein Stoff für Hollywood – aber durchaus möglich.

Eine Grundvoraussetzung jedoch, um den passenden Partner überhaupt erkennen zu können, ist zu wissen, was man will, und akzeptieren zu können, dass ein Mann – und sollte er noch so gut in irgendein »Profil« passen – nur dann der richtige ist, wenn er vor allen Dingen eine Voraussetzung erfüllt: Er will mit Ihnen zusammen sein.

Hören Sie auf damit, Ihr Herz und Ihren Verstand an Männer zu verlieren, die ein »Aber« mitbringen:

• Er würde ja gern, aber ...
• Er könnte, aber ...

• Er ist an sich perfekt, aber …

Ein Mann ist der richtige für Sie, wenn er Ihnen das »richtige« Gefühl gibt und mit Ihnen zusammen sein möchte. Möchte er das nicht, ist er nicht Mr Right und es gibt nichts, was Sie auf Dauer dagegen tun können.

Hören Sie auf, Ihre Zeit zu verplempern, indem Sie versuchen, einen Mann dahin zu manipulieren, wo Sie ihn gern hätten.

Machen Sie es für sich zu einer Grundvoraussetzung für die Attraktivität eines Mannes, dass er mit Ihnen zusammen sein möchte. Möchte er nicht mit Ihnen zusammen sein, hat er keinen Geschmack – und Sie stehen nicht auf Männer, die keinen Geschmack haben.

Wenn ein Mann nicht in der Lage oder willens ist, mit Ihnen die Art von Beziehung einzugehen, die Sie sich vorstellen, dann wird er immer wieder versuchen, Sie dazu zu bringen, mit ihm die Art von Beziehung zu führen, die er sich vorstellt, und wenn es sein muss, wird er Ihnen das Blaue vom Himmel herunterlügen, damit Sie vorübergehend zufriedengestellt sind.

Warum machen Männer so etwas?

Weil das ihre Art ist, damit umzugehen, wenn eine Frau versucht, sie »aus Liebe« zu etwas zu zwingen, das sie nicht wollen. Und weil ein Mann genauso Angst hat, dass er vielleicht »keine Bessere« findet, und weil er früher oder später lernt, was er einer Frau erzählen muss, damit sie Sex mit ihm will, und er lernt ebenso schnell, was er ihr erzählen muss, damit der Sex nur die Konsequenzen hat, die er bereit ist zu akzeptieren.

Erinnern Sie sich an das Männergrundbedürfnis »Freiheit«? Dies ist eine typisch männliche Methode, sich die Freiheit zu sichern, die ihm so am Herzen liegt. Sie zu erhalten ist so wichtig, dass er dafür sogar in Kauf nimmt, eine Frau, die er mag – vielleicht sogar tatsächlich liebt –, zu belügen.

Er kann zum Beispiel erzählen, er sei »noch nicht bereit« für eine feste Beziehung oder seine Kinder würden das nicht verkraften oder seine Ex hinge noch zu sehr an ihm oder er sei eben nicht der Typ dafür – völlig egal, was es ist: Er sagt damit nichts anderes als »Ich will keine Partnerschaft mit dir«.

Erkennen Sie die Tatsachen und hören Sie auf, in Hoffnung zu leben – zum Beispiel in der Hoffnung, dass er sich ändert. Das wird er nicht.

Vergessen Sie Männer mit »Potenzial«!

Noch eine Falle, in die Sie nicht tappen sollten, ist, sich in einen Mann zu verlieben, »der so toll ist und einfach bisher immer Pech hatte«. Oder der ja könnte, wenn er nur wollte, oder eine schwere Kindheit hatte oder eine schlimme Phase durchmacht. Ein Mann, der einen guten Kern hat – den er eben nur selten zeigt. Ein Mann, der einfach unverstanden ist.

Mit anderen Worten: ein Mann, der »Potenzial« hat.

Nur Frauen schaffen es, sich in das Potenzial eines Mannes zu verlieben – wenn der Mann jedoch dieses Potenzial nicht entfalten möchte, ist es völlig egal, wie sehr Sie sich an ihm ablieben: Er ist nicht der Richtige und er wird es auch nicht werden.

Es kommt sehr häufig vor, dass zwei Menschen, die sich ineinander verlieben, neue Potenziale entdecken und entfalten. Manchmal jedoch zeigen Männer ihr Potenzial einer neuen Partnerin nur für einige Momente – oder vielleicht für ein paar Wochen –, weil sie die Herausforderung, die Frau für sich zu gewinnen, erkannt haben. Ich kenne Frauen, die jahrelang bei Männern blieben und darauf warteten, dass der Mann, in den sie sich verliebt hatten, wieder zum Vorschein käme. Sie wussten, dass er irgendwo da drin steckte, in diesem langweiligen, unfreundlichen Sack, der auf ihrem Sofa saß ... Vergessen Sie es!

 Verlieben Sie sich in den Mann, den Sie vor sich haben – nicht in sein Potenzial!

Es gibt so viele Männer da draußen, die tatsächlich wundervoll, interessant und witzig sind und bereit sind, Sie gut zu behandeln – finden Sie so einen, anstatt darauf zu warten, dass einer sein Potenzial dazu nutzt.

Finden Sie einen Mann, mit dem *Sie* glücklich sein können. Nur *Sie* werden mit diesem Mann zusammenleben – ob er Ihrer Mutter gefällt, ist zweitrangig. Ob er Ihrem Vater gefällt ebenfalls. Ob Ihre Freundin ihn gut findet ist nicht wichtig.

Machen Sie sich jedoch Gedanken, wenn fast alle Menschen in Ihrem Umfeld Ihnen von diesem Mann abraten!

Jeder muss seine Erfahrungen selbst machen – aber die müssen nicht immer so wehtun, wie wir uns manchmal glauben machen. Ich stellte meiner Mutter einmal einen neuen Partner vor und sie hasste ihn regelrecht vom ersten Moment an. Ich war beleidigt – schließlich hatte alles so gut begonnen. Dummerweise blieb es nur ein paar Monate gut – doch ich verbrachte fast zwei Jahre mit diesem Mann. Heute glaube ich, dass ich das hauptsächlich tat, um meiner Mutter zu beweisen, dass sie unrecht hat und der Mann in Wirklichkeit »der Richtige« ist. Während ich zwei Jahre lang den guten Kern gesucht und verteidigt habe, hat der Mann mich immer wieder bestohlen, ständig belogen und auch häufig betrogen. Ich habe mich mehrfach so dumm gestellt, um es nicht bemerken zu müssen, dass ich es heute im Nachhinein kaum glauben kann. Aber der Wille zu beweisen, dass es möglich ist, eine gute Beziehung zu führen, obwohl andere sagen, dass es nicht möglich sei, war so stark, dass ich mich dafür komplett zum Idioten gemacht habe. Ich hatte gesehen, dass dieser Mann verletzt war, und wusste warum, und ich war so arrogant zu glauben, dass ich die Verletzungen mit meiner Liebe heilen könnte und den Mann davon überzeugen könnte, ein guter Partner zu sein.

Heute denke ich mir, das hätte ich mir einfacher machen können – doch offensichtlich habe ich diese harte Schule gebraucht, um es zu lernen. Machen Sie es sich nicht so schwer, wenn es Ihnen irgendwie möglich ist. Gehen Sie keine Partnerschaft mit einem Mann ein, weil jemand anders sagt, dass Sie unbedingt mit diesem Mann zusammen sein sollten oder er »genau der Richtige« für Sie wäre. Aber versuchen Sie auch niemandem zu beweisen, dass der »gute Kern« eines Mannes liebenswert ist – wenn der Mann es nicht ist!

Oder fühlen Sie sich nur glücklich als Märtyrerin der Liebe?

Hören Sie auf zu jammern und sehen Sie der Tatsache ins Auge, dass kein Mann sich wie ein Arschloch verhalten kann, wenn Sie es nicht zulassen oder sogar herausfordern.

Wie heißt es so schön? Es gehören immer zwei dazu.

Natürlich kann die Liebe einen Mann verändern – aber nur seine Liebe kann ihn verändern, nicht Ihre!

Jeder Mensch wird sich Ihnen gegenüber so verhalten, wie Sie es ermöglichen – deshalb gibt es auch keinen »falschen« Partner für Sie. Es gibt höchstens falsche Vorstellungen davon, was »richtig« ist und wie Sie es erreichen können.

Hören Sie auf damit, sich aufzuopfern, abzurackern oder sich selbst irgendetwas beweisen zu wollen. Auch wenn Sie viel dafür tun können, dass Liebe möglich ist, gilt: Liebe muss (und kann) nicht verdient werden.

Seien Sie konsequent, wenn es drauf ankommt, anstatt sich an Träume, Wünsche und Hoffnungen zu halten.

Ihre Zusammenfassung:
Wo wir gerade stehen und warum
Fassen Sie die Inhalte dieses Kapitels noch mal
in Ihren eigenen Worten zusammen!

- Was sind die drei für Sie wichtigsten Punkte
  und Erkenntnisse?
- Was ist Ihr Fazit?

Werden Sie zu einem Männermagneten!

Ich kann mir das Gesicht von einigen Leserinnen bildlich vorstellen: Der Gedanke, ein Männermagnet zu werden, ist tatsächlich sehr vielen Frauen eher unheimlich, manchen sogar richtig unangenehm.

Dabei ist der Gedanke an sich sehr spaßig, wenn man erst mal verstanden hat zu genießen und zu steuern, was man alles haben kann. Es gibt daher zwei Dinge, die Sie ganz dringend und als Allererstes richtig gut beherrschen müssen:

1. Nein sagen können
2. Ein verführerisches Verpackungsdesign

Lernen Sie, im richtigen Moment Nein zu sagen!

Wenn Sie Mr Right kennenlernen wollen, müssen Sie Miss Right sein und genau dann Nein sagen können, wenn es nötig ist.

In den letzten zehn Jahren, in denen ich Flirttrainings gegeben habe, musste ich feststellen, dass das größte und am weitesten verbreitete Problem von Frauen beim Flirten die Angst ist, Nein zu sagen.

Die Männer in meinen Kursen sind immer völlig erstaunt, wenn ich das erzähle, und auch die Frauen schauen zunächst etwas skeptisch. Sind sie es doch alle eher gewohnt, reflexartig zu einem Mann Nein zu sagen, noch bevor sich irgendetwas überhaupt entwickeln konnte. Doch sehr schnell merken sie dann, was ich meine, und vermutlich kennen Sie diese Situation auch: Kennen Sie einen Mann noch nicht und sind Sie nicht ganz sicher, ob Sie ihn überhaupt kennenlernen wollen, dann sagen Sie lieber Nein als Ja – habe ich recht?

Bei vielen Frauen ist es aber noch schlimmer: Sie können nicht einmal in diesem Anfangsstadium des Flirts klar Nein sagen. Sie suchen lieber Ausflüchte oder ignorieren den armen Kerl, der in ihren Augen zu ungeschickt sein Glück versucht, oder sie machen einfach ein »Korbgesicht«, wie ein Flirtkurs-Teilnehmer es einmal nannte, um den wortlosen, aber unfreundlichen Blick einer Frau zu beschreiben, wenn sie sagen möchte: »Was willst Du von mir?!«

Manchmal ist unser vorschnelles Nein aber auch so reflexartig oder unsere halbherzige Reaktion so dämlich, dass wir uns hinterher selbst noch lange darüber ärgern, wenn wir feststellen, dass der Typ doch so übel nicht gewesen wäre – doch dann ist es meistens schon zu spät.

Und genau das tun wir immer wieder, weil wir das Nein so früh wie möglich loswerden wollen, denn je später wir es tun, desto schwieriger wird es: Wenn Sie sich zu leicht auf einen Flirt einlassen und dann erst im Laufe des Gesprächs merken, dass der Mann einfach nicht Ihr Typ ist, dann ist das der Punkt, an dem Sie Nein sagen müssten ... Doch mit jeder Minute, in der Sie sich mit ihm unterhalten, wird das schwieriger. Was ist, wenn Sie ihn nicht mehr loswerden und er einfach nicht verstehen will, dass es Ihnen unangenehm ist, und Sie dann da nicht mehr rauskommen? Oder wenn Sie dann vielleicht zu unfreundlich sind oder seine Gefühle verletzen?

So ein Blödsinn!

Sie möchten ihm dann nur deshalb keinen Korb mehr geben, weil Sie fürchten, dass er Sie dann nicht mehr mag!

Sie versuchen, sich lieber irgendwie so aus der Affäre zu ziehen, dass er Sie immer noch toll findet, aber Sie nichts mehr mit ihm zu tun haben müssen (und er immer noch gut über Sie spricht!).

Wir Frauen sind so sehr darauf konditioniert, beliebt sein zu wollen (zu müssen), dass wir noch nicht einmal bei den Menschen unbeliebt sein wollen, die wir selbst nicht leiden können.

Ich habe es zum Ende des ersten Kapitels bereits erwähnt und ich werde auch nicht müde, es den Frauen immer und immer wieder zu sagen: Nehmen Sie sich nicht so ernst!

Glauben Sie wirklich, ein Mann heult zwei Wochen in sein Kissen, nur weil Sie ihm einen Korb gegeben haben? Sie halten sich wohl für was ganz Besonderes …

Ein Mann versucht sein Glück, wenn er eine Chance wittert – und wenn er sich geirrt hat, dann ärgert er sich (je nach Grad der Selbstüberwindung länger oder kürzer), aber mit Ihnen persönlich hat das überhaupt nichts zu tun. Sie sind für einen Mann im ersten Moment nichts weiter als eine Gelegenheit. Seien Sie fair und bleiben Sie ehrlich: Wenn der Mann überhaupt nicht Ihre Kragenweite ist, sagen Sie »Nein!« – wenn Sie nett sein wollen, sagen Sie »Nein, danke«.

Wenn das nicht dazu führt, dass er Sie in Ruhe lässt, obwohl Sie das wollten, dann liegt es vermutlich daran, dass Sie halbherzig waren und dabei verlegen gelächelt haben. Daraufhin denken manche Männer, sie müssten sich mehr Mühe geben – und geben sich dann mehr Mühe …

Hören Sie also auf zu lächeln, wenn Sie Nein sagen, und wenn das immer noch nicht helfen sollte, sagen Sie: »Wenn Sie nicht sofort verschwinden, dann werde ich anfangen zu schreien und um mich zu schlagen!« Oder etwas anderes Unmissverständliches in dieser Art …

Dann wird er Sie vermutlich tatsächlich nicht mehr mögen. Na und?

In der Mehrzahl der Fälle sind Männer jedoch nicht zwangsläufig aufdringlich. Sie suchen nur nach Gelegenheiten, eine Frau kennenzulernen, die ihnen gefällt. Wenn Sie einem Mann gefallen und er glaubt, dass es möglich ist, Sie kennenzulernen, wird er so viel Mut zusammennehmen, wie er finden kann, und Sie ansprechen. Wenn er nicht Ihr Typ ist, bedanken Sie sich für das Kompliment und sagen Sie Nein.

Männer, die zwar freundlich, aber beispielsweise gar nicht Ihr Typ oder »zu alt« sind, können Sie auch damit in ihre Schranken weisen, wenn Sie sie mit Verwandten vergleichen – sagen Sie zum Beispiel »Du erinnerst mich an einen Onkel von mir« (oder noch besser »an den Onkel meiner Mutter« ...). Das ist nicht gerade das, was ein Mann sich unter »Flirt« vorstellt, und er wird sich dann eher zurückziehen oder es bei einem »netten Gespräch« belassen.

Wenn Sie noch nicht sicher sind, ob Sie ihn kennenlernen möchten oder nicht, fordern Sie ihn ein wenig heraus und wenn Sie sich dann für ein Nein entscheiden – bedanken Sie sich abermals für seine Mühe und sagen Sie Nein.

Wenn es etwas auf der Welt gibt, das Männer an Frauen nervt, dann ist es ihre Unentschiedenheit und ihre Unfähigkeit, sich klar auszudrücken und wenn sie den Mann hinhalten. Und hingehalten fühlt sich ein Mann, wenn er Ihre Telefonnummer zwar bekommt, aber Sie nie rangehen, wenn er anruft ...

Lernen Sie also, Nein zu sagen, wenn Sie Nein meinen, und ansonsten sagen Sie einfach mal Ja! Das ist den meisten Männern lieber und Sie können bessere Entscheidungen treffen.

 Wenn Sie Nein sagen können, müssen Sie sich vor dem Ja nicht mehr fürchten!

Üben Sie es täglich – achten Sie darauf, wenn Sie mit anderen kommunizieren, und sagen Sie freundlich, aber deutlich Nein und ansonsten: Sagen Sie einfach Ja!

Sagen Sie Ja zu Männern, zu Flirts, zu Verabredungen, zu verrückten Ideen und zu allem, was irgendwie interessant, aufregend oder einfach nach Spaß klingt.

Lernen Sie Männer kennen, so viele Sie können. Schaffen Sie sich eine Auswahl – und dann wählen Sie.

Sie haben das Recht, an jeder (!) Stelle einer Beziehung zu einem Mann Nein zu sagen! Es gibt Männer, die, wenn sie erregt sind, sehr unfair werden: Sie versprechen hoch und heilig, nur so weit zu gehen, wie die Frau es erlaubt, doch sind sie erst mal erregt, gibt es kein Halten mehr und ein Nein wird schnell übergangen oder mit einem »Och komm – jetzt sei nicht so« quittiert. Ich weiß von vielen Frauen, dass ihnen so etwas schon passiert ist, und sie fühlten sich immer schlecht – egal wie es ausging. Sorgen Sie dafür, dass ein Mann Sie respektiert, und wenn er das nicht tut, gehen Sie oder werfen Sie ihn raus (je nachdem wo Sie sich befinden). Erklären Sie ihm klar und ruhig, dass ein Nein ein Nein ist und dass es für Sie nicht akzeptabel ist, dass er das nicht respektieren möchte.

Das Recht, Nein zu sagen, ist ein Teil Ihrer Menschenrechte – Grundgesetz der Bundesrepublik Deutschland, Artikel 1:

»Die Würde des Menschen ist unantastbar.«

Vergessen Sie das niemals!

Sagen Sie so lange Ja, wie es Ihnen gefällt – und wenn Ihnen etwas nicht gefällt, dann sagen Sie Nein!

Sie werden überrascht sein, wie viele interessante Männer Sie kennenlernen können, wenn Sie bereit dazu sind, weil Sie wissen, dass Sie jederzeit einfach Nein sagen können, wenn es nötig erscheint.

Diese Fähigkeit wird Ihr gesamtes Leben verbessern – nicht nur in puncto Flirts.

Mìt diesem Wissen ausgestattet, klingt es doch gleich viel verlockender, ein »Männermagnet« zu werden, oder?

Kommen wir also zu Punkt zwei:

Arbeiten Sie an Ihrem Verpackungsdesign!

Männer sind sehr visuell orientiert. Auch wenn sie es gern bestreiten, weil es so oberflächlich klingt: Alle Männer, egal welchen Alters oder Bildungsniveaus, reagieren ähnlich, wenn man ihnen eine sexy Frau vorbeischickt.

Wenn ich im Kleid mit High Heels, roten Lippen und offenen Haaren durch eine Stadt gehe, bekomme ich völlig andere Reaktionen von Männern, als wenn ich – dieselbe Frau mit derselben Figur und demselben Gesicht – in Schlabberklamotten und Mütze herumlaufe: Ich werde nicht nur auf der Straße mehr beachtet, ich werde auch von männlichen Kellnern schneller und netter bedient und in Geschäften besser behandelt.

Das kann man nun oberflächlich finden – aber letztlich wollen wir Frauen es doch auch nicht so viel anders: Der Mann sollte schon knackig und nett verpackt sein! Nur wenn wir erfahren, dass der leicht schäbig wirkende Typ mit dem Dreitagebart ein bekannter Musiker oder ein berühmter Künstler ist, überlegen wir es uns doch häufig auch noch mal, oder nicht!?

 Männer reagieren auf optische Reize. Sie werden neugierig auf den Inhalt, wenn die Verpackung reizvoll ist!

Ich sage Ihnen jetzt nicht, dass Sie, um bei Männern Erfolg zu haben, stets High Heels tragen müssen: Es gibt Frauen, die sehen tatsächlich in Jeans und Turnschuhen und mit Pferdeschwanzfrisur am allerschönsten aus!

Und genau darum geht es: Finden Sie heraus, wie *Sie* am allerschönsten aussehen und wie Sie sich vor allem auch am allerschönsten fühlen!

 Verkleiden Sie sich niemals, um einem Mann zu gefallen – aber machen Sie das Beste aus sich und berücksichtigen Sie dabei Ihre Zielgruppe!

Ich kenne nicht eine einzige Frau, die voll und ganz zufrieden mit sich und ihrem Körper ist – nicht eine!

Liebe Leserin, es ist völlig normal, dass Sie Ihre Schwächen kennen. Sie sehen sich jeden Tag, Sie kennen jeden Quadratzentimeter an sich selbst, Sie registrieren jede Veränderung. Sie kennen den Anblick Ihres Körpers aus fast jeder Perspektive.

Unsere Gesellschaft hat ein Idealbild von Schönheit, dem keine lebende, echte Person in allen Punkten entsprechen kann. Genau deshalb heißt es ja »Idealbild«. Die Hersteller von »Verschönerungsprodukten« zeigen in ihrer Werbung diese Idealbilder nicht, damit »normale Frauen« sich schlecht fühlen, sondern damit sie motiviert sind, diese Produkte zu kaufen, um dem Idealbild näher zu kommen. Die Wahrheit ist jedoch, dass wir mit einem neuen Shampoo oder einer neuen Augencreme, einem Lippenstift oder einem BH eben nur ein wenig dafür tun können, uns selbst etwas »schöner« zu machen – mehr nicht. Aber auch nicht weniger!

99 Prozent aller Frauen sehen nicht aus wie Models und auch höchstbezahlte Supermodels sehen selbst nicht so aus und sind mit sich nicht zufrieden. Cindy Crawford, eines der bis heute erfolgreichsten und bestbezahlten Models der Welt, soll einmal gesagt haben: »Im wirklichen Leben, ohne Make-up und gute Beleuchtung, sehe nicht einmal ich aus wie Cindy Crawford« – und da ist etwas Wahres dran! Sie hat außerdem einmal gesagt, dass sie ihren Körper manchmal hasst, weil sie sich zwischen den vielen superdünnen Models oft wie eine Elchkuh fühlt.

Puh ... wenn Cindy Crawford ihren Körper hasst und damit recht hätte, dann sollte ich jetzt wohl Komplexe bekommen!

Ich habe jedoch inzwischen gelernt, dass Komplexe meinen Hintern noch nicht einmal ein klitzekleines bisschen kleiner werden lassen – eher das Gegenteil ist der Fall: Wenn ich anfange, mich um meine Figur zu sorgen, und schlechte Laune bekomme, weil ich nicht so perfekt bin wie die Frauen aus der Werbung, dann fühle ich mich schlecht. Und wenn ich mich schlecht fühle, werde ich unkreativ und uncharmant und ich bekomme sehr wenig gutes Feedback aus meiner Umgebung. Dann fühle ich mich noch schlechter und das Einzige, was mir dann noch helfen kann, ist ein Stück Kuchen ...

Haben Sie zufälligerweise Cellulite? Ja?

Also ich habe Cellulite! Und wissen Sie, warum ich Cellulite habe? Weil fast jede Frau Cellulite hat.

»Cellulite« ist ein Wort, das es noch gar nicht lange gibt: Bis vor circa fünfzig Jahren ging man davon aus, dass ein Frauen-oberschenkel eben so aussieht, wie er aussieht, und dass es normal ist, dass die meisten Frauen diese kleinen »Dellen« haben, eben weil ihr Bindegewebe nicht so stark ist. Keine Frau und kein Mann hat sich darüber Gedanken gemacht, dass die Oberschenkel von Frauen ein bisschen an die Schale einer Orange erinnern. Bis in den 1960er-Jahren ein Name für dieses völlig natürliche Phänomen gefunden wurde und 1973 eine findige französische Autorin namens Nicole Ronsard in den USA ein Buch darüber auf den Markt brachte, wie man diesen schrecklichen »Schönheitsmakel« loswird. Allein in den 1970er-Jahren hat sich dieses Buch in den USA nahezu eine Million Mal verkauft, dann schwappte die Anti-Cellulite-Welle nach Europa. Sehr schnell reagierte die Kosmetikindustrie – denn plötzlich gab es ja einen Bedarf. Man forschte und erprobte und vor allem verdiente man. Cremes, Lotions, Seren, Geräte, Kuren ... Es gibt unzählige Präparate und Apparate, um diesem »Makel« beizukommen.

Und die Amerikanerinnen haben immer noch Cellulite – die Europäerinnen auch, sowie die Mehrheit aller Frauen auf diesem Planeten ... weil es immer noch völlig normal ist, dass man als nicht magersüchtige, normal lebende erwachsene Frau ohne Trainingseinheiten im Bereich des Spitzensports Dellen an den Oberschenkeln hat.

Und wissen Sie was? Die Mehrheit der Männer erkennt Cellulite nicht einmal, wenn man sie ihnen zeigt!

Männer sehen viele Dinge, die wir als Schönheitsmakel an uns selbst empfinden, gar nicht. Schon erst recht nicht, wenn ein Mann erregt und/oder verliebt ist. Männer haben eine besondere und wunderbare Gabe: Sie fokussieren sich auf das, was ihnen gefällt.

Selbst wenn Sie das Gefühl haben, auf Ihrem Oberschenkel den Grand Canyon im Maßstab 1:1000 abzubilden: Wenn Sie mit einem Mann bei der Sache sind und er erregt ist, sind Sie in diesem Moment für ihn schön, denn er konzentriert sich aufs Wesentliche – und das sind für ihn nicht Ihre Oberschenkel, sondern das dazwischen.

Betonen Sie immer das an sich, was weiblich und sehenswert ist: Wenn Sie speckige oder krumme Beine haben, dann tragen Sie eben keine Miniröcke – aber es wird etwas anderes geben, das Sie zeigen und betonen können! Es geht darum, das Beste aus dem zu machen, was man hat und ist.

Wenn ich mit Ihnen also über Verbesserungen Ihres Äußeren spreche, dann meine ich damit weder eine Diät noch eine Operation und schon gar nicht, dass Sie aussehen müssen wie ein Model.

 Befreien Sie die schöne Verführerin in sich! Werden Sie Ihre eigene Version einer verführerischen Frau.

Zu allen Zeiten, in allen Epochen gab es Frauen, die eine geradezu magische Anziehungskraft hatten, die als besonders schön und verführerisch galten, und alle hatten sie dasselbe Geheimnis: Sie wussten sich geschickt in Szene zu setzen und betonten das an sich, was es zu betonen gab.

Betrachten Sie sich nackt im Spiegel und verzichten Sie ausnahmsweise darauf, sich zu kritisieren – machen Sie einmal eine ganz nüchterne Bestandsaufnahme: Wie groß sind Sie? Sind Sie im Gegensatz zu den meisten Frauen eher klein, sind Sie so groß wie die meisten anderen, also ungefähr 1,70 Meter oder größer?

Wie ist Ihre Statur generell? Sind Sie dünner als die meisten Frauen oder dicker? Oder liegen Sie generell eher im Durchschnitt – also irgendwo bei Kleidergröße 38 bis 40? Oder ein wenig mehr? Deutlich darunter oder darüber? Nicht schummeln!

Dann betrachten Sie Ihre Beine: Sind sie lang, normal oder kurz? Hier kommt es auf das Verhältnis zum Rest Ihres Körpers an. Wenn Sie bei »normalen Kleidergrößen« häufig »Hochwasser« haben, haben Sie vermutlich überdurchschnittlich lange Beine im Verhältnis zum Rest ihres Körpers. Müssen Sie Hosen immer wieder kürzen, dann haben Sie eben kurze Beine.

Wie ist das Verhältnis ihrer Hüfte zu ihrer Taille? Ist es eher ausgeglichen oder haben Sie weibliche Rundungen? Wenn ja, wie stark sind diese ausgeprägt?

Haben Sie einen großen Busen? Oder einen kleinen? Oder entspricht er auch eher dem Durchschnitt (Körbchengröße B oder C)?

Haben Sie kräftige Oberarme oder eher dünne? Breite Schultern im Verhältnis zu Ihrer Hüfte oder eher schmale? Fallen Ihre Schultern eher nach unten ab oder sind sie gerade?

Haben Sie einen langen Hals oder einen kurzen?

Ist Ihr Po rund oder eher flach?

Sind Sie sportlich muskulös oder eher weich?

Ist Ihre Haut grundsätzlich (am ganzen Körper) eher fest oder sehr zart? Ist sie eher trocken, normal oder fettig? Ist sie sehr hell, mittel oder eher dunkel? Haben Sie Sommersprossen?

Was für ein Typ sind Sie? Sind Sie eher ein heller oder ein dunkler Typ? Wirken Sie klassisch europäisch oder in irgendeine Richtung exotisch? Sind Sie vielleicht eine Blondine? Wirken Sie eher sportlich? Rundlich? Weiblich? Androgyn?

Machen Sie sich einmal ein ganz neutrales, aber wahrheitsgetreues Bild von sich selbst, in dem das Wörtchen »zu« nicht vorkommt. Denn das ist es, was unser Selbstbild häufig so unschön verzerrt:

»Ich bin viel zu …«

»Meine Beine sind zu …«

»Mein Busen ist zu …«

Und dann kleiden wir uns nach der »Ich muss das verstecken«-Methode und am Ende verstecken Sie sich selbst. Bitte hören Sie auf damit!

Machen Sie sich ein realistisches Bild von sich selbst und dann arbeiten Sie damit!

 Für jede Form von Figur und jeden Typ Frau gibt es schmeichelhafte Unterstützung und absolute Todsünden!

Finden Sie also heraus, was für Ihre Figur schmeichelhaft und was eine Todsünde wäre. Natürlich gibt es Klassiker in der Mode und neue Trends, die man einfach wunderschön findet – an anderen!

Eine Freundin von mir erzählte mir einmal, dass sie so gern ein Etuikleid haben würde – aber sie fände einfach keins in ihrer Größe. Das wunderte mich nicht: Sie ist ungefähr 1,55 Meter klein und hat einen Hintern, der selbst an einer 1,75 Meter großen Frau noch imposant wäre. Sie bräuchte bei einem eng anliegenden Etuikleid (und das muss es ja sein, damit es eines ist) also mindestens Größe 44 – dann wiederum würde ihr das Kleid jedoch bis zu den Knöcheln gehen ... Ich liebe meine Freundin sehr, doch ich hoffe, dass sie sich das Bild von sich selbst im Etuikleid aus dem Kopf schlägt, bevor sie sich noch wehtut – oder lächerlich macht. Etuikleider sehen nur an schlanken Frauen wirklich hübsch aus – und je kleiner die Frau ist, desto schlanker sollte sie sein, um im Etuikleid wirklich gut auszusehen. Denken Sie an das Bild von Audrey Hepburn in *Frühstück bei Tiffany* – sie trägt dieses wunderbare schwarze Etuikleid und dazu lange schwarze Handschuhe und diese übergroße Sonnenbrille. Dieser Film hat vermutlich den Ausdruck »kleines Schwarzes« geprägt – und sie sieht fantastisch darin aus. Aber sie hat maximal Kleidergröße 38, einen kleinen Po und Körbchengröße B!

Ein Outfit à la Lara Croft mit kurzen Hosen und knappem Shirt sieht auch nur gut aus, wenn man eine Lara-Croft-Figur hat. (Und wer hat die schon!? Selbst Angelina Jolie hat kräftig nachgeholfen – bitte tun Sie das nicht!)

Es gibt einfach Modetrends und Schnitte, ja sogar Materialien, die sehen nur an sehr, sehr schlanken Frauen wirklich gut aus. Manche Sachen stehen nur sehr großen Frauen, wieder andere sehen an kleinen zierlichen Frauen supersüß und sexy aus und an anderen nur albern. Rundliche Frauen wirken in fließenden, weichen Kleidern sexy und edel, während schlanke Frauen darin alt wirken. Auch das Alter der Trägerin spielt eine Rolle – manche Sachen sehen nur an Teenies gut aus, andere wirken erst an reifen Frauen elegant und stilvoll – und an jungen einfach nur seltsam ...

Kleiden Sie sich nicht danach, was gerade angesagt ist oder was an anderen gut aussieht, sondern wählen Sie Kleidung, die Ihre Vorzüge betont.

Kleiden Sie sich so, dass Sie auch Ihrem Alter gemäß attraktiv wirken – wenn es an einer Sechzehnjährigen sexy wäre, heißt das nicht, dass es grundsätzlich an einer Frau sexy ist. Nein, eher im Gegenteil!

Kleiden Sie sich Ihrem Wesen entsprechend: Wenn Sie eher schüchtern und zurückhaltend sind, werden Sie vermutlich falsche Assoziationen hervorrufen, wenn Sie sich wie Catwoman stylen – und vermutlich werden Sie sich damit noch unwohler fühlen als vorher.

 Ihr Styling soll Ihnen mehr Sicherheit geben, Ihr Bestes zum Ausdruck bringen und Ihre Weiblichkeit betonen!

Es geht nicht darum, sich zu verkleiden, sondern viel eher darum, die weiblichste, verführerischste Version von sich selbst zu sein.

Verstecken Sie sich nicht länger, sondern trauen Sie sich, das zum Ausdruck zu bringen, was den Mann interessieren könnte, für den Sie sich interessieren könnten.

WAS MÄNNER WAHRNEHMEN – UND GUT FINDEN

Körperpflege, Frisur und Make-up

Viele Frauen geben unglaublich viel Geld für diese Dinge aus – und ärgern sich immer wieder, dass kaum ein Mann sie bemerkt. Machen Sie also einen bewussten Unterschied zwischen dem, was Ihnen einfach guttut, und dem, was Ihren Sex-Appeal unterstützt: Kein Mann bemerkt, ob Sie eine 80-Euro-Tagescreme benutzen – aber er sieht, wenn Ihre Beine haariger sind als seine …

Wenn Sie die Creme brauchen, weil Sie sich damit gut und kostbar fühlen, ist das in Ordnung – einem Mann ist es egal, welche Tiegel in Ihrem Badezimmer stehen.

WORAUF MÄNNER WIRKLICH ABFAHREN

🏠 Schöne Haut

Männer mögen schöne, weiche, glatte Frauenhaut. Benutzen Sie daher regelmäßig eine leichte Bodylotion (im Winter gern auch eine Creme), sorgen Sie dafür, dass Ihre Gesichtshaut möglichst frisch wirkt und trimmen beziehungsweise entfernen Sie Ihre Körperbehaarung, wo es nötig ist und wie es Ihnen gefällt. Die meisten Männer finden Frauen sexy, die sich die Achselhaare und die Bikinizone rasieren und für die Optik noch ein wenig Schamhaar im goldenen Dreieck stehen lassen ...

Verzichten Sie grundsätzlich auf alles, was unnatürlich ist: Ein bisschen (!) Nachhilfe wie zum Beispiel durch etwas (!) Solarium, wenn Sie im Winter allzu blass werden, mag ja ganz hübsch sein.

Wenn Sie jedoch dieselbe Hautfarbe haben wie Pierre Brice in seiner Rolle als Winnetou, haben Sie definitiv etwas falsch gemacht – vor allem weil Sie auch sehr bald genauso faltig sein werden! Nach 15 Jahren Solarium kann man dann Ihre Haut kaum noch von einer Lederjacke unterscheiden. Auch maskenartiges Make-up schreckt Männer ab. Verwenden Sie lieber nur getönte Tagescreme und ein wenig Rouge oder nur ein ganz leichtes Make-up mit einem Concealer gegen Augenschatten oder kleine Makel, wo es nötig ist. Tragen Sie grundsätzlich so wenig Make-up wie möglich: Mr Right wird Sie früher oder später ohne Make-up sehen – und dann soll er Sie noch erkennen können! Achten Sie darauf, dass Sie Ihre Gesichtsbehaarung im Griff haben – Männer finden es abtörnend, wenn eine Frau »Bartwuchs« oder Augenbrauen wie Theo Waigel hat. Alles, was dafür sorgt, dass Ihre Haut natürlich und frisch wirkt, lohnt sich!

💋 Vielversprechender Mund

Der Mund einer Frau sollte verführerisch sein wie eine reife Kirsche – er muss nicht zwangsläufig dieselbe Farbe haben, aber vermeiden Sie bröseligen Lippenstift oder raue, aufgesprungene Lippen. Besorgen Sie sich ein paar schöne, möglichst kussfeste Lippenstifte in Farben, die Sie kokett und weiblich wirken lassen, und auch Gloss und Lippenpflegestifte für alle Gelegenheiten. Klassisches Rot wirkt selbstbewusst und sexy, während ein zartes Rosa mädchenhaft unschuldig wirken kann. Spielen Sie damit! Männer lieben es, Frauen auf den Mund zu schauen, wenn er verheißungsvoll wirkt. Dasselbe gilt für Ihre Zähne. Das heißt nicht, dass nur ein perfektes Zahnpastawerbungslächeln sexy ist – ganz im Gegenteil: Ich höre zum Beispiel immer wieder, dass mein etwas schiefer Eckzahn besonders sexy sei, weil er einfach frech und natürlich wirkt, und auch eine Zahnlücke kann unglaublich verlockend sein! Wichtig ist nur, dass Ihre Zähne gepflegt sind und Ihr Mund küssenswert frisch und verführerisch ist. Sorgen Sie dafür, dass der Blick auf Ihren Mund Lust auf mehr macht!

👁 Strahlende Augen

Mir hat mal jemand erzählt, dass eine gute Mascara die halbe Miete sei – und es stimmt! Vermeiden Sie auf jeden Fall verklebte Wimpern, die aussehen, als hätten Sie sich Insektenbeine um die Augen geklebt, oder dicke Lidstriche im Amy-Winehouse-Look. Betonen Sie Ihre Wimpern mit einer guten, verlängernden Mascara. Verwenden Sie dafür natürliche Töne wie Braun und Schwarz, sodass es möglichst »unauffällig« ist, dass Sie nachgeholfen haben.

🍶 Glänzendes Haar

Jeder Mann hat andere Vorlieben, wenn es um Haarfarbe und Haarlänge geht – doch in einer Hinsicht sind sie sich einig: Die Haare einer Frau müssen aussehen, als ob man sie berühren dürfte, damit sie sexy wirkt. Unnatürliche Farben, asymmetrische Schnitte und akkurat gestylte, mit Haarspray einbetonierte Kunstwerke sind für Männer genauso abtörnend wie Helmfrisuren, rausgewachsene Strähnchen oder kaputtes, splissiges Haar … Auch wenn uns Frauenzeitschriften und manche Friseure gern etwas anderes verkaufen möchten: Ihr Haar sollte keine andere Aufgabe haben, als die Form und Ausstrahlung ihres Gesichts zu betonen, und es muss wirken, als könne »Mann« hineingreifen und es durchwuscheln, ohne sich dabei zu verletzen. Pflegen Sie Ihr Haar gut, denn es ist Ihr natürlicher Schmuck. Ich weiß aus Erfahrung, dass viele Frauen gerade mit ihrem Haar nicht zufrieden sind. Falls Sie dazugehören: Nehmen Sie es nicht so schwer! Machen Sie das Beste aus dem, was Sie haben. Sorgen Sie dafür, dass es glänzt, gut duftet und gut fällt – ein guter Schnitt, der mit Ihrem Typ, Ihrem Gesicht und Ihrer Haarstruktur harmoniert, ist tausendmal besser als eine Modefrisur. Ein wirklich guter Friseur wird wissen, was zu tun ist!

🩴 Hände und Füße

Männer schauen bei Frauen lange nicht so auf die Hände, wie wir es umgekehrt bei den Männern tun – aber sie spüren es, wenn sie einer Frau die Hand geben: Pflegen Sie Ihre Hände, sodass sie stets weich und geschmeidig sind. Sparen Sie sich das Geld für künstliche lange Fingernägel: Die meisten Männer haben Angst davor! Achten Sie lieber auf regelmäßige Pflege, damit Ihre Hände natürlich sexy sind. Dasselbe gilt für Ihre Füße: Sie stehen nicht unbedingt im Fokus der Männer, aber sie sind ein Puzzelteilchen im Gesamtpaket: Gepflegte Füße werden auch dafür sorgen, dass Sie sich wohler und schöner fühlen. Das wird sich automatisch auf Ihre Ausstrahlung auswirken.

☼ Gesundheit

Wenn es eine Sache gibt, die Männer an jeder Art von Frau abtörnt, dann ist es, wenn sie krank aussieht. Es ist völlig egal, wie schlank Sie sind: Wenn Sie Augenringe, Pickel und hohle Wangen haben, nutzt Ihnen die neu erhungerte Bikinifigur überhaupt nichts. Umgekehrt bringen weibliche Rundungen Sie nicht weiter, wenn sie wabbeln und schwabbeln oder von fahler Haut und glanzlosen Augen begleitet werden. Männer fahren darauf ab, wenn eine Frau gesund und wie voller Leben wirkt. Sie brauchen dafür keine hundert Tipps aus der aktuellsten Frauenzeitschrift und auch keine weiteren Ratgeber. Das Rezept für dauerhafte Attraktivität ist genauso simpel wie die Grundbedürfnisse der Männer: Machen Sie regelmäßig etwas Sport – bringen Sie sich mindestens zweimal pro Woche ins Schwitzen. Sorgen Sie dafür, dass Sie genug Schlaf und jeden Tag eine große Portion frische Luft und frisches Gemüse bekommen. Trinken Sie unter allen Umständen mindestens drei Liter Tee, Wasser oder Schorle pro Tag. Meiden Sie Zucker, Schweinefleisch und weißes Mehl, wo immer Sie können, und halten Sie sich mit Kaffee, Alkohol und Nikotin zurück. Das ist im Grunde alles, was Sie wissen müssen, um langfristig gut auszusehen – ganz egal was Ihre Waage sagt.

⬛ Guter Duft

Immer wieder, wenn ich in meinen Kursen die männlichen Teilnehmer frage, was ihnen an Frauen besonders gefällt, höre ich: Der Duft – Frauen riechen gut. Sorgen Sie dafür, dass Sie diesem Klischee unter allen Umständen entsprechen! Genau hier lohnt sich das Geld für ein teures Shampoo, wenn es dafür sorgt, dass

Ihre Haare gut duften. Verwenden Sie keine geruchsintensiven Deodorants, sondern lieber ein möglichst neutrales, das gut gegen Schweiß wirkt. Verwenden Sie Parfums sparsam, aber psychologisch geschickt: Ein Duft kann zusammen mit Ihrem Outfit Ihre Wirkung auf Männer stark beeinflussen. Wenn Sie zum Beispiel besonders feminin und mädchenhaft wirken wollen, tragen Sie ein zartes Kleidungsstück und etwas mit Punkten oder Blumenmuster und legen Sie dazu ein blumiges Parfum auf. Möchten Sie lieber wie eine Herausforderung wirken, tragen Sie einfarbige Kleidung mit einem sexy Detail (zum Beispiel einem geschlitzten Rock oder einem tiefen Rückenausschnitt) und dazu ein herbes Parfum – Sie werden völlig anders wirken (und sich auch so fühlen). Ich selbst habe vier vollkommen verschiedene Parfums, die ich zu unterschiedlichen Gelegenheiten ganz bewusst einsetze, auch weil sie mich psychologisch unterstützen bei meinen Vorhaben. Auch die Jahreszeit spielt eine Rolle dabei: Es ist kein Zufall, dass man leichte, spritzige Düfte »Sommerdüfte« nennt. Ein Parfum, das im Winter ganz wunderbar ist, weil es nach Zimt und Hölzern duftet, kann im Frühling völlig daneben sein. Bedenken Sie auch, dass Ihre Haut im Sommer, wenn die Sonne darauf scheint und es warm ist, ohnehin schon intensiver duftet als in der kalten Jahreszeit. Und selbstverständlich ist bei allem Experimentieren mit Duft eine Sache unverzichtbar: eine frische, saubere Haut und saubere, frisch duftende Kleidung dazu.

👙 Unterwäsche

Tragen Sie sexy Unterwäsche! Auch wenn Sie nicht vorhaben, sie dem »nächstbesten« Mann zu präsentieren: Sie werden wissen, dass Sie sie tragen und sich daher anders fühlen. Sexy fühlen. Und wenn Sie sich sexy fühlen, wird es Ihnen viel leichter fallen, auch sexy zu *sein*.

Werfen Sie einen kritischen Blick auf Ihre Unterwäsche: Alles, was ausgeleiert oder ausgewaschen ist, was quetscht oder spannt, fliegt raus!

Wenn Sie es sich erlauben können, dann kaufen Sie sich wenigstens eine Garnitur richtig, richtig gute, teure, sexy Unterwäsche. Tragen Sie sie nur an besonderen Tagen – oder an Tagen, die besonders werden sollen. Wenn Sie sich bewusst machen, dass Sie gerade über hundert Euro direkt auf Ihrer Haut tragen, werden Sie sich sofort sexy fühlen.

Lassen Sie sich auch am besten in einem guten Geschäft Ihre BH-Größe ausmessen. Sie werden lachen, aber die Hälfte aller Frauen trägt die falsche Größe! Auch wenn Sie sich in den letzten Jahren körperlich verändert haben durch Gewichtszunahme oder -abnahme, durch Schwangerschaft oder durch das Alter – sobald sich Ihre Figur verändert, verändert sich häufig auch Ihre BH-Größe. Hier geht es nicht nur um die Optik, sondern auch um Ihr persönliches Wohlgefühl.

Was die »richtige« Farbe angeht, sind Männer sehr einfach: Schwarz ist sexy, Weiß ist unschuldig und Rot ist verrucht – alles andere ist Mode. Wenn Sie sich also schwer entscheiden können, überlegen Sie einfach, wie Sie wirken möchten, oder schauen Sie einfach nur, ob die Farbe Sie optisch unterstützt oder eher blass und fahl wirken lässt. Ansonsten gilt: Nur was an Ihnen sexy aussieht, ist auch wirklich sexy ...

In einem Fachgeschäft für Dessous kann man Ihnen auch sagen, worin Sie besonders schmeichelhaft zur Geltung kommen, sodass Sie sich auch beim Blick in den Spiegel so gut fühlen, wie Sie es sollten, um zum Männermagneten werden zu können.

👚 Kleidung

Über Kleidung allein könnte man ein ganzes Buch schreiben! Seien Sie sich bewusst, dass Ihre Kleidung spricht und etwas über

Sie sagt, noch bevor Sie den Mund aufgemacht haben. Männern ist Kleidung im Allgemeinen nicht so wichtig wie den meisten Frauen – und dennoch nehmen sie die Botschaft Ihres Outfits wahr.

Ihre Kleidung sollte Ihre Vorzüge betonen – doch wenn Sie sich um aufzufallen in einen Minirock mit High Heels schwingen, sich mit einem Push-up-BH die Brüste unters Kinn schnallen und dazu eine durchsichtige Bluse tragen, dann wirken Sie entweder billig oder verzweifelt – vermutlich sogar beides. Natürlich werden Sie so auch eine Menge Männer kennenlernen, aber möglicherweise werden diese Männer Sie nicht so behandeln, wie Sie es gern hätten.

Gerade sehr junge Frauen neigen manchmal dazu, sich zum Ausgehen derart aufzutakeln, dass mir sofort ein Ausdruck aus einem amerikanischen Film, den ich mal gesehen habe, in den Sinn kommt: »Drei-Dollar-Nutte«. Zeigen Sie niemals gleichzeitig viel Bein und Dekolleté und kombinieren Sie beispielsweise niemals auffällige Ohrringe mit einer noch auffälligeren Halskette. Zu viel des Guten wirkt immer billig – egal ob die »Zutaten« teuer waren oder nicht.

Darauf sollten Sie grundsätzlich achten: Schauen Sie sich Ihre Analyse vom Anfang des Kapitels noch einmal an und überlegen Sie sich, was Sie gern betonen möchten.

Auch wenn Ihnen beim Gedanken an Ihren Busen oder Ihren Po bisher immer ein »zu« in den Sinn kam (zu groß, zu klein, zu was-auch-immer): Männer stehen darauf und sie lieben alle Arten von Frauen. Manch einer die einen mehr als die anderen, aber letztlich kommt es darauf an, grundsätzlich ihre Aufmerksamkeit zu erregen.

 Egal welche Größe es hat: Solange es straff und rund ist, sollte es von einem Mann bemerkt werden können!

Überlegen Sie, mit welchen Kleidungsstücken das zu bewerkstelligen ist.

Wenn Sie sich Kleidung in Katalogen ansehen, dann fallen Sie nicht auf die Abbildung am Model herein, sondern fragen Sie sich immer als Erstes: Wie würde das in meiner Größe aussehen?

Kaufen Sie sich lieber wenige, dafür gut sitzende, hochwertige Kleidungsstücke als einen riesigen Berg Billigschrott.

Machen Sie sich eine Liste mit sinnvollen Basics, die Sie wirklich haben möchten: Eine Hose und einen Rock mit einem bestimmten Schnitt, der Ihnen gut steht. Shirts in Farben, die Ihrem Teint schmeicheln – machen Sie eine Aufstellung, was in Ihrem Kleiderschrank sinnvoll ergänzt werden könnte, damit sie mehr Kombinationsmöglichkeiten haben, und kaufen Sie *nur* das!

Legen Sie bei Ihrer Kleidung grundsätzlich Wert auf Weiblichkeit. Nicht jedes Kleidungsstück muss »sexy« sein – aber es sollte Ihren Typ und vor allem die Tatsache unterstreichen, dass Sie eine Frau sind.

Gehen Sie dafür nicht mit jeder Mode. Es gibt immer wieder Trends, die plötzlich »alle« tragen – aber nicht alle sehen gut darin aus. Wenn Sie etwas Neues ausprobieren, betrachten Sie es immer unter dem Aspekt, ob es Ihre Weiblichkeit betont.

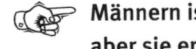 **Männern ist es in der Regel egal, was gerade Mode ist, aber sie erkennen, was sexy ist!**

Kaufen Sie nichts, nur weil es gerade hip oder in Mode ist, wenn es Ihre weiblichen Vorzüge nicht zur Geltung bringt!

Ein paar Faustregeln:

→ Weiche, fließende Stoffe haben mehr Sex-Appeal als starre, feste Stoffe.

→ Kleidung muss sich vor allem gut anfühlen – für Sie als Trägerin und für den Mann, der Sie anfasst.

→ Blumenmuster und Punkte wirken femininer als Karos, Streifen oder grafische Muster.

→ Animalprints (Leopardenlook oder Tigerstreifen) sollten Sie nur dezent einsetzen, wenn Sie nicht nach Fasching aussehen wollen.

→ Kunterbunter Farb- und Mustermix wirkt an jungen Frauen fröhlich und verspielt, bei älteren Frauen kann er schnell nach »Hippie-Oma« aussehen.

→ Kleider und Röcke, die Ihren Po umschmeicheln, sind für Männer immer verlockender als Hosen – eine Ausnahme bilden Jeans, wenn sie sich eng um einen knackigen Frauenpo spannen.

→ Wenn Sie etwas fülliger sind, tragen Sie bei Hosen beziehungsweise Jeans eher dunkle Farben mit geradem Bein. Das streckt und lenkt die Aufmerksamkeit auf die »wichtigen« Stellen.

→ Leggins sind an 99 Prozent aller Frauen nicht sexy und sollten höchstens unter Kleidern getragen werden.

→ Wenn ein Blusenknopf an Ihrem Busen spannt, ist das sexy – wenn er an Ihrem Bauch spannt, ist das furchtbar.

→ Der sogenannte »Boyfriend-Look« (sieht aus, als hätten Sie heute Morgen die Klamotten Ihres Lovers geklaut) ist nur sexy, wenn Sie ultraweiblich darin aussehen … und wer tut das schon?

→ Rüschen machen breit und plustern auf – überlegen Sie sich genau, an welcher Stelle das für Sie sinnvoll sein könnte.

→ Schwarz ist zwar sexy, aber ohne andere Akzente sieht es aus, als wären Sie in Trauer!

→ Bei sehr großen (größer als D) und sehr kleinen Brüsten (A) sehen sehr tiefe Ausschnitte meist eher lächerlich aus als sexy. Wenn Sie unsicher sind, ob es nur gewagt oder bereits verzweifelt wirkt, fragen Sie eine gute (!) Freundin oder eine Verkäuferin Ihres Vertrauens.

→ Kleidung muss passen: Zu klein sieht nach Presswurst aus, zu groß nach Zelt!

→ Wenn ein Kleidungsstück auf dem Bügel oder an der Schaufensterpuppe billig aussieht – wie sieht es dann wohl an Ihnen aus?

→ Die meisten Models sind sehr schlank – doch die meisten Männer mögen fröhliche Frauen und lieben es, »etwas in der Hand zu haben«. Hungern Sie sich nicht in eine bestimmte Kleidergröße, wenn es Ihnen schlechte Laune macht!

→ Manchmal macht es der Mix: Eine Jeans mit einem weißen Herrenhemd und einem schwarzen Jackett wird ultrasexy, wenn Sie dazu schwarze Lackpumps, eine lange Perlenkette und roten Lippenstift tragen …

→ Spielen Sie mit Klischees aus Männerfantasien – mit kleinen Details können Sie die Vorstellungskraft eines Mannes anregen, wenn er sich dadurch an etwas erinnert fühlt, das ihn antörnt … Männer finden Stewardessen und Krankenschwestern sexy, sie fantasieren von strengen Lehrerinnen oder frechen Mädels in Schuluniformen. Die Berater der erfolgreichsten weiblichen Popstars wissen ziemlich genau, was sie tun: Die Ladys müssen in den Videos möglichst sexy sein, damit sich die Musik verkauft. Sie müssen also gar nicht den Pornokanal finden, um zu sehen, was Männerfantasien in Schwung bringt – ein paar

Minuten MTV reichen völlig aus. Doch auch hier gilt: Versuchen Sie nichts, was nicht Ihrem Typ entspricht!

Wenn Sie unsicher sind, was Ihnen gut steht oder welche Farben Ihre natürliche Schönheit besonders betonen, lohnt es sich, Geld für eine Typberatung zu investieren. Die Kosten (meist 150 – 250 Euro) erscheinen im ersten Moment hoch – wenn Sie jedoch mal zusammenrechnen, wie viele Fehlkäufe wahrscheinlich in Ihrem Schrank herumlungern, relativiert sich das Ganze sehr schnell.

Suchen Sie nach einer Typ- und Farbberatung, die nicht nur nach dem 08/15-Schema arbeitet und alle Kundinnen in vier Jahreszeiten-Typen einordnet. Es gibt inzwischen verfeinerte Methoden und Beraterinnen, die sehr individuell auf ihre Kundinnen eingehen und sie nicht nur in puncto Farbe, sondern von Kopf bis Fuß zu guten Schnitten, Stoffen, Frisuren und Make-up beraten und unterstützen können. Sagen Sie der Beraterin, dass Sie weiblicher wirken möchten!

Wenn Sie nur wenig Geld zur Verfügung haben, schauen Sie doch mal im Programm Ihrer Volkshochschule nach Kursen zu diesem Thema oder fragen Sie bei einer Typberatung nach Möglichkeiten: Viele Beraterinnen sind bereit, Kundinnen mit wenig Einkommen entgegenzukommen, wenn die Gründe gut sind, oder sie bieten Gruppenabende oder einen Freundinnen-Tarif an, bei dem sie zwei Frauen in einer Sitzung beraten.

Sollte Ihr Budget auch das nicht hergeben, schnappen Sie sich eine gute Freundin und bitten Sie sie, schonungslos ehrlich zu sein: Wir Frauen neigen dazu (mal wieder um beliebt zu sein), Freundinnen nur sehr, sehr vorsichtig zu kritisieren. Machen Sie Ihrer Freundin also die Ansage, dass sie Ihnen helfen muss, besser auszusehen, und dass Sie mit ihr Ihren Kleiderschrank ausmisten möchten. Stellen Sie eine Flasche Sekt kalt und dann schmeißen Sie gemeinsam den Inhalt Ihres Schrankes komplett raus – sortieren Sie nur wieder hinein, was Ihnen wirklich passt und gut steht. Dann machen Sie dasselbe mit dem Schrankinhalt Ihrer Freundin …

Sehr lustig kann es sein, mit den guten Stücken, die Ihnen dennoch nicht stehen, einen Tauschabend mit anderen Frauen zu veranstalten. Was an Ihnen grausam aussieht, kann an jemand anderem ja vielleicht ganz hübsch sein! (Und falls nicht, ist das ja nun nicht mehr Ihr Problem.)

Sie werden schnell feststellen, dass allein schon der Wille und das Bewusstsein, sexy sein zu wollen und sich so zu kleiden, vieles verändert: Sie werden anders gehen, anders schauen und vieles anders wahrnehmen.

Wenn Ihnen das zu schnell geht oder zu anstrengend ist, machen Sie eine Art Spiel daraus und vereinbaren Sie mit sich selbst einen »Sexy-Tag«: Entscheiden Sie sich, sich an einem Tag in der Woche ganz bewusst weiblich und sexy zu kleiden und zu geben – es kann ja für den Anfang ein Tag sein, an dem Sie nicht arbeiten müssen. Nehmen Sie den Unterschied zu den anderen Tagen wahr und spielen Sie ganz bewusst mit Ihrer Wirkung.

℞ Schuhe

Schuhe können einem Outfit den letzten Schliff geben – oder es völlig ruinieren. Pumps oder überhaupt Absatzschuhe wirken weiblich und verändern unsere Haltung so, dass unser Po besonders hübsch zur Geltung kommt und unsere Beine länger wirken. Grundsätzlich eine sehr gute Idee – jedoch nur, wenn Sie in den Schuhen auch gehen können und nicht aussehen wie ein Schwein auf Stelzen. Auch Schuhe, die zwar hübsch aussehen, aber nach zwanzig Minuten Schmerzen verursachen, sollten Sie aus ihrem Leben verbannen – wie attraktiv und erotisch wirken Ihre künstlich verlängerten Beine wohl noch in Kombination mit einem schmerzverzerrten Gesicht?

Heterosexuelle Männer haben zu 99 Prozent überhaupt keine Ahnung von Damenschuhen – schon gar nicht von Marken, also machen Sie sich nicht so viele Gedanken: Vergessen Sie Prada und Manolo Blahnik – damit werden Sie nur andere Frauen beeindrucken, die Sie eh nicht leiden können! Investieren Sie Geld in ein paar Schuhe, die sowohl weiblich als auch einigermaßen bequem sind: Klassische schwarze Pumps sind immer sexy, rote Pumps sind immer etwas verrucht und Peeptoes sowie Schleifen an den Schuhen lassen Frauen verspielter und mädchenhafter wirken. Sehr viele Männer finden auch Stiefel an Frauen extrem sexy.

Tragen Sie nach Möglichkeit immer das Kleid, zu dem Sie Schuhe suchen, wenn Sie sie suchen. Gehen Sie eine Weile damit im Laden herum und kaufen Sie die Schuhe nur, wenn sie wirklich tragbar sind. Alles andere ist, als würden Sie der Verkäuferin Geld dafür zustecken, dass sie Ihnen mit einem Hammer auf die Zehen haut.

Kaufen Sie lieber nur ein Paar neue Schuhe, die Ihnen wirklich gefallen, als drei Paar, die im Angebot sind. Zu diesem Anlass könnten Sie Ihre neu entdeckte Fähigkeit, Nein zu sagen, direkt trainieren.

Übrigens: Die meisten Männer finden Ballerinas an Frauen albern (außer an einer Ballerina). Flipflops führen dazu, dass Sie watscheln wie eine Ente (Das ist nicht sexy!) und in den sogenannten »Crocs« verschwinden Sie augenblicklich vom Radar jedes Mannes.

👜 Accessoires

Für alle Arten von Accessoires gilt dasselbe wie für Schuhe: 99 Prozent der heterosexuellen Männer haben keine Ahnung davon. Es ist also völlig egal, ob Sie eine 500-Euro-Handtasche tragen oder eine für dreißig Euro. Es ist allerdings nicht egal, ob diese Handtasche aussieht wie ein riesiges Ungetüm, das Sie hinter sich her schleifen, oder wie eine hübsche Tasche, die Ihren Typ unterstreicht. Dasselbe gilt für Schmuck: Wenn es überall an Ihnen glitzert und blitzt, dann wird das zwar Aufmerksamkeit erregen, aber nicht unbedingt im positiven Sinne. Auch wenn in der aktuellen Ausgabe Ihrer Lieblingsglamourzeitschrift noch so dick gedruckt steht, was gerade in ist, muss das nicht zwangsläufig auch Ihren Sex-Appeal unterstreichen.

Dress sexy – be sexy!

Sorgen Sie dafür, dass Sie sich nach und nach daran gewöhnen, immer verführerisch zu sein, und Ihre gesamte Garderobe irgendwann überhaupt nichts anderes mehr zulässt: Seide statt Frottee!

Was Sie über die reine Optik hinaus nämlich noch gewinnen, ist mehr Selbstvertrauen!

Sie werden mit all diesen Verbesserungsmaßnahmen nicht nur besser und weiblicher aussehen, Sie werden sich auch besser und weiblicher fühlen. Ihre Ausstrahlung wird sich verändern und Sie werden mehr positives Feedback bekommen.

Verbessern Sie Schritt für Schritt Ihren Style – und spielen Sie mit Ihrer Weiblichkeit. Wie heißt es so schön: Mit Speck fängt man Mäuse!

Machen Sie Männer neugierig auf Sie!

Ein weiblicheres, verführerisches Styling ist der erste Schritt dazu, eine Verführerin zu werden. (Deshalb ist es ja auch so wichtig, sich als Erstes das Neinsagen zu erlauben. Denn wenn Sie sich verführerisch stylen, werden Sie in nächster Zeit sehr häufig Nein sagen müssen, weil eine Menge Männer Ihnen Angebote machen werden …)

Wenn Sie nach all diesen Verbesserungsmaßnahmen immer noch nicht ganz davon überzeugt sind, dass Sie auf Ihre ganz persönliche Art attraktiv sein können, wenn Sie es wollen, besuchen Sie bitte ein gutes Fotostudio mit Visagisten-Service: In jeder etwas größeren deutschen Stadt gibt es inzwischen sogar Ketten von recht günstigen Fotostudios, die professionelles Make-up und Styling anbieten und mit der Kamera Ihre Schokoladenseite finden. Wünschen Sie sich einen Gutschein zum Geburtstag oder investieren Sie das Geld selbst – es ist gut angelegt: Heute boostet es Ihr Selbstvertrauen, wenn Sie sehen, dass Cindy Crawford recht hat und Schönheit häufig eine Frage des Make-ups und der richtigen Beleuchtung und Pose ist. Später können Sie mal Ihren Enkeln zeigen, was Sie für ein heißer Feger waren … oder glauben Sie allen Ernstes, ich sehe wirklich so aus wie auf dem Cover dieses Buches?

Ich hatte eine fantastische Visagistin und einen sehr guten, charmanten Fotografen und dieses Foto ist eines von etwa zweitausend Fotos, die an diesem Tag von mir gemacht wurden. Sie können das auch!

Ihre Zusammenfassung:
Wo wir gerade stehen und warum
Fassen Sie die Inhalte dieses Kapitels noch mal
in Ihren eigenen Worten zusammen!
- Was sind die drei für Sie wichtigsten Punkte
  und Erkenntnisse?
- Was ist Ihr Fazit?

Schaffen Sie Platz!

Wenn Sie sich eine Partnerschaft wünschen, ist es nicht nur wichtig zu wissen, was Sie wollen, sondern auch, dafür bereit zu sein. Immer wieder sind es vor allem Frauen in meinen Flirttrainings, deren größte Angst es nicht etwa ist, abgewiesen zu werden – ganz im Gegenteil! Viele fragen sich eher: Was ist, wenn mein Flirt Erfolg und dann vielleicht »Konsequenzen« hat? Oder wie es eine Teilnehmerin einmal formulierte: »Und wenn ich dann mit einem Mann ins Gespräch komme, dann stell ich mir vor, wie er im Unterhemd auf meinem Sofa sitzt und Bier trinkt, und dann denk ich mir: Och nö!« (In diesem konkreten Fall empfahl ich der Teilnehmerin, sich auf einen Typ Mann zu verlagern, der nicht biertrinkend im Unterhemd auf dem Sofa sitzt, sondern etwas tut, was ihr besser gefällt – der zum Beispiel mit freiem Oberkörper Rasen mäht oder sich nackt auf dem Bett rekelt oder Ähnliches.)

Falls Sie ab und zu Ähnliches denken wie zum Beispiel »Eigentlich würde eine Partnerschaft mich nur einschränken«, dann erforschen Sie einmal Ihre Gedanken genauer und finden Sie heraus, was Sie persönlich sich wirklich wünschen und was Sie tatsächlich denken: Denn oft nehmen wir die Gedanken und Wünsche von anderen Menschen an und leben diese – und wundern uns dann irgendwann, wie es dazu kommen konnte. Sollten Sie also ambivalent sein, dann könnte das daran liegen, dass manche Ihrer Wünsche gar nicht Ihre eigenen sind oder dass den Gedanken, die Sie behindern, falsche oder nur wenig motivierende Bilder zugrunde liegen (wie zum Beispiel der bier-trinkende Unterhemdträger auf dem Sofa).

Das ist sehr einfach herauszufinden:

 Nehmen Sie sich ein paar Minuten Zeit, die Ihr Leben verändern könnten:
Unterteilen Sie ein Blatt Papier in zwei Spalten. Auf die eine Seite schreiben Sie alles, was für eine Partnerschaft spricht oder warum Sie glauben, eine Partnerschaft haben zu wollen. Auf die andere Seite schreiben Sie alles, was gegen eine Partnerschaft spricht oder warum Sie aktuell glauben, keine Partnerschaft zu haben oder haben zu können.

Gedanken dafür	*Gedanken dagegen*
Liebe	*Bin ich so weit, mich zu binden?*
Regelmäßiger Sex	*Ich will mich nicht mit jemandem über alles abstimmen müssen*
Eine Familie gründen	*Ich arbeite zu viel*
Jemand, mit dem ich Zeit verbringen, reden, lachen kann	*Angst, verletzt zu werden*
...	*...*

Wenn Ihre Liste fürs Erste fertig ist, schauen Sie sich jeden Punkt an und fragen Sie sich: »Denke das wirklich ich? Ist das meine eigene Aussage – mein Gefühl, meine Meinung? Oder sagt jemand anders das immer – und wenn ja: wer?« Möglicher-weise sind einige Ihrer Gedanken die Wünsche oder Erfahrungen anderer: Ihrer Eltern, Ihrer Freunde oder anderer Menschen, die Sie als Kind beeinflusst und darüber »aufgeklärt« haben, was Partnerschaft bedeutet. Markieren Sie ganz deutlich die Sätze, die nicht Ihre eigenen sind, und schreiben Sie dazu, von wem sie kommen. Überlegen Sie sich, ob die Aussage auch wirklich zwangsläufig für Sie Gültigkeit hat. Fragen Sie sich dann auch bei allen anderen Stichpunkten, die Sie aufgeschrieben haben: »Stimmt das wirklich?«

Prüfen Sie, ob das, was da steht, wirklich wahr ist – und zwar bei den positiven wie bei den negativen Aspekten. Überlegen Sie, ob das, was Sie annehmen, wirklich nur genau so möglich ist, oder ob es vielleicht auch andere Möglichkeiten gibt.

Die Teilnehmerin, die Angst vor dem Mann auf dem Sofa hatte, hatte einen solchen Mann tatsächlich bereits erlebt – doch als sie darüber nachdachte, merkte sie, dass sie es aus ihrem Bekanntenkreis gar nicht kannte, dass die Männer ihrer Freundinnen im Unterhemd auf dem Sofa Bier tranken. Es war nur eine Erinnerung verknüpft mit entsprechenden anderen Erlebnissen mit diesem konkreten Mann, die sie nicht wiederholen wollte.

Die Liste muss nicht sofort vollständig sein, arbeiten Sie regelmäßig damit. (Diese Methode funktioniert für alle Themen im Leben, bei denen Sie ambivalente Gefühle haben.) Betrachten Sie die Punkte, die übrig geblieben sind, nachdem Sie die Wünsche und Erfahrungen anderer aussortiert haben, und geben Sie Ihnen Zahlen oder Buchstaben für Ihre Wichtigkeit: Sie können entweder ein Punktesystem anwenden (von 1 Punkt für »nicht so wichtig/schlimm« bis 10 Punkte für »sehr wichtig/schlimm«) oder nach Prioritäten (von A: oberste Priorität/sehr wichtig bis C: niedrigste Priorität/nicht so wichtig).

Es ist seltsam, doch wenn wir unsere Gedanken und Gefühle zu Papier bringen, lassen sie sich sehr viel besser ordnen und priorisieren und danach können wir klarer denken und besser Entscheidungen treffen.

Sollte dabei herauskommen, dass Sie momentan vielleicht gar keine Beziehung »brauchen«: Wunderbar, auch gut!

Lesen Sie dieses Buch dennoch weiter, es enthält viele Möglichkeiten, wie Sie mit Männern einfach nur Spaß haben können. Schließlich muss man ja nicht gleich heiraten!

Spricht Ihr Ergebnis für eine Partnerschaft, haben Sie jetzt gute Anhaltspunkte dafür, was Sie tun können, um Ihre Chancen zu verbessern.

💣 Lieblingsgrund: Ich arbeite zu viel

Viele Klientinnen klagen darüber, dass sie zu viel arbeiten. Sie würden einfach zu viel Zeit bei ihrem Job verbringen, um sich dann auch noch dem Thema Partnersuche wirklich ernsthaft widmen zu können.

Geht es Ihnen ähnlich?

Sind Sie einfach zu beschäftigt? Ist Ihr Arbeitsvolumen so hoch oder müssen Sie einfach so viel arbeiten? Sind Sie abends immer zu kaputt, um noch irgendwas zu unternehmen?

Ganz ehrlich: Das ist so ziemlich die lahmste Ausrede von allen!

Natürlich sind Sie abends kaputt – vor allem weil Ihr »echtes« Leben so langweilig ist. Was wollen Sie? Wollen Sie eine gute Mitarbeiterin sein? Wofür? Wollen Sie die nächste Karrierestufe erklimmen? Um dann noch mehr Geld zu verdienen, das Sie letztendlich nur dafür ausgeben, Ihren Stress bei der Arbeit und Ihre Einsamkeit zu vergessen?

Was wäre, wenn Sie jetzt durch einen tragischen Unfall das Zeitliche segnen – was würde auf Ihrem Grabstein stehen? »Sie war immer fleißig« oder noch schlimmer »Sie war unauffällig, aber strebsam«? Urgs …

Nein, mal im Ernst: Natürlich finde ich es wichtig, dass Menschen berufliche Ziele haben, die sie verwirklichen wollen.

Ich arbeite auch sehr viel und bin viel unterwegs, schreibe auch am Wochenende und so weiter. Ich habe aber genauso schon (und nicht nur an mir selbst) erlebt, wie man sich für eine Firma verbrennt, sein Engagement in einen Job steckt und dabei das eigene Leben auf der Strecke bleibt – und plötzlich wird man nicht mehr gebraucht ... und fällt dann in ein tiefes Loch. Ihr Leben besteht nicht nur aus Ihrem Job – und falls Sie das Gefühl haben, dass das bei Ihnen so ist, dann sollten Sie ganz dringend Ihre Prioritäten besser setzen!

Wenn Ihr Chef von Ihnen täglich zehn Stunden und länger Leistung erwartet, obwohl in Ihrem Arbeitsvertrag nur acht stehen und Ihr Freundeskreis fast ausschließlich aus Kollegen besteht, dann stimmt etwas nicht in Ihrem Leben! Auch wenn Sie woanders vielleicht nicht so viel verdienen: Ihr Chef bezahlt Ihnen weder genug Geld, um Ihre Gesundheit zu ruinieren, noch um Ihre Jugend zu verschwenden!

Ich kenne nicht wenige Frauen, die direkt nach dem Studium oder nach einer Ausbildung ihr Leben in solchen Jobs verbracht haben, um »etwas zu erreichen« – und plötzlich mussten sie feststellen, dass sie 38 sind und keinen Partner haben, und keinen Spaß und keine Leidenschaft. Und dass Männer, die ihnen gefallen, auf Frauen stehen, die 28 sind – und sie fühlten sich elend.

Gerade wenn wir noch jung sind, hat die Anerkennung, die wir im Beruf bekommen können, eine verlockende Wirkung: Es ist meist ganz klar, was von uns verlangt wird, und können wir die Anforderungen erfüllen, erhalten wir Bestätigung. Diese Bestätigung drückt sich dann durch eine Karriere und/oder finanziell aus. Sie ist messbar und sie ist unter Umständen sogar »rauschhaft«, das heißt: Es erscheint so, als würde alles immer so weitergehen, und andere Dinge treten in den Hintergrund. Wir stellen gar nicht infrage, was wir da tun, denn »es läuft ja«. Dass jedoch gerade für die Frauen die Möglichkeiten, einen

Partner zu finden und – wenn das gewünscht ist – eine Familie zu gründen, mit jedem Jahr ein wenig schlechter werden, wird der Frau erst bewusst, wenn sie das Alter erreicht hat, in dem sie die biologische Uhr bereits ticken hört.

Meine Erfahrung der letzten zehn Jahre mit Frauen und Männern auf Partnersuche war, dass es für eine Frau offenbar nur zwei Phasen im Leben gibt, in denen es leicht ist, einen Partner zu finden: unter 26 und über 76 – dazwischen ist es irgendwie anstrengend.

Wenn es also vorwiegend Ihr Job ist, der Sie davon abhält, ein Leben zu haben und in einer Partnerschaft zu sein, dann ergreifen Sie Maßnahmen, um das zu verändern: Überlegen Sie sich, ob es möglich wäre, etwas weniger zu arbeiten. Oder brauchen Sie vielleicht sogar einen ganz neuen Job?

Gerade wenn Sie möglicherweise mit Ihrem Job nicht richtig glücklich sind, wäre es eine gute Idee, zunächst auf diesem Gebiet etwas zu ändern.

Eine Freundin von mir hat ihren Chef vor einiger Zeit um eine Teilzeitregelung gebeten – jetzt arbeitet sie nur noch vier Tage in der Woche statt fünf. Auch wenn sie nun weniger verdient: Sie zahlt weniger Steuern und am Ende ist der Betrag, der fehlt, fast lächerlich gering, dafür hat sie jetzt aber endlich Zeit für all die Dinge, die sie immer machen wollte. Eine andere Bekannte ist das genaue Gegenteil davon: Sogar ihr Chef weiß, dass die Mitarbeiter das Arbeitsvolumen der Abteilung nicht bewältigen können, doch er kann sich gegenüber der Geschäftsleitung nicht durchsetzen. Sie versucht es dennoch immer wieder und war sogar bereits mehrere Wochen wegen eines Burn-out-Syndroms in einer Klinik. Sie verdient sehr viel Geld, das sie »braucht«, weil sie es einerseits für teure Urlaube, Fitness und Wellness ausgibt und zur anderen Hälfte spart, um sich mit fünfzig aus diesem furchtbaren Job freikaufen zu können. Doch dann ist sie fünfzig (wenn sie bis dahin nicht an einem Herzinfarkt gestorben ist) und wird viel von ihrer Vitalität und Gesundheit eingebüßt haben. Unnötig zu erwähnen, dass sie keinen Partner hat und immer unglücklicher wird.

Viele Menschen verbringen auch nur deshalb so viel Zeit im Job, weil ihnen da wenigstens nicht auffällt, wie langweilig ihr Leben ansonsten ist.

Vielleicht ist Ihr Job ja auch Ihr Traumjob – und Sie sind gewissermaßen mit Ihrem Beruf verheiratet. Wenn Sie sich dennoch einen männlichen Partner aus Fleisch und Blut wünschen, dann sollten Sie mit Ihrem jetzigen »Partner« einen Deal machen, denn ich bin mir sicher, ein Mann möchte sehr gern Ihre Nummer eins oder wenigstens an gleicher Stelle sein wie Ihr Beruf ...

Sie selbst haben es in der Hand. Dieses Buch wird Ihnen noch viele Anregungen dafür geben, ein interessanteres, schöneres Leben zu führen (egal ob mit oder ohne Partner) – doch wenn Sie feststellen, dass Sie »zu viel« arbeiten, ist das Ihre erste »Baustelle«. Schaffen Sie Platz in Ihrem Leben, um Menschen kennenzulernen, um Männer kennenzulernen, um Zeit zu haben. Jeder Tag hat für jeden Menschen 24 Stunden, Sie entscheiden, was Sie damit tun!

Jede Entscheidung, die Sie treffen, hat Auswirkungen – Sie können jede Entscheidung treffen, zu der Sie in diesem Moment stehen. Haben Sie keine Angst davor: Sie können sich auch jederzeit wieder umentscheiden!

Ihr schlimmster Feind ist die Gewohnheit. Wenn Sie unbedingt eine Gewohnheit brauchen, dann kultivieren Sie die Gewohnheit, Ihre Gewohnheiten regelmäßig zu wechseln.

Platz schaffen – innen und außen

Wenn Sie sich eine Partnerschaft wünschen, schaffen Sie Platz für einen Partner: in Ihrem Kopf, in Ihrem Leben und in Ihrer Wohnung.

Weniger zu arbeiten und dafür mehr zu unternehmen, mehr auszugehen (und mehr zu schlafen) ist ein guter Anfang.

Als Nächstes sollten Sie sich in Ihrer Wohnung umschauen: Fühlen Sie sich wohl und würde sich auch ein Mann hier wohlfühlen?

Gibt es genug Platz für zwei?

Haben Sie zum Beispiel ein gemütliches Sofa, auf dem zwei Menschen miteinander kuscheln können? Ist Ihr Bett groß genug, damit ein Mann bei Ihnen übernachten könnte? Oder ist es zwar groß genug, aber die »andere Hälfte« ist mit einem Bücherstapel belegt?

Sorgen Sie dafür, dass Ihre Wohnung einen männlichen Besucher willkommen heißt. Stellen Sie sich doch einfach mal vor, es passiere ein Wunder: Durch einen lustigen Zufall läuft Ihnen morgen früh Mr Right über den Weg – einfach so. Es ergibt sich ein Gespräch, Sie sind völlig perplex – er scheint der perfekte Mann für Sie zu sein. Sie tauschen Nummern, er ruft an. Sie können es beide kaum erwarten und wollen sich noch am selben Abend treffen – was für einen Eindruck würde Ihre Wohnung auf ihn machen?

 Misten Sie aus! Das wird nicht nur Platz für einen Partner schaffen, sondern auch bei Ihnen selbst für Wohlgefühl sorgen: Alles, was Sie umgibt, beeinflusst Ihr Innenleben!

Ich kann mich noch gut an einen Klienten erinnern, der viel zu viele und viel zu große Möbel in einer viel zu kleinen Wohnung hatte und sich wunderte, dass er sich immer irgendwie unwohl fühlte. Über seinem Bett hing ein großes Poster von einem Wolf, der einsam den Mond anheult. Sein Leben, was Frauen anging, verlief ähnlich wie auf dem Poster.

Eine Klientin lebte in einer netten Eigentumswohnung, die durchaus Platz für zwei hätte bieten können – doch glich das komplette Wohnzimmer eher einer überdimensionalen Abstellkammer. Überall stapelten sich Unterlagen, Zeitschriften, Papiere, Akten, Schachteln mit Krimskrams und Müll. Keine Chance für ein Candle-Light-Dinner – der Tisch war belegt. Kein wilder Sex auf dem Sofa – kein Platz. Es roch auch staubig und muffig – denn saubermachen und Staub wischen war in diesem Durcheinander gar nicht möglich. In ihrem Schlafzimmer sah es zwar nicht ganz so schlimm aus, doch sie hätte einen Mann schon mit verbundenen Augen dorthin und auch wieder hinauslotsen müssen …

Schauen Sie sich bei sich zu Hause um: Wenn Sie sich dort nicht wohlfühlen, wird es ein Mann vermutlich auch nicht tun!

Und selbst wenn Sie sich wohlfühlen: Betrachten Sie Ihre Wohnung einmal durch Männeraugen. Stellen Sie sich vor, Sie bekämen in zwei Stunden Besuch von einem echt heißen Typen, der auf Ihr neues »Verpackungsdesign« steht und den Inhalt kennenlernen möchte.

Kann dieser Mann Sie auch noch sexy finden, wenn er Ihre Wohnung betritt? Oder stolpert er über die Altglastüte, die Sie schon vor zwei Wochen mit nach unten nehmen wollten? Oder müssen Sie ihn erst einmal mit einer Fusselbürste bearbeiten, bevor er Ihre Wohnung wieder verlässt, weil Ihr Haustier sein Fell wirklich überall in der Wohnung verteilt? Könnten Sie leidenschaftlichen Sex in Ihrem Schlafzimmer haben oder müssten Sie erst Ihre Kuscheltiersammlung abräumen?

Oder schwärmen Sie für einen Star, mit dem Ihr nächster Angebeteter sich sofort optisch messen darf, weil überall in der Wohnung Poster von ihm hängen? Ein Mann möchte in der

Wohnung einer Frau genauso wenig mit Elvis, Robbie Williams oder Brad Pitt konfrontiert werden wie wir mit irgendwelchen Playmates.

Viele Frauen haben Sammelleidenschaften, die Männer nicht nur nicht verstehen – sie sorgen unter Umständen sogar dafür, dass sich das Feuer der Leidenschaft gar nicht erst entfacht.

Wenn ich den Erzählungen meiner männlichen Freunde Glauben schenke, gibt es eine Menge Frauen da draußen, die nicht leben können ohne Diddlmäuse, Armeen von Kuschelbärchen, getrocknete Blumensträuße der letzten zwanzig Jahre oder selbstgegossene Kerzen …

Die Bandbreite solcher Geschmacksverirrungen soll erstaunlich sein und auch die Nachlässigkeit der Frauen, die ihnen unterliegen – als ob es einen Mann nicht interessieren würde, ob es bei einer Frau ordentlich ist. (Schließlich herrscht bei vielen Männern doch auch Chaos, oder?) Falsch, meistens interessiert es ihn durchaus, denn ein Mann zieht Rückschlüsse vom Zustand Ihrer Wohnung auf den Zustand Ihrer Psyche und vor allem Ihre Eignung als Partnerin. Auch wenn ein Mann zu Hause selbst nicht toll eingerichtet ist, in der Wohnung einer Frau erwartet er das offenbar, denn von dieser Wohnung wünscht er sich dasselbe wie von der Beziehung: Er will sich wohlfühlen können. Kaum ein Mann kriegt noch einen hoch, wenn ihn im Schlafzimmer drei Rosina-Wachtmeister-Katzenbilder anschauen.

Auch Deutschlands größte Sammlung weinender Clowns ist nicht unbedingt förderlich für eine Partnerschaft – es sei denn, der Mann ist Zirkusdirektor.

Schauen Sie sich um und schmeißen Sie alles raus, was den Eindruck aufkommen lässt, Sie seien ein Teenager (es sei denn, du *bist* ein Teenager – dann sorry!), oder wir schrieben immer noch das Jahr 1992.

Danach machen Sie dasselbe mit Ihrem Auto – falls Sie eins haben und dann … mit Ihrem Leben:

 **Frei sein**

Sind Sie wirklich frei? Oder gammelt da noch irgendwo ein Typ in Ihrem Kopf oder sogar in Ihrem Bett rum?

Ich sehe in meiner Praxis und auch in meinem Umfeld immer wieder Frauen, die ihre Energie und ihre Lebenszeit an Männer verschwenden, die nicht das wollen, was sie wollen. Nach dem Motto »Lieber den Spatz in der Hand als die Taube auf dem Dach« halten sie fest an halbherzigen Beziehungen, Affären oder gelegentlichem Sex mit dem Ex. Alles in allem an Männern, von denen sie nicht bekommen, was sie wirklich wollen – weil es aber ja immerhin besser sei, als ganz allein zu sein.

Wie wollen Sie jedoch dem Menschen begegnen, der zu Ihnen passt, wenn der Platz neben Ihnen nicht frei ist?

Wenn Sie Ihren Samstagabend lieber damit verbringen, auf irgendeinen Typen zu warten, der sich ab und zu mal blicken lässt, um mit Ihnen zu schlafen, können Sie nicht ausgehen und Mr Right kennenlernen – denn Sie sitzen ja zu Hause und warten auf Mr Besser-den-als-gar-Keinen.

 Werfen Sie die Männer (und meinetwegen auch Frauen) aus Ihrem Leben, die Ihnen nicht guttun!

Machen Sie einen klaren Schnitt und schaffen Sie Platz für Neues. Verordnen Sie Ihrem Leben doch so eine Art »Frühjahrskur«: Misten Sie den Kleiderschrank aus, schmeißen Sie alte Zeitschriften weg, gehen Sie zum Friseur und rufen Sie Menschen an, die Ihnen nicht guttun, danken Sie ihnen für die gemeinsame Zeit und dann sagen Sie: »Adieu, mach's gut!«

Sollten Sie noch an Menschen hängen, die mit Ihnen nichts mehr zu tun haben wollen (einem Expartner zum Beispiel), schreiben Sie einen Brief (den Sie nicht abschicken), in dem Sie sich für alles, was gut und wichtig war, bedanken und ihm mitteilen, dass es nun hiermit vorbei ist und Sie ein neues Leben beginnen. Sie können den Brief anschließend vergraben, verbrennen oder auch aufheben – dann haben Sie in ein paar Jahren noch etwas zu lachen.

Wenn Sie in einer Beziehung sind, die einfach nur an Schwung und Zuneigung verloren hat, werfen Sie nicht gleich die Flinte ins Korn. Da wir in der heutigen Gesellschaft nicht mehr so sehr aufeinander angewiesen sind, wie unsere Vorfahren es früher waren, gehen viel zu viele Menschen eher getrennte Wege, als sich mit den Gründen für die Schwierigkeiten in einer Partnerschaft auseinanderzusetzen. Ich finde es sehr wichtig, dass Menschen sich bewusst machen, warum sie sich ineinander verliebt haben, und sich anschauen, was es ist, das ihnen das Leben schwer macht. Eine Partnerschaft ist immer auch eine Chance, sich weiterzuentwickeln und zu wachsen – aber wenn meine Tipps für eine glückliche Beziehung nicht (mehr) funktionieren, könnte es daran liegen, dass die Beziehung eben nicht zu reparieren ist oder Sie sich einfach den »falschen« Mann ausgesucht haben für das, was Sie wirklich wollen. Lassen Sie ihn lieber los, als noch weiter zu leiden und nach dem richtigen »Kniff« zu suchen, wie er vielleicht doch noch so wird, wie Sie ihn sich wünschen.

Ich habe selbst vor einigen Jahren schweren Herzens einen Mann gehen lassen, mit dem ich mich grundsätzlich sehr wohl gefühlt hatte – doch leider konnte (oder wollte) er mir überhaupt keine Perspektive für eine gemeinsame Zukunft geben. Ein Jahr lang brachte er fast jeden Abend einen Satz frischer Unterwäsche in seiner Tasche mit in meine Wohnung, verbrachte den Abend und die Nacht mit mir und packte am nächsten Morgen die getragene Wäsche vom Vortag wieder in dieselbe Tasche, um sie mit nach Hause zu nehmen. Seine Geschwister lernte ich eher zufällig kennen und ich vermute, seine Eltern wussten nicht einmal meinen Namen. Wir konnten über alles reden – nur nicht über uns oder über ihn beziehungsweise seine Gefühle und Wünsche. Ich hatte den Eindruck, dass ich ihn gar nicht wirklich kenne, ihm nicht näherkomme, und das gab mir mit der Zeit ein unbehagliches Gefühl. Irgendwann war ich regelrecht genervt und stellte ihn zur Rede.

Ich habe eine Lektion gelernt, deren Wahrheitsgehalt sich seitdem immer und immer wieder bestätigt hat: Wenn Sie einem Mann eine klare, einfache Frage stellen, werden Sie in der Regel eine klare, einfache Antwort erhalten. Die meisten Frauen fürchten sich jedoch vor dieser Antwort so sehr, dass sie Fragen stellen, deren Antworten Raum für Interpretation und Hoffnung lassen. Der Mann ist es nicht, der sie belügt – sie sind es selbst.

Wenn Sie einen Mann fragen: »Wie stellst du dir die Zukunft mit mir vor?« und er sagt: »Ich weiß es nicht«, dann weiß er es nicht.

Wenn Sie ihn fragen: »Kannst du dir vorstellen, mich zu heiraten?« oder »Kannst du dir vorstellen, mit mir zusammenzuleben?« oder aber auch »Kannst du dir vorstellen, Kinder mit mir zu haben?«, dann sagt er Ja, Nein oder ebenfalls, dass er es nicht weiß.

Wenn er mit »nein« antwortet, dann meint er »nein«.

Wenn er es nicht weiß, sollten Sie ihm signalisieren, dass Sie möchten, dass er darüber nachdenkt und es herausfindet. Machen Sie sich klar: Wenn er es innerhalb eines Jahres mit Ihnen nicht entscheiden oder herausfinden kann, wird er es vermutlich niemals wissen.

Als ich besagtem Mann signalisierte, dass ich mit »Ich weiß es nicht« nicht mehr zufrieden bin, war er es, der sich entschied zu gehen. Ich war enttäuscht, geknickt, traurig – ich fragte mich, ob ich zu hart gewesen war oder ob ich einfach von Anfang an zu viel falsch gemacht hatte. Es ging mir nicht gut, doch ich beschloss, dass es besser war, frei zu sein, als mit jemandem zusammen zu sein, der nicht wusste, ob er wirklich mit mir zusammen sein wollte.

Wenige Wochen später lernte ich meinen Mann kennen.

Ich wäre ihm vermutlich nie begegnet, wäre ich nicht wirklich »frei« gewesen.

Schaffen Sie Platz – Platz für Neues, Platz für das Leben, das Sie wirklich haben wollen.

Ihre Zusammenfassung:
Wo wir gerade stehen und warum
Fassen Sie die Inhalte dieses Kapitels noch mal in Ihren eigenen Worten zusammen!

- Was sind die drei für Sie wichtigsten Punkte und Erkenntnisse?
- Was ist Ihr Fazit?

Echte Attraktivität entwickeln

Wie schaffen es manche Frauen, dass Männer ihnen regelrecht zu Füßen liegen, dass sie auf Händen getragen werden? Haben Sie sich auch schon manchmal gefragt: Was haben diese Frauen, was ich nicht habe?

Auf einen Mann im ersten Moment attraktiv zu wirken ist in der entsprechenden Verpackung und mit etwas gezeigter Aufgeschlossenheit und Freundlichkeit tatsächlich nicht weiter schwierig. Wenn Sie die Selbstverbesserungstipps aus Teil 1 wirklich anwenden, werden Sie zukünftig deutlich leichter (und deutlich mehr) Männer kennenlernen. Für einen Mann jedoch nachhaltig attraktiv zu sein und in ihm auch den Wunsch zu wecken, eine Partnerschaft einzugehen, ist etwas anderes. Doch es ist gar nicht so schwierig – wenn Sie wissen, worauf es ankommt.

Es sind ein paar ganz einfache Dinge, die mit Ihrer Einstellung zu tun haben. Es geht darum, wie Sie Männer sehen und wie Sie mit ihnen umgehen. Ob Sie für einen Mann wirklich attraktiv sind, hat damit zu tun, wie Sie sich ihm gegenüber verhalten und was Sie von ihm erwarten.

Entwickeln Sie echte Attraktivität: Werden Sie unabhängig von der Zuneigung eines Mannes, aber finden Sie Gefallen daran, Männer um den Finger zu wickeln.

So wie sich jede Frau danach sehnt, einem starken, aber einfühlsamen Mann zu begegnen, der weiß, was er will, so sehnt sich jeder Mann danach, einer verführerischen und liebevollen Frau zu begegnen, die ihn um den Finger wickelt. Leider jedoch setzen wir Frauen heute kaum noch auf unsere »weiblichen Waffen« – anspruchsvoll zu sein geht häufig einher mit Misstrauen oder sogar Unfreundlichkeit, Intelligenz mit Kompliziertheit, Leidenschaft mit Aggressivität ...

Wir versuchen, viele Dinge zu erreichen, indem wir auf »unsere Rechte« pochen oder aggressiv werden, anstatt den Mann dazu zu bringen, dass er dies oder jenes einfach gern für uns tut. Oder wir halten still, winken ab und zu mit einem Zaunpfahl und hoffen darauf, dass unser Hinweis registriert wird – um dann unglücklich zu sein, wenn der Mann den »Wink« einfach nicht versteht.

Kein Wunder, dass viele Männer uns Frauen gegenüber inzwischen auch misstrauisch und zurückhaltend geworden sind oder versuchen, uns mit Tricks zu manipulieren.

Vieles von unserem Verhalten entwickelt sich »den Umständen« entsprechend: Wenn wir zum Beispiel im Job etwas erreichen wollen, müssen wir eine gewisse Härte und Geradlinigkeit entwickeln. In der Liebe jedoch passt dieses Verhalten gar nicht zu unseren Gefühlen. Immer wieder kommen Frauen zu mir ins Coaching, die mir erzählen, dass sie immer nur Männer kennenlernen, die »eine starke Frau zum Anlehnen« suchen. Mit anderen Worten: All ihre Partner waren totale Waschlappen. Eine Partnerschaft besteht nun mal aus zwei Personen – und wenn die Rolle der starken Führungsperson bereits von der Frau besetzt wird, welcher Platz ist dann wohl für einen Mann noch frei?

Jedoch erzählen mir alle Frauen, dass sie sich ja »eigentlich« gar nicht so fühlen und viel lieber einen starken Mann hätten, an den sie sich mal anlehnen können. Männer, die für so etwas zu haben sind, interessieren sich allerdings für Frauen, die zeigen, dass sie das brauchen und möchten.

Es ist keine gute Idee, sich zu verstellen – denn im besten Fall (oder schlimmsten, wie man's nimmt …) müssten Sie das dann ja ein Leben lang durchziehen. Klingt nicht sehr verlockend, oder?

Eine gesunde Partnerschaft ist eine, in der ein Rollenwechsel nach Bedarf erlaubt und möglich ist, sodass jeder im anderen sein Pendant findet.

Wir haben uns von so vielen Rollenklischees bewusst verabschiedet – warum versuchen wir sie in einer Partnerschaft noch aufrechtzuerhalten?

Natürlich ist es wundervoll, einen Partner zu haben, bei dem man sich geborgen und beschützt fühlen kann – doch hat dieser Mensch nicht auch dieses Gefühl verdient? Ist es vermessen, wenn Männer sich wünschen, sich auch bei einer Frau beschützt und geborgen fühlen zu können?

Wenn Sie »den richtigen« Mann anziehen wollen, müssen Sie die richtigen Signale aussenden. Echte Attraktivität hat nichts mit Aussehen zu tun – sondern mit Ausstrahlung und Verhalten. Attraktivität bedeutet Anziehungskraft – Sie werden mit echter Attraktivität auch echte Männer anziehen. Wenn Sie Ihre ganz eigene Attraktivität entwickeln, heißt das aber ebenso, dass Sie nicht auf *jeden* Mann anziehend wirken, denn Einzigartigkeit bedeutet immer auch, dass man es nicht jedem recht macht. Wundern Sie sich also nicht, wenn Ihnen der eine oder andere dabei verloren geht – schließlich wollen Sie einen Mann, der zu Ihnen passt!

Das ist, was Sie tun können:

1. Seien Sie freundlich und anspruchsvoll!

In Ihrem Buch *Das Uschi-Prinzip* beschreibt die Autorin Meike Rensch-Bergner einen ihrer Grundsätze mit »Werden Sie eine Königin« und trifft damit eine empfindliche Stelle bei vielen Frauen: Wir leben unser Leben (nach außen) selbstständig und souverän, doch treffen wir einen Mann, fühlen wir uns häufig entweder verunsichert, bedürftig, verlegen oder wir werden misstrauisch, zurückhaltend oder sogar zickig. Eine Königin würde sich so nicht verhalten ...

Das Grundproblem ist, dass viele Frauen sich nicht im Klaren darüber sind, dass Männer grundsätzlich Interesse daran haben, mit Frauen in Kontakt zu kommen, und dass sie am liebsten Frauen mögen, die freundlich, fröhlich und aufgeschlossen sind, aber dennoch wissen, was sie wollen, und den Mann herausfordern, sein Bestes zu geben.

Mit dieser Mischung werden Sie nahezu unwiderstehlich für Männer: Da Männer nach Anerkennung streben und es wichtig finden, der Beste zu sein, werden Sie in der Achtung eines Mannes steigen, wenn Sie ihm die Chance geben, sein Bestes zu zeigen.

Ich habe einmal für das ZDF eine Doku-Serie auf Mallorca gedreht, bei der ich sechs junge Menschen dabei unterstützt habe, leichter flirten zu können. Kandidatin Sonja sollte einen Mann finden, der für sie eine Sandburg baut. Als Belohnung winkte eine Fahrt mit einem Jet-Ski mit ihr. Sonja war sehr hübsch und wirklich nicht auf den Mund gefallen, doch ihr Problem war, dass sie von Männern häufig eher als Kumpel wahrgenommen wurde denn als begehrenswerte Frau. Bei der Aufgabe zeigte sich sehr schnell, warum das so war: Als Sonja sich für einen Mann entschieden hatte, den sie um die Sandburg und den Jet-Ski-Trip bitten wollte, war sie sehr fixiert darauf, es dem Auserwählten möglichst einfach zu machen. Sie war so froh, dass der Mann überhaupt auf sie und die Aufgabe einging, dass sie sich fast damit zufrieden gegeben hätte, dass er mit Händen und Füßen ein paar Haufen Sand zusammenschob und ihr dieses Bauwerk mit dem Ausruf »Fertig!« allen Ernstes als Sandburg verkaufen wollte. Glücklicherweise hatte Sonja einen Knopf im Ohr, über den sie meine Stimme hören konnte, und sie war anfangs nicht sehr glücklich darüber, dass ich ihr sagte, sie dürfe damit nicht zufrieden sein. Doch der Effekt war verblüffend: Als sie ihm sagte, dass das ja wohl nicht sein Ernst sein könne und er für eine Jet-Ski-Fahrt mit ihr etwas mehr Engagement zeigen müsste, war der junge Mann plötzlich wie ausgewechselt: Nicht nur dass er begann, eine Sandburg mit allen Extras zu bauen, nein, er nannte sie plötzlich auch »Prinzessin Sonja« und war nun tatsächlich an ihr interessiert. Sonja wusste kaum, wie ihr geschah – denn so etwas hatte sie vorher noch nie erlebt. Sie war regelrecht überfordert von dem plötzlichen Interesse des jungen Mannes und musste erst mal verdauen, dass man für Männer interessanter wird, wenn man nicht so einfach zufriedenzustellen ist.

Der Erfolg liegt jedoch nicht nur in der Anforderung an sich, sondern auch in der Art, wie sie formuliert wird. Ist eine Frau nur anspruchsvoll und hat nicht erkennbar etwas zu bieten, wird das kaum einen Mann reizen. Kann ein Mann jedoch erkennen, dass es Spaß machen wird, dieser Frau zu gefallen, oder dass eine Belohnung lockt, wird er sich sehr wohlfühlen.

Wie ich bereits sagte: Wenn Männer immer »das eine« wollen, ist es gut, dass wir Frauen es haben. Verführerisch und unwiderstehlich wird eine Frau für einen Mann, wenn er auf die Idee gebracht wird, dass er »es haben« könnte, wenn er sich Mühe gibt. Damit verbinden Sie ja praktischerweise das männliche Bedürfnis nach Herausforderung mit dem Lieblingswunsch Sex. Ist es zu einfach, verliert das Spiel seinen Reiz und damit verliert auch die Frau für den Mann den Reiz.

Das ist auch der Grund, warum viele Männer das Interesse an einer Frau verlieren, wenn die Frau sich in den Mann so sehr verliebt, dass sie sich von ihm emotional abhängig macht und ihn nicht mehr herausfordert (oder wenn sie »zu leicht zu haben« ist).

Begegnen Sie einem Mann freundlich und aufgeschlossen, aber fordern Sie ihn heraus, sein Bestes zu geben, um Ihnen zu gefallen!

Ich selbst musste viele Enttäuschungen erleben, bis ich diese »Regel« gelernt und verstanden hatte. Immer wieder wunderte ich mich, warum viele Männer mit Frauen zusammen waren, die ich ganz fürchterlich fand, und warum ich immer wieder auf der Nase landete, wenn ich mich ernsthaft verliebte. Es lag schlicht und ergreifend daran, dass ich zu viel dafür tat, um dem Mann zu gefallen – viel, viel mehr als ich hätte tun müssen! Und es war mir überhaupt nicht klar, dass ich mich damit uninteressant machte, weil ich dem Mann auf einem Silbertablett servierte, was er sich viel lieber verdienen wollte.

Ich war mir – wie so viele Frauen – nicht bewusst, wie interessant ich für viele Männer ohnehin schon war, weil ich attraktiv, klug, humorvoll und freundlich war. Meine Anstrengungen, dem Mann zu gefallen oder es ihm so einfach wie möglich zu machen, wurden von den meisten Männern als Bedürftigkeit interpretiert und damit machte ich mich automatisch unattraktiv. Viele Männer genossen es zwar, mit mir zusammen zu sein, doch sie zeigten nicht das Engagement, das ich mir von ihnen gewünscht hätte – warum auch? Sie bekamen ja auch völlig ohne Anstrengung, was sie sich wünschten.

Kommt Ihnen das bekannt vor? Oder sind Sie mehr der Typ, der Männer schon von vornherein in die Flucht schlägt, weil Ihnen keiner gut genug ist?

Ein Mann ist bereit, vieles zu tun, um das Herz einer Frau zu gewinnen – aber er muss erkennen können, dass es sich für ihn lohnen wird. Ein Mann möchte nicht ständig mit einer Partnerin konkurrieren müssen und er möchte von ihr anerkannt werden.

Ich kenne Frauen, die wissen genau, was sie wollen – aber es ist nicht erkennbar, was sie zu geben haben. Wem soll das gefallen?

Stellen Sie sich vor, Sie eröffnen ein Geschäft und alles, was Sie ins Schaufenster stellen, ist ein riesengroßes Preisschild mit einer hohen Summe, doch man kann von außen kaum erkennen, was es überhaupt geben soll für diesen Preis. Und interessiert sich doch mal ein potenzieller Kunde für Ihren Laden, wird er noch vor der Ladentür erst mal von oben bis unten gemustert und muss allerhand Fragen beantworten. Das klingt nicht nach einem besonders erfolgreichen Geschäftsmodell, oder?

Machen Sie sich klar, dass jeder Mann danach strebt, Frauen kennenzulernen. Männer haben nicht das Problem, dass sie Angst haben müssen, die Frau nicht wieder loszuwerden – Männer können Nein sagen. Da Sex für Männer oberste Priorität hat und jede Frau, die sie kennenlernen, möglicherweise auch Sex oder zumindest eine Fantasie verspricht, ist jeder Mann grundsätzlich schon aufgeschlossen dafür, Frauen kennenzulernen.

Wenn Sie es einem Mann ermöglichen, Sie kennenzulernen, und Sie sich als freundlich und humorvoll zeigen, werden Sie dann tatsächlich für ihn attraktiv, wenn Sie ihm zeigen, dass Sie »nicht so leicht zu haben« sind.

Denn diese Botschaft enthält: Sie sind zu haben – nur eben nicht für jeden und einfach so.

Diese Einstellung hat für Sie gleich mehrere Vorteile:

- Sie werden sehr schnell die Männer wieder los, die nur auf »eine schnelle Nummer« aus sind.
- Sie können ohne großen Aufwand die Spreu vom Weizen trennen und erkennen, wer wirklich mit Ihnen zusammen sein möchte.
- Sie werden von Männern besser behandelt und respektiert.

Seien Sie offen und freundlich zu allen Männern – wenn Sie gelernt haben, Nein zu sagen, wissen Sie ja, wie man einen Mann auch wieder loswird. Sie müssen nicht verhindern, dass Männer auf Sie zukommen und Sie kennenlernen möchten, aber machen (und befolgen) Sie Ihre eigenen Regeln!

Sollte ein Mann sich aus Unkenntnis nicht an diese Regeln halten, gibt es keinen Grund, enttäuscht zu sein: Sagen Sie ihm auf eine freundliche Art, was Sie erwarten – aber lassen Sie nicht zu, dass ein Mann Sie nachlässig oder uncharmant behandelt.

Ohne Männern gegenüber respektlos sein zu wollen, muss ich hier immer an die Ähnlichkeiten zur Hundeerziehung denken: Wenn ein Hund nicht weiß, wie er sich verhalten soll, und sich »danebenbenimmt«, ist es Ihre Aufgabe, ihm zu zeigen, was Sie von ihm erwarten. Sie tun es ruhig, freundlich und mit Geduld – Sie loben ihn, wenn er es »richtig« macht, bis er weiß, was Sie von ihm erwarten. Wenn Sie jedoch einen Hund für schlechtes Benehmen, obwohl er besseres kennt, nicht tadeln, wird er es immer wieder tun und Ihnen auf der Nase herumtanzen. Der Vergleich ist vielleicht ein bisschen hart, denn schließlich ist ein Mann kein Hund und Sie sollen einen Mann nicht »erziehen«, doch Sie sollten dieselbe konsequente Haltung an den Tag legen. Ich sehe sehr viele Frauen, die Männer noch regelrecht »belohnen« dafür, dass sie sich ihnen gegenüber respektlos verhalten – und sich dann darüber beschweren, dass sie schlecht behandelt werden.

Das kann nur passieren, wenn Sie den Mann dazu einladen, sich so zu verhalten: Wenn Sie von Anfang an Kompromisse zu Ihrem Nachteil eingehen und mit (zu) wenig zufrieden sind, wird der Mann Ihnen von sich aus nie mehr als das »Mindeste« anbieten – warum sollte er auch!?

Wenn Sie Schwierigkeiten damit haben zu bestimmen, was Sie eigentlich von einem Mann erwarten, dann wird Ihnen der nächste Punkt sicher helfen:

2. Lieben Sie sich selbst!

Ich weiß, das klingt jetzt wie ein ganz alter Hut – und dennoch erscheint es recht schwierig. Überlegen Sie mal: Sie erwarten von einem Mann, dass er Sie liebt. Sie erwarten von ihm, dass er Ihre Stärken und Schwächen mag, dass er Ihre Launen erträgt, dass er Ihnen sagt, wie gern er Sie mag, und dass er Ihnen gibt, was Sie sich wünschen.

Dieser Mann ist bis jetzt vermutlich ein völlig Fremder. Jemand, der Sie noch gar nicht kennt. Dieser Mensch soll sein Leben mit Ihnen teilen und Ihnen all das geben, er soll Sie lieben und akzeptieren, wie Sie sind.

Es wäre doch ziemlich unfair, das zu erwarten, wenn Sie es nicht einmal selbst tun, oder?

Viele Menschen sagen mir, dass es ihnen sehr schwerfällt, sich selbst zu akzeptieren, da sie doch all ihre Defizite so gut kennen – oder sie denken sogar, dass irgendetwas nicht mit ihnen stimmen würde. Genau das ist die Fahrkarte in die Einsamkeit! Denn treffen sie dann doch mal jemanden, der sich für sie interessiert, weichen die anfängliche Freude und das Glück sehr schnell dem Gedanken: Wie kann der (oder die) mich gut finden? Und sie beginnen unweigerlich damit, den Partner auf die Probe zu stellen, indem sie nach und nach immer unausstehlicher werden. Reicht das immer noch nicht, um den anderen Menschen in die Flucht zu schlagen, weil dieser selbst die unausstehlichen Seiten akzeptiert, steht fest: Dieser Mensch kann nicht ganz dicht sein. Und wer möchte schon mit so jemandem zusammen sein?

Dieses Prinzip gilt sowohl für Männer als auch für Frauen. Frauen neigen jedoch sehr stark dazu, sich nicht vom Partner zu trennen, sondern sich in eine emotionale Abhängigkeit zu begeben, und das kann katastrophale Folgen haben: Die meisten Männer sind davon abgeschreckt, wenn eine Frau sich von ihnen abhängig macht. Wenn sie ihm nachtelefoniert und ständig seine Bestätigung braucht. Wenn sie bei jeder Gelegenheit eifersüchtig ist, weil sie insgeheim Angst hat, dass sie nicht gut genug für ihn ist. Einige Männer verlieren zwar jeglichen Respekt vor einer Frau, die sich selbst nicht liebt und nur um seine Liebe und Zuneigung buhlt, bleiben aber dennoch mit ihr zusammen und behandeln sie respektlos beziehungsweise nutzen sie schamlos aus, einfach weil es so einladend ist.

Wenn Sie sich selbst nicht achten und für liebenswert halten, werden Sie sogar akzeptieren, dass ein Mann Sie schlecht behandelt – sogar wenn Sie darunter leiden.

Machen Sie sich klar, dass Sie nicht perfekt sind – und dass das völlig in Ordnung ist!

 Werden Sie frei, indem Sie beginnen, sich selbst das zu geben, was Sie sich wünschen.

Fragen Sie sich heute, was es für Sie bedeutet, wenn Sie sich geliebt fühlen möchten.

- Was sollte ein Partner für Sie und mit Ihnen tun, damit Sie das Gefühl haben, dass er Sie liebt?
- Welche »Geschenke« machen Ihnen Freude?
- Was hören Sie gern über sich?
- Was tut Ihnen einfach gut?

Natürlich ist es schön, wenn man Erlebnisse mit jemandem teilen kann. Es ist auch wunderbar, wenn ein anderer Mensch einem sagt, dass man toll ist und schön und liebenswert … Nichtsdestotrotz: Sie können das meiste von dem, was Sie erwarten, auch selbst erzeugen!

Fragen Sie sich doch einfach mal, was Ihnen in dieser Hinsicht gefallen könnte. Stellen Sie sich vor, was Sie für sich tun könnten und woran Sie – quasi im Umgang mit sich selbst – Freude hätten.

Tun Sie Dinge, die Ihnen guttun:

→ Machen Sie sich Geschenke!
→ Verzeihen Sie sich, wenn Sie mal etwas Blödes oder nicht so Tolles gemacht haben!
→ Trösten Sie sich, wenn Sie traurig sind!
→ Pflegen Sie sich und achten Sie gut auf sich!
→ Laden Sie sich schick zum Essen ein oder gönnen Sie sich auch einfach mal etwas!
→ Planen Sie eine Reise: Trauen Sie sich alleine in ein fremdes Land, um dort fremde Menschen kennenzulernen. Sie werden überrascht sein, wie interessant das ist und wie viele Menschen Sie mögen, wenn es um nichts anderes geht, als eine gute Zeit zu haben.
→ Sagen Sie sich jeden Tag, dass es schön ist, dass es Sie gibt – das mag am Anfang ungewohnt sein, doch schon bald werden Sie spüren, dass es Ihnen wirklich guttut, das zu hören!

Das Leben kann so schnell vorbei sein und Sie möchten doch nicht die meiste Zeit damit verbringen, darauf zu warten, dass jemand anders Sie mehr mag als Sie sich selbst!?

 Sie sind immer nur das, was Sie über sich selbst denken!

Seien Sie sich selbst etwas wert: Sie haben ein Leben geschenkt bekommen. Auch wenn es Sie manchmal nervt und Sie glauben, dass es besser für Sie hätte laufen können: Sie haben ein Leben geschenkt bekommen. Es ist völlig egal, ob Ihre Eltern Sie geliebt haben, ob Sie eine schwere Krankheit überlebt haben, ob Sie in Ihren Augen »zu« irgendwas (groß, klein, dick, dünn, dumm, hässlich) sind, ob Sie eine schwere Kindheit hatten, ob

Sie das Leben langweilig finden: Sie haben ein Leben geschenkt bekommen!

Machen Sie etwas damit.

Behandeln Sie sich selbst gut und machen Sie etwas aus Ihrem Leben: Es geht nicht darum, eine bestimmte Karrierestufe zu erklimmen oder von allen gemocht zu werden, zu heiraten oder in einem bestimmten Alter Kinder zu haben – Sie können in diesem Leben so viele Dinge erleben und so viel lernen.

Es ist egal, was Ihre Eltern, Ihre Geschwister, Ihre Freunde oder Ihre Nachbarn von Ihnen erwarten oder über Sie denken: Sie – nur Sie – leben Ihr Leben. Sie können damit machen, was immer Sie wollen. Und wenn Sie etwas gemacht haben und nicht zufrieden sind: Machen Sie etwas anderes.

Sie selbst müssen dafür sorgen, dass Sie ein gutes Leben haben und zufrieden mit sich sind – niemand sonst. Eine gute Methode, sich selbst zu lieben, ist, viel dafür zu tun, mit sich selbst zufrieden sein zu dürfen, denn das hat dann auch noch weitere Auswirkungen: Vielleicht haben Sie schon mal vom sogenannten »Gesetz der Anziehung« gehört – es besagt, dass man immer das anzieht, was man ausstrahlt. Wenn Sie also ausstrahlen, dass Sie nicht zufrieden mit sich sind, werden Sie vermutlich vorwiegend Männer anziehen, die auch nicht zufrieden mit sich sind. Und ein Mensch, der nicht zufrieden mit sich ist, wird immer etwas zu meckern haben – vor allem an Ihnen. Damit hat sich dann auch Ihre Unzufriedenheit direkt manifestiert: Sie bekommen durch den Mann die Bestätigung, dass Sie nicht gut genug sind, und haben also auch weiterhin allen Grund, an sich zu zweifeln.

Sorgen Sie also als Erstes für sich und gestalten Sie ihr Leben schön und interessant. Machen Sie sich selbst glücklich und erlauben Sie sich, zufrieden mit sich zu sein.

Kein Mensch auf der Welt – vor allem kein Mann – wird immer für Sie da sein. Kein Mann wird Sie jemals so gut kennen und verstehen, wie Sie sich selbst kennen und verstehen. Geben

Sie sich selbst die Liebe, die Sie erwarten und die Sie bereit wären, jemandem zu geben, der Sie liebt.

Üben Sie an sich selbst zu lieben – die Adresse ist auf jeden Fall die richtige!

Sich selbst zu lieben und mit sich selbst glücklicher zu sein, erreichen Sie deutlich leichter durch:

3. Vergleichen Sie sich nicht mit anderen!

Einer der schlimmsten Fehler, die Sie machen können, ist, sich mit anderen zu vergleichen. Vor allem, weil diese Vergleiche immer hinken! Jeder Mensch ist so etwas wie ein »Gesamtpaket« an Eigenschaften und in dieser Kombination absolut einzigartig.

Wenn Sie damit aufhören, sich mit anderen zu vergleichen, werden Sie auch automatisch glücklicher sein und sich selbst mehr lieben können, denn der Vergleich fällt für den, der ihn zieht, fast immer ungut aus. Das hat einen sehr einfachen Grund: Unser Gehirn ist auf Optimierung programmiert. Selbstkritik ist ein wichtiger Aspekt für die Selbstverbesserung, die unser Überleben garantieren soll. Jedoch ist das Gehirn durch den Fokus auf »Verbesserungspotenzial« eben auch darauf programmiert, »Störungen« im System besonders stark wahrzunehmen. Nehmen wir also mal an, Sie haben eine große Auswahl an erstrebenswerten inneren und äußeren Eigenschaften: Sie wären zum Beispiel recht intelligent, Sie könnten ein paar Dinge recht gut und Sie hätten sehr schönes Haar, wohlgeformte Lippen und seidenglatte Haut. Das wäre für Sie allerdings »normal« und daher gar nicht weiter erwähnenswert oder auffällig. Was Sie allerdings stört, sind Ihre dicken Waden, dass Ihre Augen zu eng beieinander stehen und dass Sie so ein schlechtes Orientierungsvermögen haben.

Besonders unglücklich macht Sie das, wenn Sie dann eine Frau sehen, die zum Bespiel besonders hübsche, schlanke Waden hat – die gefühlten »Defizite« dieser Person fallen Ihnen gar nicht auf, denn Sie schauen ja auf die Waden. Und dann hat die Frau vielleicht auch noch wunderschöne Augen.

Sie vergleichen ... und fühlen sich schlecht!

Hilft es Ihnen, ein besserer Mensch zu sein oder ein schöneres Leben zu führen, wenn Sie sich schlecht fühlen?

Werden Sie attraktiver dadurch?

Wohl kaum.

Motiviert es Sie vielleicht?

In den seltensten Fällen.

Also hören Sie auf damit!

Auch der Vergleich mit Frauen, die vermeintlich »schlechter« sind als Sie, bringt Ihnen überhaupt nichts. Nur Frauen bringen es fertig, eine andere Frau zu kommentieren, um sich besser zu fühlen – aber es funktioniert nicht. Es macht sie nur selbst unattraktiv und zeigt, dass sie in Wirklichkeit unsicher sind und sich nicht wohlfühlen. Wer wirklich attraktiv ist und sich wohlfühlt, hat es nicht nötig, sich über andere lustig zu machen oder zu lästern. Wenn Sie sehen könnten, wie unattraktiv Sie selbst in dem Moment aussehen, wenn Sie denken oder sagen »Kuck mal, wie die rumläuft!«, würden Sie es ganz schnell sein lassen!

Natürlich brauchen wir den Vergleich mit anderen, um zu wissen, wo wir uns »einsortieren« können: Um zu wissen, ob ich klein oder groß bin, muss ich mich umschauen und sehen, ob andere Menschen vorwiegend kleiner oder größer sind als ich. Doch ist nichts falsch oder schlecht daran, wenn ich feststelle, dass ich besonders groß, besonders klein oder eben durchschnittlich bin.

Wir vergleichen uns auf allen Ebenen mit anderen und glauben, konkurrieren zu müssen, doch wir machen uns selbst nur unglücklich damit.

Männer hassen es, wenn ihre Partnerin ihnen in den Ohren liegt wegen dieser oder jener Bekannten, die dümmer oder schlauer, dünner oder dicker, blonder oder jünger ist als sie selbst.

Wenn Männer sich miteinander vergleichen, dann nur in Wettbewerben, die fair und messbar sind. Wir Frauen vergleichen sogar unsere Hirngespinste, fühlen uns schlecht und nerven auch noch unsere Umwelt damit.

Viele Frauen kommen zu mir, wenn sie unglücklich sind, weil sie feststellen, dass all ihre Freundinnen einen Partner haben, nur sie nicht. Oder weil sich die ironischen oder inzwischen schon sarkastischen Sprüche der Mutter oder anderer Verwandter zu ihren eigenen Glaubenssätzen entwickelt haben und ihnen nun Kopfzerbrechen bereiten.

Interessanterweise stellt sich jedoch bei näherer Betrachtung heraus, dass diese Frauen kaum einen der Partner der Freundinnen auch nur geschenkt haben wollen würden. Dass viele der Beziehungen um sie herum halbherzig sind oder die beiden Partner oft streiten. Kurzum: Die Frauen möchten nicht diese Art von Partnerschaft führen, aber sie sind unglücklich, dass sie überhaupt (noch) keinen Partner haben, und vergleichen an den falschen Stellen.

Viele Frauen neigen auch dazu, sich mit einem Mann zu vergleichen, der ihnen gefällt. Dies führt dann manchmal zu dem Gedanken: »Wie soll einer wie er denn eine wie mich lieben können?«

 Hören Sie auf, Männern vorzuschreiben, wofür man Sie mögen oder lieben soll!

Wenn ein Mann Sie dafür mag, dass Ihre Nase so »süß« ist, dann lassen Sie ihm gefälligst diesen Spaß – auch wenn Sie überhaupt nicht seiner Meinung sind.

Hinzu kommt, dass ein Mann in einer Partnerschaft nicht mit seiner Partnerin konkurrieren möchte. Hören Sie also auf, sich mit ihm zu vergleichen, und schmieren Sie einem Mann nicht aufs Brot, wer von Ihnen gerade mehr verdient oder öfter den

Müll rausgebracht hat. Versuchen Sie nicht, mit ihm in irgendeine Form von Wettbewerb zu treten. Und vor allem: Vergleichen Sie sich nie, nie, niemals mit einer seiner Expartnerinnen. Es gibt Gründe, warum sie die Ex ist – und nicht Sie.

Versuchen Sie nicht so zu sein wie irgendjemand anderes, sondern bleiben Sie Sie selbst und akzeptieren Sie es, dass es Menschen gibt, die Sie genau deshalb mögen und andere eben nicht.

Sie sind ein »Gesamtpaket« aus vielen verschiedenen Puzzleteilchen und auf Ihre Art einmalig und daher unvergleichlich.

Hören Sie auf damit, sich wegen einzelner Teilchen schlecht zu fühlen oder weil andere anders sind als Sie!

Wenn Sie es schaffen, sich nicht mehr schlecht zu fühlen, weil jemand anders ist als Sie, wenn Sie nicht mehr vergleichen und konkurrieren müssen, gewinnen Sie echtes Selbstvertrauen und damit echte Attraktivität.

Es wird Ihnen leichtfallen, den nächsten Aspekt echter Attraktivität zu leben, weil er eine fast schon automatische Folge aus den ersten drei Punkten ist:

4. Seien Sie charmant und lebendig!

Charme ist etwas, das in unserer heutigen Gesellschaft komplett verloren gegangen scheint. Frage ich Teilnehmer, was sie unter »Charme« verstehen und ob sie selbst charmant sind, ernte ich meist eher ratlose Gesichter. Weiterhin scheint Charme etwas zu sein, das Frauen sich von Männern wünschen, aber nicht auf sich selbst beziehen.

Charme jedoch ist ein Ausdruck des hier bereits erwähnten Schlüssels »Wärme«. Wenn Sie zum Beispiel einen Mann kennenlernen, ist es Ihr Charme, der dafür sorgt, dass Männer sich in Ihrer Anwesenheit wohlfühlen.

Schlägt man das Wort im Wörterbuch nach, so findet man die Erklärung »bezaubernde Wesensart, Liebenswürdigkeit,

Anmut«. Worte, die so gar nicht in unsere »Ellenbogengesellschaft« passen wollen, und genau darum geht es dabei: Bezaubern Sie einen Mann!

So wie wir Frauen uns klammheimlich einen »Gentleman« wünschen, so wünschen die Männer sich klammheimlich eine Frau, die sie bezaubert und mitreißt. Reagieren Sie freundlich auf Männer, lächeln Sie häufig und bleiben Sie ruhig auch mal »mysteriös«. Ich erlebe sehr häufig mit, wie Frauen im Gespräch mit Männern sehr sachlich oder sehr unsicher sind. Beides führt nicht dazu, dass der Mann sich von Ihnen wirklich angezogen fühlt.

Denken Sie immer daran, dass Sie als Frau ja schon mal grundsätzlich das sind, was ein (heterosexueller) Mann sich wünscht. Geben Sie einem Mann im Gespräch immer wieder Feedback, indem Sie lächeln, nicken und Ihre eigenen Gedanken einbringen, aber auch indem Sie mit ihm »spielen« oder ihn darauf hinweisen, wenn er vielleicht sogar eine Grenze überschreitet.

Ich konnte kürzlich beobachten, wie ein Mann einer jungen Frau während einer Bahnfahrt ein Gespräch aufzwang, das ihr ganz offensichtlich nicht ganz geheuer war, doch sie beantwortete brav alle seine Fragen: Fast eine Stunde lang befragte er sie zu ihrer Herkunft, ihrem Studium, ihren Hobbys und so weiter. Jede Antwort, die sie gab, begann mit einem unsicheren Lachen. (Ehrlich gesagt: Mich nervte es nach zehn Minuten derart, dass ich überlegte, den Platz zu wechseln, aber ich wollte zu gern wissen, was passieren würde.)

Natürlich begann sie, ihm irgendwann auch Rückfragen zu stellen, doch es war offensichtlich, dass sie sich nicht wirklich für ihn interessierte, sondern eigentlich nur ganz froh zu sein schien, dass er sie währenddessen nicht weiter ausfragen konnte. Wohingegen er ihre Frage dazu nutzte, ihr klarzumachen, was er für ein toller Hecht sei. Auch die Frau mir gegenüber rollte bereits mit den Augen, doch das junge »Opfer« des Mannes von Welt hatte keine Ahnung, wie es das Gespräch hätte steuern können. Auch die Komplimente des Mannes wurden von der jungen Frau stets nur mit einem unsicheren Lachen quittiert und es war ihr anzumerken, dass sie sich nicht ganz wohlfühlte.

Für solche Gelegenheiten gibt es Sätze wie »Ich finde, Sie sind ganz schön neugierig« oder auch die scherzhafte Frage, ob der Herr wohl für den Bundesnachrichtendienst arbeite. Wenn Sie das Gefühl haben, dass ein Mann Sie zu sehr ausfragt, geben Sie ihm das freundlich zu verstehen oder bleiben Sie ihm die eine oder andere Antwort einfach schuldig, indem Sie etwas sagen wie: »Das bleibt mein Geheimnis« oder einfach nur geheimnisvoll lächeln. Auch wenn er bei Auskünften über sich angeberisch wirkt, können Sie das aufgreifen und ihn einfach fragen, ob er Ihnen imponieren möchte.

Sie finden in den folgenden Kapiteln noch reichlich Anregungen für flirtige Gespräche, doch neben dem Inhalt ist die »Präsentation« das A und O für Ihre Attraktivität: Nehmen Sie Männer und Gesprächssituationen mit Männern nicht so ernst und machen Sie sich klar, dass ein Mann sich gar nicht mit Ihnen unterhalten würde, wenn er Sie nicht irgendwie interessant fände. Bringen Sie ihn dazu, dass er Ihnen mehr über seine Träume und Wünsche erzählt als über seinen Job und sein Auto. So erfahren Sie Dinge, die Sie unter Umständen wirklich interessieren, und Sie sind zudem die Person, die ihn an seine Träume und Wünsche erinnert.

Betrachten Sie ihn immer wieder mit einem Lächeln und dem Gedanken »Ich weiß doch genau, was du von mir willst!«.

Bringen Sie ihm auch Aufmerksamkeit entgegen: Männer mögen es genauso gern wie wir, wenn ihr Gesprächspartner aufmerksam ist – gegenüber der Situation und den anderen. Meine Freunde lieben es, wenn ich ihnen ansehe, dass Sie einen Kaffee oder einen Drink gebrauchen könnten. Beobachten Sie und sagen Sie, was Sie sehen, oder stellen Sie eine Frage danach.

Versuchen Sie, den Mann auch mal zu Blödsinn anzustiften. Seien Sie so lebendig, dass der Mann gar nicht anders kann, als selbst die Lust auf Abenteuer zu entwickeln. Vermutlich kennt inzwischen jede Frau die Szene aus *Notting Hill*, in der Julia Roberts vor Hugh Grant steht und sagt: »Ich bin nur ein Mädchen, das vor einem Jungen steht und ihn bittet, es zu lieben.« Und irgendwie ist man dann seltsam berührt – vor allem, wenn Hugh Grant es dann endlich kapiert und durch halb London jagt, um das Angebot seiner Traumfrau doch noch anzunehmen. Wirklich interessant für die Männer wird Julia Roberts in diesem Film an der Stelle, wo sie Hugh Grant dazu anstiftet, spätabends mit ihr über den Zaun eines Privatgartens zu klettern. Das ist der Inbegriff einer lebendigen Frau und eines kleinen Abenteuers, zu dem sie ihn verleitet.

Es muss ja nicht gleich etwas Verbotenes sein – aber wenn Sie sich selbst lebendig fühlen und einen Mann mitreißen können, wird er Ihnen überallhin folgen.

Grundsätzlich ist Charme so etwas wie eine Geisteshaltung: Allein der Gedanke, charmant sein zu wollen oder einen Mann zu bezaubern, verändert häufig schon Ihr Verhalten von ganz allein und in die richtige Richtung.

Tun Sie all das nicht nur, um einem (schon gar keinem bestimmten) Mann gefallen zu wollen, sondern um sich selbst gut und lebendig zu fühlen. Tun Sie vielmehr Dinge, die Ihnen Spaß machen und die Ihnen guttun, und setzen Sie, sooft Sie können, Charme ein, wenn es darum geht, etwas zu erreichen.

Und bis das gut funktioniert:

5. Seien Sie entspannt!

Ich habe es bereits in meiner Einleitung für Sie geschrieben: »Nehmen Sie Männer nicht so ernst.« Ihr Leben hängt nicht davon ab, ob ein bestimmter Mann Sie mag oder nicht, ob ein Date gut läuft oder nicht, ob Sie Sex haben oder nicht. Ein Mann wird immer versuchen, das Beste für sich aus einer Situation zu machen.

Je entspannter Sie sind, desto einfacher wird Ihr Leben mit Männern – auf allen Ebenen. Männer sind genervt davon, dass Frauen häufig so »unentspannt« sind: Es nervt sie und es törnt sie ab, wenn Frauen zickig, hysterisch oder ängstlich sind oder wenn Frauen offen misstrauisch sind, aber nicht sagen wollen warum.

Männer hassen es, wenn Frauen in Tränen ausbrechen, weil sie sich ungerecht behandelt fühlen oder etwas erreichen wollen oder wenn sie bei einem Streit herumschreien oder mit Geschirr werfen.

Die Bandbreite an zur Schau gestellter Emotionalität überfordert viele Männer, manchen macht sie sogar regelrecht Angst und es ist für einen durchschnittlichen Mann sehr schwer zu erfassen, wie er damit umgehen soll.

Wenn Sie für Männer also wirklich und nachhaltig interessant und attraktiv sein wollen, lernen Sie, entspannter zu sein: Seien Sie möglichst klar in Ihren Aussagen, aber bleiben Sie immer souverän und liebevoll dabei. Sie meinen es doch schließlich gut – auch mit dem Mann, mit dem Sie es gerade zu tun haben.

Männer haben ihre eigene Art, mit Dingen umzugehen – es ist nicht nötig, sie zu belehren, es ist auch nicht nötig, laut zu werden, wenn Ihnen etwas nicht gefällt.

Sie müssen nicht aufgeregt sein, wenn Ihnen etwas besonders gefällt oder besonders missfällt – wenn Sie entspannt, ruhig und souverän mit einem Mann reden, stellen Sie sicher, dass er bereit ist, tatsächlich auf den Inhalt Ihrer Worte einzugehen.

Glauben Sie wirklich, wenn Sie Angst haben, einen Mann zu verlieren, und Sie ihm mit Ihrer Eifersucht das Leben zur Hölle machen, weil er sich für alles rechtfertigen und abmelden muss, dass er dann bei Ihnen bleibt? Das klingt für mich nicht wirklich logisch. Entspannen Sie sich: Wenn er bei Ihnen bekommt, was er sich wünscht, dann bleibt er von ganz alleine. Und – das habe ich schon einmal erwähnt – Männer wünschen sich vor allem eins: Sie möchten sich wohlfühlen können. Je entspannter Sie sind, desto eher wird es Ihnen auch gelingen, Wärme und Erotik auszustrahlen.

Diese Entspanntheit wird sich nicht nur akut, also in Stresssituationen, positiv auswirken, sondern sie wird zu Ihrer Aura werden, die Männer geradezu magisch anzieht: Endlich mal eine freundliche, entspannte Frau, die weiß, was sie will!

Gerade in Flirtsituationen können Sie damit Ihre Attraktivität erhöhen. Denken Sie an etwas, das Sie wirklich entspannt, und Sie werden spüren, wie Ihre Gesichtszüge weicher werden und Sie viel attraktiver und anziehender wirken.

Hören Sie auf, sich darüber Gedanken zu machen, wie Dinge sein müssen oder wie Männer sein müssen oder wie Sie gerade aussehen. Wenn Sie feststellen, dass es in Ihrem Leben irgendetwas gibt, was Sie nicht mögen oder wovor Sie sich fürchten: Entspannen Sie sich!

Auch wenn Sie 39,5 Jahre alt sind und noch nie eine feste Partnerschaft hatten und sich unbedingt ein Kind wünschen: Entspannen Sie sich!

Männer riechen Frauen, die bedürftig und verkrampft nach einem Mann suchen, schon von Weitem. Je erpichter Sie darauf sind, den Mann fürs Leben festzunageln, desto weniger wird es Ihnen gelingen. Also entspannen Sie sich!

Es gibt mehr als nur diese eine Möglichkeit, glücklich zu sein.

Nutzen Sie eine sternenklare Nacht, schauen Sie in den Himmel und fühlen Sie, wie unwichtig Ihre Probleme wirklich sind. Hören Sie auf, sich darüber zu beschweren, was alles nicht ist, sondern nutzen Sie das, was ist: Ihre Freizeit, Ihre Gesundheit, Ihre Talente ... Machen Sie sich bewusst, was Sie alles haben und wie gut Sie es haben, und dann: Entspannen Sie sich!

Auch wenn Sie gerade zehn Kilo in nur drei Wochen zugenommen haben, wenn Sie morgen ein Date und heute einen Pickel in der Größe einer Murmel bekommen, wenn Ihr Lieblingsshampoo vom Hersteller aus dem Programm genommen wurde und irgend so eine Tussi gerade vor Ihren Augen die letzte Flasche aus dem Regal greift: Entspannen Sie sich!

Das Leben läuft nicht immer so, wie wir es uns vorgestellt haben, als wir zwölf waren. Manchmal ist das auch ein Segen. Doch wir machen uns viel zu oft viel zu viele Gedanken über viel zu unwichtige Dinge. Über unser Gewicht, über unser Aussehen, unser erstes graues Haar, unsere Beine, unsere Brüste und wer weiß was noch alles. Wir zählen Kalorien, kritisieren uns selbst und machen tausend Dinge, die uns angeblich besser oder schöner oder sonst was machen sollen – die aber überhaupt keinen Spaß machen. Hey! Es gibt keine Bonuspunkte für die Frau, die möglichst schön und »unbenutzt« ist, wenn sie stirbt. Natürlich sollen Sie auf sich und Ihre Gesundheit achten – aber machen Sie sich nicht so verrückt. Entspannen Sie sich!

Wenn Ihre Mutter Sie nervt, weil sie glaubt, dass Sie als alte Jungfer enden werden, sagen Sie ihr, sie möge sich ebenfalls entspannen und stolz auf Sie sein – das wäre auch viel motivierender als ihre blöden Sprüche.

 Egal welches Problem Sie zu haben glauben: Schon allein die Entspannung wird dafür sorgen, dass es kleiner wird.

Ich kann mich an eine Arbeitskollegin in meinem ersten Job erinnern, mit der ich einfach nicht zurechtkam. Sie war schlicht und ergreifend nicht mein Typ Mensch – und ich so ganz und gar nicht ihrer. Ich mochte sie nicht besonders, aber sie schien mich regelrecht zu hassen. Jedes Mal, wenn ich sie sah, bekam ich schlechte Gefühle und war unentspannt. Eines Tages sagte ich mir dann: »Nina, nicht jeder Mensch kann dich mögen und du musst nicht jeden mögen. Es ist okay, wenn du sie nicht leiden kannst – und es ist auch okay, wenn sie dich nicht leiden kann.« Das führte nun zumindest dazu, dass ich mich nicht jedes Mal schlecht fühlte, wenn ich ihr begegnete, und ihre Bemerkungen konnte ich viel lockerer wegstecken als vorher – ich hatte zum Teil nicht einmal mehr das Bedürfnis, überhaupt darauf zu reagieren. Und als sie merkte, dass sie ihre Pfeile gewissermaßen in ein schwarzes Loch abschoss und keine Resonanz mehr erhielt, hörte sie damit auf. Es ging nicht darum, dass ich sie ignorierte, sondern darum, dass ich mich einfach entspannte und es nicht mehr so wichtig nahm.

Ich habe gelernt, mich in sehr vielen Situationen zu entspannen, und ich habe festgestellt, dass die meisten Menschen sich seitdem sehr wohl in meiner Nähe fühlen. Manchmal mache ich mir einen Spaß mit Leuten, die mich noch nicht so gut kennen: Wenn mich jemand etwas fragt, das mich eigentlich gar nicht betrifft – wenn Menschen zum Beispiel wissen wollen, was sie in einer bestimmten Situation machen sollen –, dann antworte ich gern mit einem entspannten Lächeln: »Mir doch egal.« Meist ernte ich daraufhin sehr irritierte Blicke und ergänze meine Antwort um ein »Ich bin mir ganz sicher, dass du die richtige Entscheidung finden kannst, wenn du dich einfach entspannst«.

Ich habe mich gelöst von dem Gedanken, dass es ein absolutes »Richtig« und ein absolutes »Falsch« gibt, und ich muss die meisten Dinge nicht mehr hundertprozentig so haben, wie ich sie mir vorstelle – ich lasse mich gern überraschen und ich gebe auch gern Verantwortung ab.

Ich entspanne mich einfach und sage mir: Das wird schon! (In ganz schwierigen Momenten hilft ein »Ich weiß jetzt zwar noch nicht wofür, aber für irgendetwas wird es gut sein!«.)

Diese Entspanntheit und diese Offenheit wirken sich auf alle Lebensbereiche aus: Ich streite mich fast gar nicht mehr, ich rege mich kaum noch über irgendetwas auf und ich habe fast immer gute Laune. Diese gute Laune gibt mir einen tiefen, grundlegenden Optimismus, der wiederum dazu führt, dass ich noch entspannter bin.

Wenn Ihnen etwas nicht gefällt, sprechen Sie es ruhig und freundlich an – Sie erreichen damit viel eher Ihr Ziel, als wenn Sie ärgerlich und unsachlich werden.

Vielleicht haben Sie schon mal den Rat bekommen, in Konflikten die Emotionen von der »Sachlage« zu trennen. Mein Rat ist viel eher: Bleiben Sie entspannt, auch wenn Sie vielleicht Grund hätten, verärgert zu sein. Kein Mensch wurde geboren, um Sie zu ärgern. Jeder tut immer das, was er (oder sie) in einer Situation für angemessen oder richtig oder zumindest machbar hält. Wenn das zufällig das genaue Gegenteil ist von dem, was Sie wollen: Sagen Sie das einfach und bleiben Sie entspannt dabei.

Ein Mann beispielsweise, auch wenn er Ihr absoluter Lieblingsmann ist, auch wenn er Ihr über alles geliebter, wunderbarer und fast schon unfassbar liebenswerter Partner sein sollte, wird immer, aber auch wirklich immer wieder Dinge tun oder sagen, die Ihnen komplett gegen den Strich gehen. Auch wenn Sie sich das in den ersten Wochen Ihres Kennenlernens unmöglich vorstellen können: Es wird der Moment kommen, wo Sie am liebsten das mit ihm machen möchten, was die Prinzessin im *Froschkönig* tatsächlich mit dem Frosch gemacht hat – sie hat ihn nämlich nicht geküsst, sondern an die Wand geklatscht.

Ersparen Sie sich und Ihrem Froschkönig das, denn auch dadurch wird er nicht zum Prinzen. Das Einzige, was Sie machen können, ist: Atmen Sie tief durch, entspannen Sie sich, sagen Sie sich »Ich weiß, dass dieser Mann mich sehr, sehr, sehr gern hat – also bedeutet all das hier nicht, dass er mich nicht mehr liebt! Es muss einen anderen Grund dafür geben«.

Sollte sich trotz aller Entspannung herausstellen, dass der Prinz doch ein Frosch ist und er Sie nicht so gern hat, wie Sie dachten, öffnen Sie entspannt die Tür, seien Sie freundlich, aber bestimmt und bitten Sie ihn – aus Liebe zu sich selbst – auf Ihre ganz eigene, unvergleichlich charmante Weise einfach zu gehen.

Atmen Sie tief durch, buchen Sie eine Massage und freuen Sie sich währenddessen auf den Mann, dem Sie gerade eben in Ihrem Leben Platz geschaffen haben.

 Ihre Zusammenfassung:
Wo wir gerade stehen und warum
Fassen Sie die Inhalte dieses Kapitels noch mal in Ihren eigenen Worten zusammen!

- Was sind die drei für Sie wichtigsten Punkte und Erkenntnisse?
- Was ist Ihr Fazit?

Wie Sie kriegen, was Sie wollen

In den letzten Kapiteln haben Sie bereits die wichtigsten Grundsteine für Ihren Erfolg bei Männern gelegt: Sie haben gelernt, was Männer wirklich wollen und warum. Sie wissen nun, was Sie Männern geben können, damit sie glücklich sind.

Sie haben gelernt, wie Sie durch Mut zum Nein auch leichten Herzens Ja sagen können und wie man Männer mit einem »zielgruppengerechten Verpackungsdesign« anlockt.

Sie haben gelernt, wie Sie durch Entspanntheit und Unabhängigkeit attraktives Verhalten entwickeln können und so Zufriedenheit ausstrahlen und anziehender auf die »richtigen« Männer wirken.

Doch wie schaffen Sie es, den »richtigen« Männern zu begegnen und von ihnen zu bekommen, was Sie sich wünschen? Schließlich können Sie ja wohl kaum den ganzen Samstag auf High Heels im Baumarkt herumlungern ...

Wenn Sie also nun wissen, was Sie wollen, wird es Zeit herauszufinden, wo und vor allem wie Sie es bekommen können.

Lassen Sie mich zunächst etwas klarstellen.

🔑 Erfolgskonzept Nummer eins:
Hören Sie bitte auf niemanden, der sich nicht in einer Situation befindet, in der Sie gern wären!

Wenn eine Freundin Ihnen sagt, es gäbe eben keine »gescheiten Männer« mehr, und die Freundin ist selbst in einer unglücklichen Partnerschaft oder findet seit Jahren keinen Mann, der ihren Anforderungen entspricht, dann ist doch ziemlich deutlich, welcher Perspektive diese Aussage entstammt und wie wenig sie mit der Realität und vor allem mit Ihnen zu tun hat.

Ich bin immer wieder überrascht, wie viele Menschen ich kennenlerne, die mir zum Beispiel auf Partys erzählen, dass Sie einen Bruder oder eine Schwester oder einen Freund beziehungsweise eine Freundin haben, die sie mir »unbedingt mal schicken« müssten. Das an sich ist noch nicht das Überraschende, es wird erst ulkig, wenn ich diese Menschen frage, wo beziehungsweise wie sie denn selbst ihren Partner kennengelernt haben. Denn die Antwort lautet meistens: »Ich? Nein, ich habe keinen Partner.« Ich habe mir daraufhin inzwischen spaßeshalber angewöhnt zu erwidern: »Oh, wie schön, dass du es schaffst, ohne Partner glücklich und zufrieden zu sein. Weißt du, ich finde auch, dass Partnerschaft nun wirklich nicht alles im Leben ist. Kannst du das nicht deiner Schwester (Freundin, etc.) beibringen?« Daraufhin ist das Gespräch mit der jeweiligen Person meist recht bald beendet – und ich kann mich wieder meiner Freizeit widmen …

Es ist erstaunlich, wie viele Menschen Hobby-Experten auf einem Gebiet zu sein meinen, das sie selbst nicht wirklich beherrschen. Würden Sie sich beruflich Rat von jemandem holen, der Ihre Branche überhaupt nicht kennt oder der selbst keinen Erfolg hat? Wohl kaum, oder? Warum machen Sie es dann in Ihrem Privatleben?

Ich weiß, dass es guttut, mit einer Freundin zu reden und sich auszutauschen – und wenn es sein muss, sich auch mal »auszukotzen« –, aber nehmen Sie die Aussagen und Ratschläge der Freundin nicht für bare Münze und adaptieren Sie ihre Sichtweise nicht für Ihre eigenen Entscheidungen.

Vertrauen Sie grundsätzlich nicht auf Aussagen, Analysen und Ratschläge von anderen Frauen, die nicht in einer glücklichen Beziehung sind. Suchen Sie sich, wenn überhaupt, kompetente Berater und fragen Sie, wie die es geschafft haben, dort zu sein, wo sie sind.

Falls ich es noch nicht ausreichend erwähnt habe oder Sie es überlesen haben sollten: Ich bin seit einigen Jahren glücklich verheiratet. Mein Mann hat mir bei unserem zweiten Treffen einen Heiratsantrag gemacht. Er wiederholt diesen Antrag schon seit Jahren immer und immer wieder und er sagt mir täglich, dass er mich liebt. Natürlich gibt es auch bei uns nicht nur Höhen, sondern auch Tiefen. Natürlich mussten wir uns auch schon manches Mal zusammenraufen und auch ich hatte (und habe – selten, aber doch immer noch) Momente, wo ich ihn dem Froschkönig-Schicksal zuführen möchte. Wenn zwei Menschen ein gemeinsames Leben führen, kommt es früher oder später zu Reibereien, zu Meinungsverschiedenheiten und unter Umständen auch zu Kränkungen und zu einem saftigen Streit.

In der Gesamtsumme kann ich jedoch eindeutig sagen: Ich bin glücklich verheiratet und ich würde meinen Mann immer wieder heiraten – jedes einzelne Mal, das er mich erneut darum bittet, sage ich von Herzen Ja. Ich würde ihn und unser gemeinsames Leben für nichts und niemanden auf der Welt eintauschen.

Mit anderen Worten: Vertrauen Sie mir, ich weiß, was ich tue. Suchen Sie sich Menschen, die Beziehungen führen, die erstrebenswert sind, und fragen Sie sie um Rat. Es ist keine gute Idee, einen Blinden zu bitten, einem über die Straße zu helfen. Hören Sie also nicht auf die Meinung von Menschen, die nicht in einer glücklichen Beziehung sind.

DIE BESTE MÖGLICHKEIT, MR RIGHT ZU BEGEGNEN

Auch wenn die Begegnung mit meinem Mann irrwitzig und ein sehr großer Zufall war, habe ich vorher sehr viel dafür getan, dass solche »Zufälle« überhaupt möglich waren: Wir wären uns nicht begegnet, wenn ich nicht seinen Namen wiedererkannt hätte durch unsere gemeinsame Freundschaft zu den Besitzern des Clubs, in dem er als Musiker auftrat. Diese hätte ich nicht kennengelernt, wenn ich nicht regelmäßig zu einem Treffen von Unternehmern gegangen und bei einer TV-Show im Hamburger Bürgerkanal als Moderatorin ausgeholfen hätte. Dies wiederum konnte ich nur, weil ich die Macher der Sendung kennengelernt hatte und so weiter und so fort.

Was ich damit sagen möchte, ist, wenn Sie den passenden Partner finden möchten, befolgen Sie

🔑 Erfolgskonzept Nummer zwei:
Die beste Methode, einen passenden Partner zu finden, ist Networking!

→ Lernen Sie so viele Menschen wie möglich kennen!
→ Nehmen Sie jede Einladung an!
→ Reden Sie mit jedem Menschen, der einen freundlichen Eindruck auf Sie macht!
→ Gehen Sie mit den unterschiedlichsten Menschen zu den unterschiedlichsten Gelegenheiten aus!

Sicher ist es Ihnen bereits aufgefallen, dass bei den Gelegenheiten, bei denen man gern seinem Traummann begegnen würde, kaum ein Mann zu finden ist: Weder bei einer Lesung noch im Theater oder beim VHS-Kurs trifft man die Männer, die einem gefallen. Im Singlekochkurs wird man nicht fündig, die gut aussehenden Männer bei der Arbeit und im Sport sind alle vergeben und auch bei der letzten »Fisch-sucht-Fahrrad-Party« war niemand, der das Herz hat höher schlagen lassen. Auch die Recherche im Internet ist mühselig – oft erinnert es dort mehr an einen Wühltisch und kein Anbieter hält wirklich, was die Werbung verspricht.

Wo sind sie nur, die tollen Männer?

Es scheint, als würden sich alle Männer, die irgendwie interessant sind, so lange zu Hause verstecken, bis sie wieder in festen Händen sind.

Nein, so ist es nicht – Männer organisieren nur ihre Freizeit anders: Ist ein Mann Single, dann sucht er sich Kumpels, mit denen er loszieht, oder er besucht Freunde.

Der Mann, der Ihnen bei einem Konzert im Irish Pub vorkommt wie ein Rowdie, ist unter Umständen ein ganz süßer und intelligenter Anwalt, der heute endlich einfach mal die Sau rauslässt und dummerweise schon zu betrunken ist, um noch charmant und attraktiv zu sein, wenn Sie beide sich begegnen. Was nicht heißen soll, dass Sie ab sofort mehr Flirts mit Betrunkenen haben sollten – ich will damit nur sagen, dass man gute Männer »in freier Wildbahn« nicht immer gleich erkennt. Auch weil sie zum Beispiel in gemischten Gruppen nicht als Singles identifizierbar sind und viele von ihnen eher auf privaten Veranstaltungen zu finden sind.

Zurzeit sind vor allem Netzwerkveranstaltungen mit Mehrwert bei Männern sehr beliebt: In vielen Städten gibt es zu allen möglichen Themen sogenannte »Barcamps« – offene Tagungen für jedermann, deren Ablauf und Inhalte von den Teilnehmern im Tagungsverlauf selbst entwickelt werden. Auch sogenannte Social-Media-Nächte sind bei Männern schwer angesagt – längst sind es nicht mehr nur irgendwelche Computernerds, die sich in Hörsälen oder Kneipen treffen, um Erfahrungen und Wissen in Sachen Networking und/oder Technik auszutauschen. Eine große

Anzahl wirklich smarter, erfolgreicher Männer tummelt sich auf solchen Events und ist durchaus bereit, mehr als nur fachlich zu plaudern: Halten Sie Ausschau nach solchen Veranstaltungen! In Hamburg gab es zum Beispiel eine Zeit lang den »Twittwoch«, ein monatliches Treffen von Twitter-Nutzern (jeweils an einem Mittwoch), die andere Twitterer mal persönlich kennenlernen wollten. Kürzlich erfuhr ich von einer sogenannten »Gadgetnight«, in der Besitzer von iPhones und Androidphones sinnvolle Apps miteinander tauschen und sich dabei kennenlernen. (Unter den siebzig Teilnehmern waren nur 14 Frauen!) Und auch unter dem Stichwort »Barcamp« oder »Networking-Treffen« finden Sie sicher die ein oder andere spannende Veranstaltung mit hohem Männeranteil in Ihrer Umgebung. Der Vorteil: Selbst wenn Sie nicht den Mann fürs Leben finden – neues Wissen, ein paar Kontakte und, wer weiß, manchmal sogar ein neuer Arbeitgeber sind hier leicht zu erlangen.

Fragen Sie sich also, auf welchen Veranstaltungen sich potenziell mehr Männer tummeln als Frauen.

Viele Männer bewegen sich auch nur innerhalb bestimmter Freundeskreise und kommen von alleine gar nicht auf die Idee, dass sie zum Beispiel bei Lesungen oder Wochenendkursen tolle Frauen kennenlernen könnten.

Bitte gehen Sie dennoch weiter zu solchen Veranstaltungen, denn:

1) Ich schicke in meinem Buch *Klartext für Männer* die Männer genau dorthin.
2) Das sorgt dafür, dass Sie sich gut unterhalten und sich nicht so leicht einsam fühlen.

Wenn Sie nicht in einer Partnerschaft sind, ist der leidvollste Aspekt daran, sich manchmal einsam zu fühlen.

Sind wir doch mal ehrlich, alleine zu leben hat doch auch eine Menge Vorteile: Sie können machen, was Sie wollen und wann Sie wollen. Sie bestimmen das Fernsehprogramm und was auf dem Speisezettel steht und Sie können lesen, solange Sie wollen, ohne dass Sie jemand dabei unterbricht. Sie können Ihre Wohnung so gestalten, wie es Ihnen gefällt, und müssen sich mit niemandem abstimmen, wenn Sie mal länger arbeiten oder spontan ausgehen möchten.

Sex gibt es theoretisch an jeder Straßenecke. Wie wir wissen, wollen Männer Sex und sind schnell bereit dazu – es wäre also leicht, einfach loszugehen und sich etwas zu holen. Oder es findet sich noch irgendwo ein abgelegter Expartner oder eine alte Bettgeschichte, die man anrufen könnte. Oder man nutzt eine der zahlreichen Internetplattformen für Sexkontakte.

Wäre da nicht die Sache mit den Gefühlen …

»Es geht eben nicht nur um Sex – es geht darum, dass jemand da ist, der deine Hand hält, wenn du deinen Lieblingsfilm siehst. Jemand, der dir Gute Nacht sagt und einen Kuss gibt, bevor er sich zum Schlafen umdreht. Jemand, der dir einen Tee kocht, wenn du erschöpft bist, oder der dich anstrahlt, wenn du sein Lieblingsessen gekocht hast.«

So in der Art waren meine Gefühle, als ich alleine lebte.

Bestimmt haben Sie Ihre eigene Beschreibung von dem, was schöner ist, wenn man einen Partner hat, und was einem fehlt, wenn man alleine lebt. Doch Konzentration auf die Lücke wird sie nicht füllen – im Gegenteil. Genau das ist es, was das Gefühl von Einsamkeit hervorruft und verstärkt.

Sorgen Sie dafür, dass Sie die Zeit, die Sie haben, sinnvoll nutzen, um mit vielen unterschiedlichen Menschen in Kontakt zu kommen. Vielleicht ist es der Bruder vom Nachbarn einer Kollegin oder der Freund vom Cousin einer Freundin!

Bei mir funkte es zum Beispiel mal mit dem Freund des Geschäftspartners vom Freund eines Arbeitskollegen. Ein anderes Mal mit dem Freund vom Partner der Freundin eines Freundes …

Wenn Sie immer nur mit denselben Leuten in dieselben Läden gehen, müssen Sie sich nicht wundern, wenn Sie nie jemand Neues kennenlernen!

🗝 Erfolgskonzept Nummer drei:
Leben Sie ein aktives, interessantes,
abwechslungsreiches Leben!

Sitzen Sie nicht länger zu Hause (oder noch schlimmer: bei der Arbeit!) und hoffen darauf, dass Ihr Prinz an der Tür klingelt.

Gehen Sie aus, lernen Sie etwas Neues und machen Sie etwas Schönes mit Ihrer Zeit – das wird das Gefühl von Einsamkeit lindern und vor allem weniger wichtig für den Moment machen. So fühlen Sie sich nicht mehr bedürftig und Sie jagen nicht mehr jedem Mann nach, der Ihnen einen Moment seine Aufmerksamkeit schenkt.

Lernen Sie Dinge, die Sie schon immer mal lernen wollten, vielleicht verbessern Sie dabei gleichzeitig Ihre Chancen, indem Sie mal einen Rhetorikkurs oder etwas zur Persönlichkeitsentwicklung machen.

Auch wenn es Ihnen schwerfällt, stellen Sie sich vor, dass es möglich wäre: Wenn sich Ihre geheimsten Träume erfüllen würden und Sie fänden einen Partner, *den* Partner, und dann würde plötzlich alles ganz schnell gehen, weil es einfach passt und es »die große Liebe« ist – was würden Sie vorher unbedingt noch gemacht und erlebt haben wollen?

Erleben Sie etwas! Lernen Sie alle Arten von Menschen kennen, wann und wo immer Sie können, und werden Sie zu jemandem, der gesehen wird. Falls Sie bisher schüchtern waren, hat Sie das unter Umständen daran gehindert, viele neue Kontakte zu knüpfen. Wenn Sie jedoch die Fixierung auf den »richtigen Partner« ablegen, gibt es viele Möglichkeiten, Menschen kennenzulernen und als interessante Frau wahrgenommen zu werden:

- → Bieten Sie bei privaten Partys Ihre Mithilfe an, so lernen Sie leichter die anderen Gäste kennen und machen sich auch beim Gastgeber beliebt.
- → Engagieren Sie sich irgendwo ehrenamtlich.
- → Überzeugen Sie Ihre Nachbarn von einem Haus- oder Straßenfest und planen Sie gemeinsam.
- → Geben Sie selbst eine Party oder ein Essen und bitten Sie Ihre Freunde, Leute mitzubringen, die Sie noch nicht kennen.
- → Schließen Sie sich einer Freizeitgruppe oder einem Lauftreff an.
- → Nehmen Sie an Vorträgen und Eröffnungsfeiern teil und kommen Sie mit den Menschen dort ins Gespräch.
- → Besuchen Sie Poetry-Slam-Veranstaltungen oder Impro-Theater – alles was interaktiv ist, bringt Menschen zusammen.
- → Werden Sie Mitglied bei Internetplattformen, bei denen es nicht um Partnersuche geht, und beteiligen Sie sich in Gruppen dort: Xing, Qype, StudiVZ etc. bieten eine Menge Möglichkeiten dafür an.
- → Suchen Sie nach besonderen Veranstaltungen wie Premieren, Vernissagen, Führungen oder Ähnlichem und suchen Sie dafür ruhig auch mal in Ihrem Bekanntenkreis nach netter Begleitung.
- → Gehen Sie am Wochenende auf Wochenmärkten einkaufen – viele Singlemänner tun das auch (vor allem die, die kochen können).
- → Schauen Sie sich in verschiedenen Tanzschulen um oder lernen Sie generell mal einen neuen Tanzstil kennen. Aus Hamburg weiß ich, dass es richtige

Communitys mit vielen Menschen gibt, die sich regelmäßig an verschiedenen Orten zum Tango Argentino, Salsa, Rock'n'Roll oder Swing treffen.

→ Besuchen Sie Messen, die zu Ihren Interessen passen, und kommen Sie zum Beispiel auch mit den Ausstellern dort ins Gespräch.

Mit anderen Worten: Probieren Sie viel Neues aus und suchen Sie den Kontakt zu Menschen. Lassen Sie den Kopf nicht hängen, wenn Sie nicht gleich beim ersten Versuch Ihrem Traummann über den Weg laufen. Die Horizonterweiterung an sich ist es schon wert.

> 🔑 *Erfolgskonzept Nummer vier:*
> **Werten Sie jede neue Begegnung als Erfahrung,**
> **die Sie weiterbringt!**

Denken Sie mal nach: Der Mann, mit dem Sie eine glückliche Partnerschaft haben wollen, lebt schon. Irgendwo. Er ist irgendwo da draußen und hat wahrscheinlich noch keine Ahnung, dass es Sie gibt. Was macht er wohl gerade? Auch dieser Mann hat ein Leben, hat Freunde, geht zur Arbeit – auch er ist manchmal frustriert, fühlt sich einsam oder hat einen schlechten Tag. Auch er geht einkaufen, zum Friseur, in die Kneipe. Es könnte theoretisch jeder sein. Es könnte der Freund von jemandem sein, den Sie gerade kennenlernen.

Lernen Sie Menschen kennen!

Lernen Sie auch Menschen kennen, die nicht in Ihr »Beuteschema« passen: Männer und Frauen, die zum Beispiel altersmäßig gar nicht Ihre Zielgruppe sind – dort können Sie entspannte Freundschaften finden und auch diese Menschen können unter Umständen »Vermittler« zu Mr Right sein. Vielleicht hat die nette ältere Dame im Park einen Sohn oder einen Neffen, die junge Frau im Café einen Bruder oder einen Cousin. Vielleicht haben sie aber auch einfach nur etwas Interessantes zu erzählen oder einen Tipp für Sie, wo Sie unbedingt mal hingehen sollten.

Auch eine gute Methode ist, mit einem Mann (oder mehreren) auszugehen, mit dem/denen geklärt ist, dass man nur befreundet ist – und diesem Mann als sogenannte »Wingwoman« zur Verfügung zu stehen: Wir Frauen sind ja Männern gegenüber von Natur aus eher misstrauisch. Ist ein Mann allerdings mit einer Frau unterwegs und es zeigt sich, dass die beiden befreundet sind, muss der Mann ja »in Ordnung« sein. Wenn dann vielleicht sogar die Frau noch auf eine andere Frau zugeht und diese anspricht (»Mein bester Freund ist ein wenig schüchtern, aber er findet dich sehr interessant – bist du Single?«), ist das unter Umständen deutlich angenehmer und »sicherer«, als direkt von einem Kerl »angemacht« zu werden. Das ist das Geheimnis der Wingwomen.

Doch auch die Wingwoman selbst kann davon profitieren, denn durch den Mann, den sie begleitet, kann sie auch leicht und gefahrenlos andere Männer kennenlernen: Ist ihr Begleiter erst mal versorgt, kann sie mit anderen Männern flirten und sollte sie sich mal »verflirtet« haben, ist da ja zum Glück immer noch der Mann, den sie begleitet.

Ganz gleich was davon für Sie funktioniert – es wird Ihr Leben interessanter und schöner machen!

ALTERNATIVE METHODEN, MR RIGHT ZU FINDEN

Sich ein Netzwerk aufzubauen kann eine Weile dauern und auch wenn es die sicherste, nachhaltigste und interessanteste Möglichkeit ist, Männer kennenzulernen, gibt es natürlich noch andere Möglichkeiten, die auch funktionieren können.

Eine davon ist Online-Dating. Sicher wundern Sie sich, dass ich eine so populäre und zielgerichtete Methode als zweitrangig betrachte, doch das hat einige Gründe.

Was Sie beim Onlinedating beachten müssen

Onlinedating hat Vor- und Nachteile und kann durchaus von Erfolg gekrönt sein. Es birgt jedoch auch sehr viele Risiken, es ist ein Zeitfresser und es kann Ihnen mehr Kummer bereiten als Freude.

Wenn Sie Onlinedating betreiben, sollten Sie sich unbedingt an ein paar Regeln halten und Sie sollten ein paar Tricks kennen:

→ Männer lügen im Internet. Alle. Immer. Manche lügen bei der Körpergröße, andere beim Alter, wieder andere bei der Beschreibung ihres Charakters oder ihrer Interessen. Viele lügen mit den Fotos, die sie einstellen, und manche lügen sogar beim Beziehungsstatus. Nehmen Sie also nicht alles für bare Münze, was Sie lesen, und nehmen Sie es vor allem mit Humor, wenn Sie entdecken, wobei der Mann lügt.

→ Das Internet ist das Medium Nummer eins für Männer, die …

  • in »freier Wildbahn« keine Frau kennenlernen, weil sie ungepflegt, unkommunikativ oder unattraktiv sind.

- lieber arbeiten als auszugehen oder einen Freundeskreis zu pflegen und eigentlich gar keine Zeit für eine Partnerschaft haben – also auch nicht für Sie!
- eine willige, einsame Frau für eine schnelle Nummer suchen.
- in einer Partnerschaft sind, aus der die Luft raus ist, und die wenigstens mal ihren Marktwert prüfen wollen.
- geistig gestört sind und jemanden suchen, den sie stalken oder wenigstens erschrecken können.

Und all diese Männer werden ebenfalls versuchen, Sie kennenzulernen!

→ Mindestens 30 Prozent der Männer, die Ihnen ein Onlinedatingportal verspricht, sind Karteileichen. Wenn Onlinedatingportale wirklich funktionieren würden, müssten sie damit werben, dass die Anzahl ihrer Mitglieder jeden Tag sinkt, nicht andersherum.

→ Ein Onlinedatingportal ist wie ein Katalog – und dementsprechend ist auch die Konsumhaltung vieler Menschen, die darin stöbern. Wenn Sie jetzt sagen »Toll, dann habe ich ja die Auswahl aus Tausenden von Männern!«, möchte ich Sie darauf hinweisen, dass die Männer ihrerseits auch die Auswahl aus Tausenden von Frauen haben – und seltsamerweise verliert so mancher Mann über das Medium Internet alle Hemmungen (inklusive der Manieren, die dazugehören). Sie müssen also damit rechnen, dass Sie von Männern angesprochen werden, die Ihnen in Intellekt und Attraktivität absolut nicht entsprechen werden – einfach, weil es im Internet möglich und einfach ist.

All diese Dinge müssen Sie von vornherein einkalkulieren, wenn Sie sich entscheiden, auch online nach Mr Right zu suchen. Sie werden unter Umständen viel Spaß haben, aber Sie werden auch viel Zeit am PC verbringen und viele herbe Enttäuschungen erleben.

Auch wenn Sie Frauen kennen, die Ihren Partner über ein Onlinedatingportal kennengelernt haben: Sie kennen zehnmal so viele Frauen, die ihre Zeit dort verplempern.

Onlinedating ist, als würden Sie eine Werbekampagne für sich selbst entwerfen müssen – und das ist unter Umständen gar nicht so einfach! Beschreiben Sie sich, Ihr Leben und Ihre Wünsche so bildhaft wie möglich, doch geben Sie nicht alles auf einmal preis. Machen Sie den Mann lieber neugierig auf Sie und testen Sie seinen Verstand und seinen Humor.

☞ **Das Wichtigste an Ihrem Onlinedatingprofil ist Ihr Foto!**

Sie brauchen ein ansprechendes, attraktives, verführerisches Foto, das jedoch auf keinen Fall erotisch oder in irgendeiner Form billig wirken darf.

Der erste Eindruck, den Sie mit Ihrem Bild machen, entscheidet darüber, für was für eine Art Frau ein Mann Sie hält und wie er mit Ihnen umgeht. Wenn Sie auf Ihrem Foto zum Beispiel zu viel nackte Haut zeigen, wird er denken, dass Sie nur auf ein erotisches Abenteuer aus sind, und er wird Sie dementsprechend ansprechen. Selbst Männer, die eigentlich auf der Suche nach einer festen Partnerschaft sind, haben nichts gegen ein erotisches Abenteuer – und wenn Sie sich nur als solches präsentieren, wird er auf keine andere Idee kommen.

Benutzen Sie möglichst ein Foto, auf dem Sie fröhlich und sympathisch wirken und durch das man einen Eindruck davon bekommen kann, wie Sie im »echten Leben« sind.

Schreiben Sie nicht zu viel über sich: Männer hören und sehen meist lieber, als dass sie lesen. Zeigen Sie, dass Sie humorvoll sind, sagen Sie ganz offen, wonach Sie suchen und was Sie sich mit einem Partner vorstellen. Aber machen Sie auf keinen Fall »Ausschlusslisten«. Schreiben Sie also nicht: »Bitte keine … (Was-auch-Immer)«. Das törnt nämlich direkt alle Männer ab – auch die, die Ihren Wünschen entsprechen würden. Verwenden Sie das Wort »nicht« nach Möglichkeit überhaupt nicht. Machen Sie den Interessenten lieber klar, was Sie erwarten beziehungsweise was den Interessenten erwartet, und seien Sie selbst ehrlich dabei – schließlich erwarten Sie das auch von den Männern.

Schreiben Sie zum Beispiel (wenn es denn so ist): »Ich interessiere mich wirklich für Kultur. Das heißt, ich wünsche mir einen Partner, dem es Spaß macht, mit mir mehrmals im Monat Theater und Museen zu besuchen, der Monet von Manet unterscheiden kann und Richard Strauss von Johann Strauß.«

Oder: »Ich liebe es, mit meinem Hund spazieren zu gehen. Das heißt, dass ich bei Wind und Wetter und auch wenn es kalt und nass ist, zweimal am Tag eine halbe Stunde rausgehe, und ich wünsche mir einen Partner, der mich auch bei Windstärke 7 und Dauerregen begleiten möchte!«

Oder: »Ich habe in Wirtschaftswissenschaften promoviert und wünsche mir einen Partner, der nicht glaubt, mit mir konkurrieren zu müssen, aber mir intellektuell das Wasser reichen kann.«

Oder: »Ich habe genug von der ›Freiheit‹ des Singlelebens! Ich wünsche mir die Freiheit einer Partnerschaft: einen kultivierten Mann, der es an Attraktivität und Eloquenz mit mir aufnehmen kann und der Lust auf einen Stall voller Kinder mit mir hat!«

Männer wissen gern, woran sie sind – aber sie möchten nicht eine Ausschlussliste abhaken müssen. Wenn es dennoch ein Mann bei Ihnen probiert, der Ihre Erwartungen nicht erfüllen kann, dann weisen Sie ihn freundlich darauf hin und danken Sie ihm trotzdem für sein Interesse.

Je teurer eine Onlinedatingplattform ist, desto ernster sind in der Regel die Absichten der Männer, die Sie dort kennenlernen können. Doch ganz gleich, wie und wo Sie Onlinedating ausprobieren: Vergessen Sie nie, dass hinter den Profilen reale Menschen stehen – und manches Mal reale Menschen mit realen Problemen.

Das Internet ist ein Ort, an dem Sie »ungefährlich« üben können – viel mehr sollten Sie aber besser nicht darin sehen.

Wenn Sie dennoch einen »aussichtsreichen« Kandidaten aufgetan haben: Schreiben Sie sich nicht allzu lange und geben Sie vor allem nicht zu intime Informationen über sich heraus, bevor Sie den Mann wirklich einschätzen können. Schlagen Sie ein Telefonat vor (geben Sie ihm nicht Ihre Festnetznummer!), sodass Sie schon mal seine Stimme hören können und einen Eindruck davon bekommen, wie er sich im Gespräch verhält. Wenn es schon schwierig ist, einen Termin für ein Telefonat zu finden, wie wird dann erst der Rest? Wenn das Telefonat jedoch unkompliziert zustande kommt und nett ist, sagen Sie ihm, dass Sie bereit wären, ihn persönlich zu treffen, und warten Sie ab, was er vorschlägt. Wenn Sie sich noch nicht ganz sicher sind, verabreden Sie sich zum Beispiel nur auf eine Tasse Kaffee oder einen Spaziergang in der Mittagspause. Wenn Ihr erstes Date zeitlich auf eine halbe Stunde begrenzt ist, muss keiner enttäuscht sein, wenn es nicht das ist, was Sie beide sich vorgestellt haben, und wenn es gut war, haben Sie sich auch beim zweiten Treffen noch viel zu erzählen.

Doch bei aller Verlockung: Setzen Sie nicht nur auf das Internet. Am Ende sind Sie nämlich unter Umständen einsamer als vorher.

Alternative Möglichkeiten sind natürlich auch seriöse Partnervermittlungen, Singlereisen, Flirtpartys und Speeddating – aber ganz ehrlich: Ich persönlich würde all das nicht zu ernst nehmen.

ERFOLGSKONZEPTE DELUXE:
WENN ES ETWAS MEHR SEIN DARF

Die goldene Regel, um zu kriegen, was Sie verdienen, ist gleichzeitig mein:

Erfolgskonzept Nummer fünf:
Wenn Sie auf der Suche nach einem besonderen Mann sind,
trauen Sie sich, selbst jemand Besonderes zu sein!

Im Grunde sind Sie ja schon jemand Besonderes – denn jeden Menschen gibt es exakt nur ein einziges Mal. Haben Sie schon mal darüber nachgedacht? Auf dem kompletten Planeten und für alle Zeiten gab und gibt es keinen einzigen Menschen, der so ist wie Sie. Niemand sonst hat Ihre Kombination von äußerlichen Merkmalen, Talenten, Vorlieben, Abneigungen, Gedanken und so weiter. Damit sind Sie also schon mal einzigartig. Um aber wirklich besonders zu werden, ist es nötig, all das zu erkennen und etwas damit anzufangen.

Es kommt nicht darauf an, ob Sie reich, berühmt oder schön sind. Es geht nicht darum, beruflich erfolgreich oder sehr talentiert in irgendeiner bestimmten Sache zu sein. Viele Frauen haben sogar Schwierigkeiten, ihre eigene Besonderheit anzuerkennen, und stellen ihr Licht immer wieder unter den Scheffel, winken ab, wenn sie gelobt werden, oder verheimlichen ihre Kompetenz oder ihre Fähigkeiten regelrecht.

Nach wie vor verdienen Frauen im Schnitt 23 Prozent weniger als Männer mit gleicher Qualifikation. Oft, weil sie zu bescheiden sind, wenn es darum geht, ihre Stärken ins rechte Licht zu rücken.

Etwas Besonderes zu sein heißt nicht, pausenlos zu kommunizieren, was man alles kann oder hat. Es hat nichts mit

Arroganz, Überheblichkeit oder Angeberei zu tun. Es heißt im Grunde nichts anderes als, es zu genießen, der Mensch zu sein, der man sein kann, und die eigenen Fähigkeiten auch anderen gegenüber spürbar und nutzbar zu machen.

Neulich schickte mir eine Freundin per E-Mail eine Präsentation, die zu dieser Überlegung sehr gut passt: Erinnern Sie sich an die letzten zehn Oscargewinner? Die Namen der letzten zehn Nobelpreisträger? Die letzten fünf Misses Universe? Die zehn erfolgreichsten Firmenmanager?

Vermutlich wissen Sie die Antworten auf diese Fragen genauso wenig, wie ich sie wusste.

Und wenn wir ganz ehrlich sind, interessieren wir uns auch nicht unbedingt für diese Menschen, sie sind nicht wirklich wichtig für uns persönlich.

Die Präsentation fragte dann jedoch nach den Namen von guten Freunden, die einem vielleicht mal aus der Patsche geholfen haben; nach Lehrern, die einem etwas Sinnvolles beigebracht haben; nach Menschen, mit denen man gern Zeit verbringt.

Da fallen mir direkt ein paar für mich sehr wichtige Menschen ein!

Vermutlich gehen Ihnen jetzt auch ein paar Gesichter von Menschen durch den Kopf, die für Sie persönlich wichtig sind. Ihre eigene Bestenliste ist die einzige Liste, die für Sie wirklich wichtig ist – auch wenn sie »nur« für Sie bedeutsam ist. Sie denken an bestimmte Menschen und allein schon der Gedanke an sie gibt Ihnen ein gutes Gefühl, bringt Sie zum Lächeln, zum Nachdenken, macht Sie dankbar oder vielleicht sogar ein bisschen wehmütig.

Hat Ihnen vielleicht schon mal jemand ganz unerwartet ein tolles Kompliment gemacht? Gibt es jemanden, der Sie immer wieder zum Lachen bringt? Kennen Sie einen Menschen, bei dem Sie sich immer absolut akzeptiert fühlen, egal wie Sie gerade drauf sind?

Sind Sie für andere vielleicht auch bereits etwas Besonderes, ohne es zu wissen? Sie können ganz leicht für viele Menschen sehr wichtig und sehr besonders werden, wenn Sie sich trauen, Ihre Fähigkeiten und Möglichkeiten einfach zu entfalten und andere ermutigen, dies ebenfalls zu tun. Oder indem Sie schlicht und ergreifend anderen Ihre Zuneigung, Ihre Akzeptanz oder Ihre Sympathie zeigen. Wissen diese Menschen, dass sie auf Ihrer Bestenliste stehen?

Wir gehen immer davon aus, dass unsere Mitmenschen, unsere Freunde, unsere Familie, unsere Kollegen oder Mitarbeiter, unsere Bekannten und andere Menschen, die wir treffen oder auf die wir auch angewiesen sind, wissen, dass wir sie schätzen, dass wir sie mögen oder zufrieden mit ihnen sind. Glauben Sie mir, das ist nicht so.

Es könnte bereits ein Schritt dahin sein, jemand Besonderes zu werden, wenn Sie eine Lieblingskollegin, eine Lieblingsnachbarin oder eine Lieblingskundin für jemanden sind.

Schon indem Sie Ihren Mitmenschen sagen, dass Sie sie schätzen, machen Sie sich beliebt. Viele Menschen haben damit Schwierigkeiten, weil ihnen kaum jemand jemals sagt, dass sie geschätzt werden.

Sie selbst können ein besonderer Mensch werden, wenn Sie bereit sind, damit aufzufallen, dass Sie tun, was Sie möchten, und gleichzeitig anderen Ihre Wertschätzung entgegenbringen.

Überlegen Sie mal, nach welchen Werten Sie leben, was Ihnen im Leben wichtig ist und was Sie – ganz abgesehen von einer glücklichen Partnerschaft – erleben oder erreichen möchten.

Gerade Frauen tendieren dazu, sich mit Neuerungen etwas schwerzutun, wenn sie keinen Partner haben: Was ist denn, wenn ich jetzt noch mal ein Studium anfange oder den Arbeitsplatz wechsle und gerade dann lerne ich »den Richtigen« kennen? Oder ich lerne dadurch »den Richtigen« nicht kennen, weil ich keine Zeit habe?

Ich frage dann gern zurück, was denn wäre, wenn sie »den Richtigen« überhaupt erst durch den Arbeitsplatzwechsel oder ein neues Studium oder einen Umzug in eine neue Stadt kennenlernen würden.

Selbst wenn Sie Mr Right tatsächlich an dem Tag begegnen, an dem sich etwas Gravierendes in Ihrem Leben ändert: Er würde sich doch erst recht dadurch qualifizieren, dass dies kein Hindernis für ihn wäre.

Erfolgskonzept Nummer sechs:
Machen Sie etwas Besseres mit Ihrem Leben,
als auf Mr Right zu warten!

Viele Menschen, die ich kennengelernt habe, glauben, dass sie mit 35 schon zu alt wären, um in ihrem Leben etwas Neues zu beginnen. Doch die Zeiten, in denen eine Frau erst einen Beruf erlernt und dann geheiratet und Kinder bekommen hat, sind vorbei. Jeden Tag entstehen völlig neue Berufsbilder und mit ihnen neue Möglichkeiten. Das ist nur eine Möglichkeit von vielen, mehr aus Ihrem Leben zu machen. Wo Sie herkommen, spielt keine Rolle – entscheidend ist nur, wo Sie hingehen.

Ich selbst stamme aus einer kleinen Ortschaft, einer »ganz normalen Familie« und habe zunächst einen ganz normalen Beruf gelernt. Mit zwanzig war ich Sachbearbeiterin im Auslandsvertrieb einer großen Firma und verlobt mit einem Mann, den ich kannte, seit ich 15 war. Ich hätte ihn heiraten, zwei Kinder bekommen und in ein Reihenhaus in einer Kleinstadt ziehen können. Der Mann war nett und der Job war gut – aber ich fühlte mich wie ein sehr lebendiges Tier in einem viel zu kleinen Käfig.

Die Reise, die dann begann, dauerte fast zwanzig Jahre – sie führte mich durch die gesamte Republik, viele verschiedene

Branchen und Beziehungen, ich verdiente viel Geld, dann wieder kaum etwas, ich war glücklich und tieftraurig, mutig und ängstlich, abhängig und frei. Ich habe versucht, mich anzupassen, und ebenso, mich abzugrenzen. Ich bin zig mal auf die Nase gefallen, doch ich bin immer wieder aufgestanden und habe immer versucht, aus dem zu lernen, was mir passierte.

Inzwischen habe ich den Mann gefunden, mit dem ich mich wohler fühle als mit jedem anderen Menschen auf der Welt und als jemals zuvor. Ich muss nicht verstecken, was ich gut kann oder welche Talente und Fähigkeiten ich habe, und ich habe für mich etwas gefunden, das mir so viel Spaß macht, dass ich hoffe, dass ich es bis zu meinem allerallerletzten Tag machen werde: Ich helfe Menschen auf die Sprünge, ein besseres Leben zu haben, freier und liebevoller zu werden.

Ich habe die Vision, dass ich irgendwann so viele Menschen erreicht und motiviert haben werde, dass diese Menschen alle anderen damit anstecken werden und wir in einer Welt leben werden, in der Männer und Frauen mit weniger Vorurteilen und mehr Liebe und Verständnis füreinander zusammenleben können.

Ja, ich weiß, das ist utopisch und vielleicht werde ich das nicht schaffen – aber das ist kein Grund, es nicht anzustreben. Jeder Brief, den ich von Klienten, Teilnehmern oder Lesern bekomme, lässt mein Herz hüpfen: Wenn jemand seine Schüchternheit überwunden hat; wenn jemand eine Beförderung bekommen hat, weil er selbstbewusster auftritt; wenn jemand sich glücklich verliebt hat oder sogar heiratet oder wenn mir jemand schreibt, dass er sich viel besser fühlt als früher.

Zeitweise hatte ich das Gefühl, dass ich mit dem, was ich tue, noch mehr Schwierigkeiten haben würde, einen Mann zu finden, der zu mir passt. Doch mit der Zeit merkte ich, dass es genau andersherum war: Ich stellte immer schneller fest, wenn ein Mann nicht zu mir passte, und hatte es so am Ende leichter, »den Richtigen« zu erkennen.

Trauen Sie sich, das zu tun und zu sein, was Sie wirklich tun und sein wollen! Selbst wenn Ihre Eltern, Ihre Geschwister, Ihre Freunde, Ihre Kollegen, Ihr Chef irgendetwas, das Sie schon immer tun, werden oder lernen wollten, unsinnig finden – selbst wenn Sie kritisiert werden dafür, selbst wenn man Sie wegen irgendetwas für verrückt erklären sollte: Sie sind frei und nur Sie leben Ihr Leben.

Sie können beispielsweise eine große Reise planen, die Sie schon immer gern machen wollten. Sie könnten eine Weiterbildung oder eine neue Ausbildung beginnen. Ein Instrument spielen lernen, eine Initiative für irgendetwas Sinnvolles gründen. Es gibt Tausende von Dingen, die nur darauf warten, dass irgendjemand sie tut. Sie sind irgendjemand: Suchen Sie sich etwas aus!

Es muss nicht unbedingt etwas »Großes« sein – es geht nicht darum, dass Sie jetzt sofort Ihr komplettes Leben ändern. Es geht darum, dass Sie mehr Dinge in Ihr Leben holen, aus denen Sie ein gutes Gefühl ziehen können.

Ein guter Nebeneffekt davon ist: Sie werden dabei viele neue Menschen kennenlernen.

Probieren Sie diese Erfolgskonzepte doch einfach mal für sich selbst aus und überprüfen Sie ihre Wirkung auf Ihr Leben.

Holen Sie immer wieder Ihre neue Liste hervor, in der steht, wie Sie sich fühlen möchten, wofür Sie einen Partner haben möchten und wer Sie sein wollen. Fühlen Sie sich immer und immer wieder hinein. Prüfen Sie, ob das, was Sie sich ausgemalt haben, noch stimmt und auch, was Sie davon vielleicht sogar bereits ohne einen Partner erreicht haben.

Lassen Sie eine Partnerschaft und alles, was Sie damit verbinden, nur ein Teil Ihres Lebens sein – ein wichtiger Teil immerhin, aber eben nur *ein* Teil.

Ihre Zusammenfassung:
Wo wir gerade stehen und warum
Fassen Sie die Inhalte dieses Kapitels noch mal
in Ihren eigenen Worten zusammen!

- Was sind die drei für Sie wichtigsten Punkte
  und Erkenntnisse?
- Was ist Ihr Fazit?

Wie Sie spielerisch mit Männern umgehen und Spaß haben

Viele Frauen in meinen Kursen finden es anstrengend, Männer in Flirtsituationen kennenzulernen. Die häufigste Beschwerde ist: »Ich habe immer das Gefühl, ich benehme mich total auffällig und er kapiert immer noch nicht, dass er gemeint ist. Soll ich dann etwa hingehen und einen wildfremden Typen anquatschen? Oder umgekehrt: Muss ich als Frau denn immer noch wie ein Unschuldsengel am Tresen sitzen, bis mal einer den Schneid hat, mich anzusprechen?«

Haben Sie etwas Geduld und Nachsicht mit den Männern: Je intelligenter ein Mann ist, desto größer ist seine Fähigkeit, sich in Selbstzweifeln zu üben. Wenn ein Mann sich also in einer klassischen Flirtsituation nicht an Sie herantraut, muss das nicht zwangsläufig bedeuten, dass er wenig Selbstvertrauen hat, sondern dass Sie ihn besonders beeindrucken und er es nicht versauen will. Also denkt er besonders gründlich darüber nach – meist eben zu lange.

Auch sind viele Männer es nicht (mehr) gewohnt, dass Frauen überhaupt Signale senden und bereit sind oder sogar Initiative zeigen für einen Flirt. Traurig, aber wahr: Wir scheinen es im internationalen Vergleich echt verpennt zu haben. Die Deutschen sind im Allgemeinen als extrem schlechte, hölzerne Flirter bekannt.

Vielen ist die Lust am Flirten vergangen und wenn die Lust weg ist, ist es beim Flirten wie beim Sex: Es macht keinen Spaß und findet deshalb nicht mehr statt … Dabei ist es das Zweitbeste (nach Sex), was man mit einem Mann machen kann. Wenn Sie wissen, wie man richtig flirtet, werden Sie Männer in allen Lebenslagen um den Finger wickeln können, Sie werden mehr Spaß bei Dates haben, viele neue Freunde gewinnen, Ihr Selbstvertrauen aufbauen und unter Umständen sogar Mr Right kennenlernen.

Auch wenn Sie schüchtern sein sollten, kann das ein Mann nicht immer erkennen: Häufig wird Verhalten, das wir Frauen aus Schüchternheit an den Tag legen, von Männern falsch – zum Beispiel als Desinteresse oder Arroganz – interpretiert.

Mut, Geduld und Raffinesse sind also gefragt – und Sie werden schnell merken, es lohnt sich!

ALLES BEGINNT MIT EINEM GEDANKEN

In den letzten Kapiteln haben Sie bereits beste Voraussetzungen geschaffen, um eine großartige Flirterin zu werden: Nein sagen zu können ist eine wichtige Fähigkeit – vor allem für Ihre Souveränität beim Flirten. Die richtige Verpackung sorgt dafür, dass Sie von Männern das bekommen, was Sie unbedingt für einen Flirt brauchen: Aufmerksamkeit. Und Ihre attraktivere, entspannte Ausstrahlung wird viel dazu beitragen, dass Sie künftig deutlich mehr Chancen auf einen Flirt haben als früher.

Um Flirts zu haben ist die Grundvoraussetzung, an Flirts zu denken. Denken Sie schon morgens daran, wenn Sie das Haus verlassen: »Na, mal sehen, welchen Mann ich heute zum Lächeln bringe« könnte zum Beispiel ein hilfreicher Gedanke sein.

Auch hier können Sie mit sich für den Anfang einen »Flirttag« vereinbaren – geschickt ist es, wenn es derselbe Tag ist wie der »Sexytag« ...

Suchen Sie sich ein paar Attribute aus, wie Sie an diesem Tag sein möchten: »Heute bin ich sexy, verführerisch und frech.« Oder aber: »Heute bin ich zauberhaft, weiblich und geheimnisvoll.« Gönnen Sie sich am Morgen ein paar Minuten, um sich in diesen Gedanken zu »baden«. Stellen Sie sich vor, wie Sie gehen, wie Sie aussehen, wie Sie sich bewegen und wie Sie sprechen, wenn Sie so sind. Überlegen Sie sich, welche Kleidung, welcher Lippenstift und welche Frisur diese Einstellung besonders unterstreichen, und dann schlüpfen Sie einfach hinein.

Sehr bald werden Sie so viel Spaß damit haben, dass Sie es jeden Tag wollen, und es wird nicht lange dauern, bis es ein Teil Ihrer Persönlichkeit geworden ist.

Eine sehr gute Möglichkeit, Flirtgelegenheiten besser zu erkennen und häufiger zu nutzen, ist außerdem, sich eine Jagdgefährtin zu suchen, mit der Sie auf Männerjagd gehen: Das kann sogar eine Freundin sein, die bereits in einer Partnerschaft ist – wichtig ist nur, dass sie eine gute Beobachterin ist und dass sie Spaß daran hat, Sie »an den Mann« zu bringen. Ganz egal wie schräg ein Flirt vielleicht verläuft – solange Sie Rückendeckung von einer Freundin haben, ist doch alles halb so wild.

Ich habe mit meinen Freundinnen eine Zeit lang ein Spiel gespielt, das wir »Kandidaten zählen« nannten: Während die eine auf die Tanzfläche oder an die Bar ging, hat die andere die Männer im Raum beobachtet, die auf sie aufmerksam geworden waren, und hat dann gezählt, wie viele davon offensichtliches Interesse an ihr hatten. So konnte man bereits eine Vorauswahl vielversprechender Kandidaten für einen Flirt treffen. Diese Methode ist sehr sicher und erfolgreich, denn die Männer möchten sich ja häufig nicht sofort anmerken lassen, wenn sie eine Frau attraktiv finden, doch eine dritte Person sieht oft viel eher (und viel deutlicher) als die beiden Beteiligten, was sich abspielt.

Beim Flirten ist es grundsätzlich wichtig zu unterscheiden zwischen »unernsten« und »heißen« Flirts.

UNERNSTE FLIRTS

Gelegenheiten für unernste Flirts haben wir sehr häufig und wir sollten sie unter allen Umständen wahrnehmen. Da wäre zum Beispiel der Flirt mit dem italienischen Gemüsehändler, mit dem schwulen Friseur, dem viel zu jungen Kellner im Café an der Ecke, dem verheirateten Postboten und dem kleinen dicken Paketdienstmitarbeiter, der eigentlich gar nicht unser Typ, aber einfach so nett ist. Alles Männer, mit denen wir ganz bestimmt keine Partnerschaft eingehen möchten – und dennoch bieten sie die perfekte Gelegenheit für einen unernsten Flirt!

Seien Sie nicht einfach nur freundlich zu den Herren, sondern legen Sie ab sofort noch eine Schippe drauf: Machen Sie den Jungs doch mal ein Kompliment. Sie werden sich wundern, was passiert (nicht vergessen – Männer dürsten nach Anerkennung).

Wenn Sie vorsichtig anfangen wollen, dann sagen Sie, dass Sie sich immer freuen, ihn zu sehen (weil er immer freundlich ist, gute Laune hat, nette Post bringt, tollen Kaffee kocht etc. pp.).

Tun Sie ein bisschen so als ob – aber achten Sie darauf, dass klar ist, dass Sie einfach »Spaß machen«. Wenn der Gemüsehändler zum Beispiel besonders freundlich ist, fragen Sie ihn doch ruhig mal, was denn seine Frau dazu sagt, wenn er so mit den Kundinnen flirtet. Sollte er darauf antworten, dass er doch gar nicht flirtet, sagen Sie ruhig, Ihnen sei es so vorgekommen. Ganz sicher wird er das nächste Mal wirklich flirten.

Vergeben Sie doch mal den Titel »Lieblingsmann der Woche« und lassen Sie es den jeweiligen Kandidaten wissen. Erinnern Sie sich: Männer mögen es, der Beste zu sein. Sagen Sie also zum Beispiel zum Postboten, wenn er Ihnen ein Paket bringt, auf das Sie gewartet haben, dass er damit ganz weit vorne liegt, diese Woche Ihr Lieblingsmann der Woche zu werden. Vermutlich wird er (nach anfänglicher Irritation) wissen wollen, mit wem er um diesen Titel konkurriert, und Sie haben auch in Zukunft ein Gesprächsthema – ganz abgesehen davon, dass Sie eine Menge Spaß haben werden und einige der Herren sich ins Zeug legen werden, Ihr Lieblingsmann der Woche zu sein.

Ich kann mich noch sehr gut an meinen Dauerlieblingsmann in einer längeren Singlephase erinnern: Er war Kellner in einem kleinen Café bei mir um die Ecke und war sogar mein Beuteschema. Ich entdeckte ihn (und das Café), kurz nachdem ich meinen damaligen Partner verlassen hatte, weil wir einfach nicht zueinander passten und ich damals auch gar keine Partnerschaft haben wollte. Ohne es zu ahnen, half mir der Kellner fantastisch über diese schwierige Zeit hinweg: Jeden Morgen besuchte ich das Café, bevor ich ins Büro ging. Sein Lächeln ließ mich jedes Mal regelrecht erschauern – ich wurde sogar richtig verlegen. Nach wenigen Tagen war er mein Lieblingsmann der Woche und von da an wusste er, wie ich meinen Kaffee trank. Und noch ein paar Tage später musste ich nicht einmal mehr bestellen: Obwohl das Café eigentlich Selbstbedienung hatte und der Kellner den Kaffee an der Theke servierte, bekam ich eine Sonderbehandlung. Noch ein paar Tage später wurde unser Ton vertraulicher: Wir fragten einander, wie es uns geht, und erzählten, was wir heute noch vorhaben und allerlei andere, eigentlich oberflächliche Dinge. Doch er hatte eine besondere Art, sehr zärtlich zu mir zu sprechen, und ich fühlte mich manchmal regelrecht gestreichelt, wenn er nur mit mir redete.

Eines Tages war ich mit einer Freundin in dem Café verabredet und auch sie schluckte, als sie ihn zum ersten Mal sah. Sie staunte nicht schlecht darüber, wie wir miteinander umgingen. »Habt ihr was miteinander?«, fragte sie mich. Ich antwortete: »Nicht das, was du denkst!« und sie war völlig perplex. Sie meinte, ich solle unbedingt mit ihm ausgehen. Ich antwortete ihr, dass ich nicht mit ihm ausgehen wolle – sie war fassungslos.

Nein, ich wollte nicht mit diesem Mann ausgehen. Ich wollte ihn auch nicht näher kennenlernen. Ich wollte in dieses Café kommen können und die Garantie haben, dass ich mich zehn Minuten später großartig fühlen würde. Jeder Tag, an dem er dort war und ich ihn traf, begann absolut fabelhaft und es gab überhaupt keine Möglichkeit, das noch zu verbessern.

Irgendwann war er weg – und zur selben Zeit begegnete ich jemandem, neben dem ich sehr gern morgens aufwachte … und der ebenfalls recht guten Kaffee machen konnte.

Es fiel mir damals recht leicht, der Versuchung zu widerstehen, den Mann aus dem Café näher kennenzulernen, denn einen Partner zu haben, der morgens um fünf Uhr das Bett verlässt, um ein Café aufzumachen, gehört nicht zu den Dingen, die ich mir in einer Partnerschaft vorstelle. Außerdem bin ich mir sicher, dass ich nur eine von einigen »Lieblingskundinnen« war, die besonders gut behandelt wurden – und das war für mich auch völlig in Ordnung. Es war fair und es tat gut.

Wenn Sie einen solchen Mann finden können: Hegen und pflegen Sie ihn – aber widerstehen Sie der Versuchung, mit ihm auszugehen.

Er ist so etwas wie Ihr Flirttrainer und er kann dafür sorgen, dass Sie sich sexy fühlen. Es ist egal, ob der Mann deutlich jünger oder älter ist als Sie oder ob er verheiratet ist – wenn es ihm Freude macht, mit Ihnen zu flirten: Flirten Sie.

Entwickeln Sie Ihren Charme an ihm und probieren Sie sich aus: Trainieren Sie das Spiel von Nähe und Distanz und lernen

Sie vor allem, dass Sie diejenige sind, die die Regeln dafür aufstellt.

Was Sie von diesen unernsten Flirts haben:

1) Mehr Spaß und damit täglich bessere Laune.
2) Mehr positives Feedback vom anderen Geschlecht – dass die Herren dabei nicht (immer) der eigenen »Zielgruppe« entsprechen tut nichts zur Sache: Ein Mann ist ein Mann ist ein Mann!
3) Mehr Erfahrung und damit Sicherheit im Umgang mit Männern – hier gilt dasselbe wie bei Punkt zwei.

Sorgen Sie dafür, dass Ihre Flirttrainer wissen, dass Sie sie mögen – aber auch eben nur mögen. Trainieren Sie an diesen Männern, auf humorvolle Weise Ihre Grenzen zu setzen.

Sie werden es nicht bereuen, denn auch die unernsten Flirts sorgen dafür, dass Sie sich geschmeichelt fühlen, und Sie trainieren dabei, oft in Flirtlaune zu sein. Damit wirken Sie gleichzeitig viel attraktiver, denn Sie werden häufiger lächeln und beschwingter sein. Und sind damit bestens gewappnet für:

HEISSE FLIRTS

Heiße Flirts sind – wie der Name schon sagt – aufregender als unernste Flirts, denn hier geht es um Männer, die Ihnen tatsächlich gefallen.

Das ist der Punkt, an dem viele Frauen verzweifeln: Wenn sie einen Mann sehen, der ihnen gefällt, und plötzlich »gar nichts mehr geht«.

Machen Sie es nicht kaputt, bevor es überhaupt angefangen hat! Lernen Sie, es zu genießen: Ihr Körper gaukelt Ihnen vor, dass Sie gerade eben die Kontrolle über alles verloren haben – und wenn Sie das als unangenehm empfinden, leiten Sie automatisch die Notfall-Interventionen ein, die unser Körper vorgesehen hat, falls unser Leben einmal in Gefahr sein sollte. Mit anderen Worten: Sie stellen sich tot, Sie flüchten oder Sie gehen zum Angriff über, indem Sie dem Mann unwirsch über den Mund fahren, bevor er Sie noch nervöser machen kann. Wir sind es so sehr gewohnt, dass wir immer alles unter Kontrolle haben, immer wissen, was wir tun, dass wir uns automatisch verloren glauben, wenn wir mal einen Moment lang die Kontrolle verlieren.

Hatten Sie schon mal so richtig, richtig, richtig guten Sex? Kennen Sie diesen Moment, wo Ihnen plötzlich alles egal ist und Sie einfach loslassen? Ich hoffe für Sie, dass Sie ihn wenigstens ein einziges Mal erlebt haben! Dieser Moment ist das Beste, was Ihnen beim Sex passieren kann: Kontrollverlust – denn er bedeutet die höchste Form von Hingabe.

Wenn Sie einen Mann also nur zu sehen brauchen, um einen leichten Kontrollkollaps zu bekommen, ist das doch schon mal vielversprechend.

Es scheint uns so wichtig zu sein, immer alles im Griff zu haben, dass es uns Angst macht, wenn ein Mann uns umhaut. Doch erst die Angst ist es, die uns dann tatsächlich unfähig macht zu reagieren: Wenn wir uns selbst sagen, dass wir in einer Gefahrensituation sind (weil der Mann uns »gefährlich werden« könnte oder weil wir uns davor fürchten, die Kontrolle zu verlieren), reagiert unser Körper darauf ganz automatisch mit der Ausschüttung von Adrenalin. Das Adrenalin sorgt dafür, dass wir angespannt sind und unser Herz schneller schlägt. Frauen, die leicht rot werden, haben noch mehr Angst vor dem Rotwerden als vor irgendetwas anderem ... und werden natürlich rot! (Wussten Sie, dass fast alle Männer das toll finden, weil sie es so interpretieren, dass sie tolle Hechte sein müssen, wenn sie eine Frau zum Erröten bringen?)

Bisher haben Sie sich wahrscheinlich auf eine der drei Überlebensstrategien verlassen: Flucht, Angriff oder Totstellen. Bestimmt haben Sie eine Lieblingsstrategie. Manche Frauen laufen davon oder stecken den Kopf ganz tief in ihre Handtasche, andere greifen an und sagen plötzlich ungewollt dumme, gemeine Dinge – die meisten jedoch gehen einfach »offline«, kriegen glasige Augen, werden stumm wie ein Goldfisch und wachen erst wieder aus dem Koma auf, wenn der Mann ihrer Träume längst über alle Berge ist.

Hören Sie auf, so dumm zu sein!

Es gibt eine ganz einfache Strategie. Wenn man weiß, wie das Gehirn arbeitet, kann man dieses Wissen auch nutzen: Der Gedanke (!) an die Gefahr oder ein unerwünschtes Ergebnis ist es, der den Alarm für den Kollaps auslöst. Beginnen Sie also damit, sich andere Gedanken zu machen.

Wenn Sie an etwas Positives denken, können Sie auch etwas Positives erschaffen.

Wenn Sie einen Mann attraktiv finden, heißt das nichts anderes, als dass ihr Unterbewusstsein sich die Frage gestellt hat, ob Sie mit diesem Mann gern Sex haben würden – und die Antwort lautete Ja. Denn dieser Mann wirkt nicht nur nett und freundlich, sondern sexy. Mit dem würden Sie nicht nur ins Theater, sondern auch gern ins Bett gehen. Also warum denken Sie dann nicht einfach mal an Sex, wenn es das ist, was als Endergebnis wünschenswert wäre?

Wenn Sie das nächste Mal einen Mann sehen, den Sie heiß finden, dann denken Sie daran, wie er nackt auf Ihrem Bett sitzt. Denken Sie daran, wie er wohl aussieht, wenn er einen Orgasmus hat oder wenn Sie seinen Kopf zwischen Ihren Schenkeln sehen …

Hey – die Gedanken sind frei!

Probieren Sie es einfach aus: Wenn Sie einen Mann sehen, der Ihnen gefällt, stellen Sie sich vor, was Sie Schönes mit ihm anstellen könnten. Dann werden Sie im ersten Moment zwar immer noch sprachlos sein, aber …

- Sie werden es mehr genießen können.
- Sie sehen nicht mehr aus wie ein verängstigtes Kaninchen oder eine verkniffene Hexe. Wenn Sie an guten Sex denken, bekommt Ihr Gesicht einen interessanten, sexy Ausdruck, den Männer viel attraktiver finden als Ihr bisheriges Kollaps-Gesicht.

Es wird nicht lange dauern und Ihre Unsicherheit im Umgang mit sexy Männern wird verschwunden sein. Vergessen Sie nicht, dass Männer – auch heiße Männer – Frauen kennenlernen möchten. Frauen wie Sie! Was sollte also daran schlecht sein? Geben Sie ihm doch die Chance.

Männer sind lange nicht so anspruchsvoll wie wir Frauen: Selbst wenn Sie ihn beim ersten Treffen nur wortlos anstarren – solange Sie es hinkriegen, dass Sie wenigstens einmal dabei lächeln, ist das möglicherweise schon genug!

Auch wenn Sie also nicht jedes Mal beim Anblick eines heißen Mannes einen Kollaps erleiden, dürfen Sie sich heiße Gedanken machen. Setzen Sie auch Ihren Körper ein: Brust raus, Bauch rein, Mund leicht geöffnet, Augen groß. Wenn ein Mann Ihnen gefällt und Sie es zulassen, wird das ohnehin von alleine passieren. Und bis es so weit ist, können Sie sich ja auch vorstellen, wie Sie sich an einem wunderschönen Strand in der Sonne rekeln, der Wind Ihre Haut streichelt und Sie gleich (am besten von dem Mann vor Ihnen) zärtlich massiert werden. Der Gedanke an etwas in der Art sollte auch dafür sorgen, dass Sie einen sehr ansprechenden Gesichtsausdruck bekommen – und dann: Wickeln Sie ihn in Gedanken um den Finger.

Eine perfekte und sichere Gelegenheit, das zu üben, ist, wenn Sie mit öffentlichen Verkehrsmitteln unterwegs sind: Wenn Sie im Bus oder in einer Bahn sitzen, suchen Sie sich jemanden aus, der draußen steht (oder umgekehrt), und fixieren Sie ihn mit Blicken. Beginnen Sie, ihn in Gedanken auszuziehen, lecken Sie ihn von oben bis unten ab und stellen Sie sich noch ein paar weitere unanständige Sachen vor – solange es eben möglich und er in Ihrem Blickfeld ist. Selbst wenn er Sie zunächst gar nicht bemerkt: Die meisten Männer scheinen es zu spüren, wenn man sie anstarrt, und erst recht wenn man sie zum Objekt einer sexuellen Fantasie macht.

Eine Freundin von mir hat den Trick mit dem Bus erfunden, weil es eine recht sichere, ungefährliche Übungsmethode ist. Wenn der Mann »zu gut« reagiert, ist man immer noch »sicher« und hat keine Konsequenzen zu befürchten, weil der Bus (oder die Bahn) weiterfahren wird.

Finden Sie das unanständig? Ich hoffe nicht. Männer machen es die ganze Zeit mit uns. Also gleiches Recht für alle. Das ist echte Emanzipation.

Ganz gleich wo Sie sind: Wenn Sie mit einem Mann flirten möchten, betrachten Sie ihn und machen Sie sich »unanständige« Gedanken. Wenn er Ihren Blick erwidert: Senken Sie den Blick und wenden Sie ihn ab, aber lächeln Sie dabei ein wenig. Denken Sie sich vielleicht so etwas wie »Oh, hast du mich erwischt!?« oder »Ich bin aber auch ein böses Mädchen!«. Suchen Sie nach einiger Zeit erneut Blickkontakt und wiederholen Sie das Spiel. Jeder Mann mit einigermaßen Schneid sollte jetzt auf dem Weg zu Ihnen sein – und falls nicht: Nicht vergessen, gerade intelligente Männer stehen sich oft selbst im Weg.

Sehen Sie ihn an und formulieren Sie gedanklich einen Satz wie »Na, willst du nicht vielleicht mal herkommen und mir sagen, wie du heißt?«. Der Gesichtsausdruck, den Sie bei so einem Gedanken haben, ist meist Aufforderung genug.

Sie können ihm auch zunicken, zuprosten, die Zunge herausstrecken, winken oder auf den freien Platz neben sich deuten. Die meisten Männer sind tatsächlich viel schwerer von Begriff, als wir Frauen es uns vorstellen können.

Und: Die meisten Männer würden das nicht mal als aufdringlich verstehen, sondern lediglich als Geste, dass sie erwünscht sind, denn sie sind ja immer noch diejenigen, die sich auf den Weg machen und den ersten Satz formulieren müssen.

Eine der größten Ängste eines Mannes ist die, sich zu blamieren. Wenn ein Mann also eindeutig Interesse zeigt, indem er immer wieder zu Ihnen hinüberschaut, sich aber nicht bewegt, dann liegt das nicht daran, dass er Sie anstarrt, weil mit Ihnen irgendwas nicht stimmt (so etwas erregt bei einem Mann keine Aufmerksamkeit), sondern dass er Sie attraktiv und interessant findet – aber sich nach wie vor nicht sicher ist, ob das auf Gegenseitigkeit beruht. Wenn er die Gefahr sieht, sich zu blamieren, wird bei ihm das Gehirn den Not-Aus-Schalter drücken und er verfällt in dieselbe Schockstarre wie Sie früher. Nehmen Sie es als Kompliment und geben Sie ihm noch eine Chance.

Spielen Sie nicht die Prinzessin auf der Erbse, sondern laden Sie ihn ein, Sie kennenzulernen – zum Beispiel indem Sie ihm deutlichere Zeichen geben, die er auch verstehen kann.

Als Frau haben Sie immer die Wahl zwischen zwei Möglichkeiten, wie Sie einen Mann anlocken. Die erste ist: »Komm her, ich beiße nicht!« Sollte das aufgrund Ihrer Persönlichkeit unglaubwürdig erscheinen, dann wählen Sie Möglichkeit zwei: »Komm her, ich beiße – und es wird dir gefallen!« Natürlich können Sie sich auch je nach Tagesform zwischen diesen beiden entscheiden.

Trauen Sie sich zu spielen. Ein Flirt ist ein Spiel: Sie tun so als ob – aber Sie gehen keine Verpflichtung ein! Sie machen Versprechen ohne Garantie und Sie können jederzeit Nein sagen, wenn Ihr Flirtpartner Ihnen zu weit geht.

Ich habe schon alle Arten von Flirts geflirtet – und ich habe mich auch getraut, einen Mann stehen zu lassen, der dachte, dass ein heißer Flirt unweigerlich zu einem One-Night-Stand führen müsse. Ich hatte keine Lust auf einen One-Night-Stand, ich hatte nur Lust auf einen heißen Flirt. Der Mann begann mir zu erzählen, wie wunderbar ich sei, wie langweilig er all die anderen Frauen auf der Party fände, wie unfair es von mir sei, ihn jetzt einfach so zu verlassen. Er erzählte mir, dass er sich sofort in mich verlieben könnte. Er erzählte, dass ich es nicht bereuen würde, wenn ich ihn jetzt mit nach Hause nähme. Er zog alle Register. Sein letzter Versuch war ein Betteln: »Bitte nimm mich mit – ich bin wirklich gut im Bett.« Ich sagte ihm, dass ich ihm das sogar glaube, aber dennoch jetzt lieber schlafen gehen möchte. Ich sagte ihm, wenn seine Sehnsucht nach mir wirklich so groß und es ihm ernst sei, dann wäre es leicht herauszufinden, wann und wo er mich finden könne (und es war tatsächlich leicht). Ich habe ihn nie wieder gesehen …

Nach diesem Erlebnis war es leicht zu verstehen:

 Ein Mann ist auf der Suche nach einer Gelegenheit. Sie sind eine Gelegenheit. Sie machen die Regeln.

Trauen Sie sich! Kein Mann heult nächtelang enttäuscht ins Kissen, wenn er nicht bekommt, was er will. Die meisten Männer nehmen einen Flirt sportlich und freuen sich, wenn überhaupt irgendwas passiert.

Nehmen Sie es also nicht immer zu wörtlich, was ein Mann Ihnen erzählt, wenn er die Chance sieht, Sie zu beschlafen.

Flirten macht Spaß und Sie bestimmen, wie weit Sie gehen. Also, hören Sie auf, den Kopf in Ihre Handtasche zu stecken, wenn ein attraktiver Mann den Raum betritt.

WORAN SIE ERKENNEN KÖNNEN,
DASS ER INTERESSE HAT

Genau wie wir Frauen einem Mann Signale senden, wenn er uns gefällt (und das tun wir, ob wir wollen oder nicht), sendet auch ein Mann automatisch Signale, wenn eine Frau ihn interessiert. Während wir jedoch unsere Signale durch das Abwenden des Blickes häufig sogar noch negieren, ist es bei den Männern eigentlich gar nicht so schwer, ihr Interesse zu erkennen.

Wenn ein Mann Sie zum ersten Mal sieht (beispielsweise, wenn er Ihnen irgendwo entgegenkommt oder wenn jemand Sie einander vorstellt) und er findet Sie attraktiv, dann heben sich seine Augenbrauen, seine Augen werden größer und seine Pupillen weiten sich. Meist passiert das ganz blitzartig (und vor allen Dingen reflexartig). Deshalb nennt man dieses Phänomen auch »Eye-Flash« (Augenblitz) und es heißt immer und ausnahmslos, dass er Sie attraktiv findet.

Wenn ein Mann etwas sieht, das ihm gefällt, öffnet sich häufig auch sein Mund ein Stück und seine Nasenflügel blähen sich auf – sein ganzes Gesicht scheint sich für einen Moment zu öffnen. Ich vergleiche diesen Gesichtsausdruck immer gern mit dem eines kleinen Jungen vor dem Weihnachtsbaum und ich werde extrem zuversichtlich, wenn ich ihn sehe.

Wenn ein Mann Interesse an Ihnen hat, dann wird er versuchen, Ihre Aufmerksamkeit zu erregen. Er wird vermutlich plötzlich etwas »wachsen« – indem er sich aufrecht setzt oder stellt und streckt, er wird seine Kleidung zurechtrücken oder seine Frisur checken. Er wird möglicherweise lauter werden (und lachen) oder vielleicht sogar irgendwas Albernes tun, um Ihre Aufmerksamkeit zu erregen.

Atmen Sie ruhig ein und aus, sehen Sie ihn an und machen Sie sich »heiße« Gedanken. Lächeln Sie verheißungsvoll und trauen Sie sich, gedanklich langsam bis drei zu zählen (oder den

Satz »Du bist ja wohl total mein Typ« zu formulieren), bevor Sie Ihren Blick abwenden; wenn Sie mögen (aber nur dann), legen Sie den Kopf noch ein bisschen schräg – und der Rest kommt fast von alleine ...

WAS, WENN KEIN HEISSER BLICKKONTAKT MÖGLICH IST?

Es gibt zahlreiche Gelegenheiten, in denen Sie einem Mann begegnen und nicht die Zeit haben, ihn minutenlang in das Blickkontakt-Spielchen zu verwickeln. Für solche Gelegenheiten müssen Sie ein paar kleine Tricks in petto haben, die für den richtigen Zufall sorgen: Viele Männer behaupten, sie fänden es gut, wenn auch mal die Frauen die Männer ansprechen würden. Sie sagen, sie hätten nichts dagegen, wenn Frauen mehr Initiative zeigen würden. Damit ist aber nicht unbedingt gemeint, dass eine Frau gezielt auf einen Mann zugehen und ihn ansprechen soll.

Glauben Sie mir: Die meisten Männer, die das behaupten, sagen es nur, weil sie selbst zu feige sind, eine Frau anzusprechen – und die anderen irren sich einfach. Wir haben es in zahlreichen Flirttrainings und auch in TV-Dokus ausprobiert: Männer reagieren zwar zunächst sehr positiv, wenn eine Frau sie gezielt anspricht – aber sie finden sie seltsamerweise nicht besonders attraktiv.

Ich weiß, es ist unfair!

Doch die sexuelle Anziehung und das Verlangen nach einem anderen Menschen entwickeln sich nun mal in einer Region des Gehirns, die noch nie etwas von Gleichberechtigung gehört hat. Akzeptieren Sie es einfach – und finden Sie einen »Workaround«: Es gibt ein paar kleine Tricks, mit denen Sie diesen Instinkt überlisten können, wenn es nötig ist.

Wer hat zuerst geredet?

Ein kleines Spielchen, das ich gern spiele, ist die »Einladung«. Es gibt viele Varianten davon, doch die Strategie ist immer dieselbe: Sie laden einen Mann zu einem Gespräch ein und er merkt gar nicht, dass Sie diejenige waren, die es initiiert hat.

Eine Möglichkeit ist zum Beispiel, in der Nähe eines Mannes einfach einen Kommentar über eine Situation abzugeben. Will der Mann mit Ihnen ins Gespräch kommen, wird er auf Ihren Kommentar etwas erwidern und schon sprechen Sie miteinander. Er war jedoch derjenige, der das Wort an Sie gerichtet hat – Sie haben schließlich einfach nur »laut gedacht«!

Sie könnten zum Beispiel auf einer Party »zufällig« neben einem attraktiven Mann stehen und laut denken: »Diese Party wirkt wie eine Szene aus … (dem *Denver Clan*, *Vier Hochzeiten und ein Todesfall* oder irgendeiner anderen Serie oder einem Film, der irgendwie passend erscheint)!« oder Sie seufzen und sagen so etwas wie »Ich wünschte, sie würden hier bessere Musik spielen« oder »Ich könnte töten für Käsebrötchen« (wenn es bei der Party nichts zu essen gibt).

So finden Sie auch sehr schnell heraus, ob der Mann (Ihren) Humor hat. Ich habe das im letzten Frühjahr ab und zu beim Warten auf Bus und Bahn an den Haltestellen getestet: Es war bereits April, aber es war immer noch so kalt, dass alle Wartenden etwas gemeinsam hatten: kalte Füße und kalte Nasen. Also sagte ich einfach manchmal halb zu mir und halb zu den Mitwartenden: »Wo ist eigentlich diese globale Erwärmung, wenn man sie mal brauchen könnte?«

Manche Menschen gingen erleichtert und scherzhaft darauf ein und es entwickelten sich lustige und kurzweilige Gespräche – von anderen habe ich viel über globale Erwärmung gelernt …

Auch das »Hey-Spiel« ist ein solcher kleiner Trick, bei dem der Mann vergisst, wer zuerst geredet hat, und sich leicht auf ein Spielchen einlässt.

Sagen Sie einfach halb zu sich und halb zu dem Mann, auf den Sie es abgesehen haben »hey«. Und wenn er reagiert, behaupten Sie, Sie hätten doch gar nichts gesagt.

Also ungefähr so:

Sie: »Hey!«

Er: »Hey was?«

Sie: »Wie?«

Er: »Du hast doch gerade ›hey‹ gesagt!?«

Sie: »Wer, ich?«

Er: »Ja, du!«

Sie: »Nein, du hast ›hey‹ gesagt!«

Er: »Nein, nur weil du ›hey‹ gesagt hast!«

Sie: »Wieso sollte ich das denn tun?«

Er: »Keine Ahnung!«

Sie: »Mh, wie heißt du eigentlich?«

Er: »*Name*«

Sie: »Freut mich, *Name*. Und, heyst du hier öfter fremde Frauen an, oder was treibst du hier?«

Natürlich dürfen Sie später gern mit einem verschmitzten Lächeln zugeben, dass Sie ihn »angeheyt« haben – wie hätten Sie denn sonst ins Gespräch kommen sollen?

Solche kleinen Spielchen sind lustig, unaufdringlich und werden von Männern sehr gern akzeptiert.

Hilfe!

Keine Sorge, für diese Methode müssen Sie sich nicht dumm stellen und auch nicht hilflos geben. Sie müssen sich auch keinen Absatz abbrechen – aber Sie sollten die Instinkte eines Mannes kennen und für sich nutzen.

Wie wir inzwischen wissen, mögen Männer angenehme Herausforderungen und Anerkennung. Natürlich können Sie (fast) alle Herausforderungen des Alltags allein bewältigen –

aber warum sollten Sie, wenn Sie dabei die Chance auf einen Flirt verpassen?

Sie können sich in allen Lebenslagen Hilfe von Männern holen – die besten Methoden sind jedoch ...

* sich etwas erklären lassen,
* sich etwas reparieren lassen,
* sich etwas empfehlen lassen,
* sich beschützen lassen.

Wenn ein Mann etwas erklären kann, fühlt er sich klug und überlegen. Ein wirklich gutes Gefühl für ihn. Wenn er dann noch Anerkennung von Ihnen bekommt: umso besser! In Elektromärkten, Baumärkten oder auf Flohmärkten können Sie mit männlichen Kunden wunderbar ins Gespräch kommen, wenn Sie fragen, ob sich der jeweilige Mann mit was-auch-immer auskennt. Lassen Sie sich einfach etwas erklären.

Haben Sie einen attraktiven Nachbarn oder sind Sie scharf auf einen Kollegen: Es gibt ganz bestimmt irgendetwas Kleines, das Sie alleine nicht hinbekommen, oder? Vielleicht etwas an Ihrem Computer oder eine schwer erreichbare Glühbirne – irgendetwas findet sich bestimmt.

In Supermärkten, Restaurants und Bars kann man sich hervorragend etwas empfehlen lassen – von hübschen Mitarbeitern genauso wie von interessanten Männern, die selbst dort einkaufen, essen oder trinken. Manchmal genügt es bereits einfach, sehr unschlüssig oder ratlos zu wirken (wenn Sie sexy sind dabei!), und ansonsten fragen Sie einfach.

Bei diesen Varianten ist das Lob beziehungsweise die Anerkennung für die Hilfe sehr wichtig, denn sie wird dem Mann ein gutes Gefühl vermitteln und er wird mehr davon haben wollen.

Die letzte Variante ist nicht ganz ungefährlich, da Sie dem Mann dabei auch ein Stück »Macht« über sich anbieten – aber sie funktioniert oft sehr gut in Bars und Kneipen, auf Konzerten, aber auch in Zügen: Sagen Sie dem Mann, dass irgendjemand anders Ihnen unheimlich ist oder dass Sie das Gefühl haben, dass Ihr Ex hier irgendwo rumlungert, und fragen Sie ihn, ob er für einen Moment mal auf Sie aufpassen kann. Mit der Formulierung »für einen Moment« kommen Sie auch leicht und schnell wieder aus der Nummer raus, falls er doch nicht Ihr Typ ist oder falls er blöd reagiert.

Diese Taktik habe ich auch schon mal auf eine ähnliche Art sehr erfolgreich angewendet: Ich hatte mich mit einem Mann verabredet, den ich bis dahin nur geschäftlich und eher flüchtig kannte. Zufällig hatten wir erfahren, dass wir beide von einem großen Veranstalter zur selben Party in einem Hamburger Club eingeladen waren, und ich fand nichts dabei, mich mit ihm zu verabreden, da ich dort vor Ort fast niemanden kennen würde. So würden wir einander dann wenigstens besser kennenlernen.

Ja, ich lernte ihn besser kennen – und hätte darauf gern verzichten können. Es stellte sich heraus, dass der Mann leider ein notorischer Frauenhasser war: Er wollte zwar eine Freundin, aber er verachtete die meisten Frauen – vor allem natürlich die, die sich nicht für ihn entschieden hatten. Mit jedem Getränk, das er zu sich nahm, wurde er ausfallender und unausstehlicher. Und ich wurde und wurde ihn einfach nicht los. Irgendwann sagte ich, ich würde jetzt die Party verlassen, und er erwiderte: »Warte ich komme mit, ist ja eh nix los hier!«

Es war zum Verrücktwerden – da ich ihn jedoch über eine berufliche Initiative kannte, wollte ich ihm auch nicht ins Gesicht sagen, was ich von ihm dachte (heute würde ich das vermutlich tun). Schon etwas verzweifelt überlegte ich, ob ich ihn im Gewühl irgendwie loswerden könnte. Ein paar Kneipen weiter sah ich meine Rettung: Ein Mann, den ich auch nicht besonders gut kannte, aber den ich schon lange sehr attraktiv fand, stand da und sah mich. Ich riss die Arme in die Höhe und lief auf ihn zu. Er war zunächst etwas verblüfft, als ich ihn so herzlich begrüßte, doch ich flüsterte ihm zu: »Bitte rette mich! Spiel mit!« Der Frauenhasser verfolgte mich immer noch. Ich stellte ihm meinen auserwählten Retter als meinen Lieblings-Exfreund vor und wendete mich ihm direkt zu: »Wie schön, dich zu sehen, wie geht es dir? Du siehst toll aus! Erzähl, was machst du gerade? Hast du zurzeit eine Freundin? Nein? Mh ... ich? Nein, ich habe auch niemanden im Moment!«

Mein Retter merkte sehr schnell, worum es ging, und er spielte fantastisch mit: Er legte direkt den Arm um mich und musterte den Frauenhasser von oben bis unten. Es dauerte keine fünf Minuten, bis dieser sich verabschiedete. Und mein Retter ... nutzte die Gelegenheit. Er liebte Frauen und es wurde noch eine tolle Nacht.

Bewunderung

Was bei unernsten Flirts funktioniert, funktioniert genauso gut bei heißen Flirts mit heißen Jungs. Männer suchen Anerkennung und Bewunderung ist die schönste Form davon – vor allem von Frauen.

Bewundern Sie seine Uhr, sein Auto, seinen Po, wenn er tanzt, seinen Geschmack oder was auch immer er Ihnen zeigt. Sagen Sie ihm, dass er das mit Abstand sympathischste Lächeln oder wunderschöne Augen hat – es wird funktionieren.

Viele Männer sind anfangs etwas irritiert – denn leider hören auch sie das nicht so oft und brauchen einen Moment, damit klarzukommen. Wenn der Mann jedoch auch nur einigermaßen bei Verstand ist, wird er Sie kurz darauf anstrahlen und Sie unbedingt näher kennenlernen wollen.

Gerade bei dieser Methode ist es eine gute Idee, dem Mann ein Kompliment zu machen und sich dann wieder zurückzuziehen, sodass er Sie »verfolgen« muss, um mit Ihnen in ein Gespräch zu kommen. Sagen Sie einfach etwas Nettes und gehen Sie dann wieder. Oder sagen Sie es im Vorbeigehen. »Hey, nettes Auto!« Sie können weitergehen und bis drei zählen – dann wird er vermutlich schon neben Ihnen stehen.

Grundsätzlich ist das Spiel mit Vorstoß und Rückzug für Männer sehr interessant: Wagen Sie sich auf ihn zu und verdeutlichen Sie ihm, dass Sie ihn interessant finden, und dann ziehen Sie sich einfach wieder zurück, sodass er Initiative zeigen kann. Machen Sie ihn neugierig auf sich und bedeuten Sie ihm, dass Sie Interesse daran haben, dass er mit Ihnen Kontakt aufnimmt.

Wir sind anders

Das hier wird sehr gut funktionieren, wenn Sie irgendwo sein müssen, wo Sie eigentlich gar nicht sein wollen. Gute Gelegenheiten sind zum Beispiel Business-Partys, Geschäftstreffen, Seminare, Vorträge oder auch Hochzeiten oder wenn Sie sich einfach irgendwo nicht besonders wohlfühlen – aber einen Mann entdeckt haben, der Ihnen gefällt: Nehmen Sie Blickkontakt auf und lächeln Sie leicht gequält, wenn er Ihren Blick erwidert. Wenn er auch Ihr Lächeln erwidert, sorgen Sie dafür, dass Sie sich irgendwo »zufällig« begegnen (an der Bar, am Buffet, am Kaffeeautomaten etc.). Setzen Sie eine vertrauliche Verschwörer-Miene auf und sagen Sie halblaut zu ihm: »Ich komme mir total blöd vor hier. Und Sie sind der einzige Mensch, den ich sympathisch finde!« In 99,999 Prozent aller Fälle wird der Mann darauf einsteigen und den Rest der Veranstaltung mit Ihnen verbringen.

Sie könnten wunderbar gemeinsam über die anderen Teilnehmer lästern oder das Gespräch auf Gemeinsamkeiten lenken, die sie beide haben. Sie könnten auch hier wieder die Welt um Sie herum mit einer bekannten TV-Serie oder einem Film (oder einem Buch) vergleichen – wichtig ist, dass Sie beide die Serie oder den Film kennen, dann könnten Sie die einzelnen Rollen mit den anderen Anwesenden besetzen und sehr viel Spaß haben. Sie wären die Regisseure in einem Film, von dem nur Sie beide wissen.

Wahrscheinlich werden Sie danach Sex haben, oder heiraten – oder beides.

Ich geh dann mal ...

Das ist besonders hilfreich, wenn Sie nicht sicher sind, ob der Mann, der mit Ihnen schon den ganzen Abend Blicke tauscht, einfach nur schüchtern, zu intelligent oder dämlich ist: Gehen Sie zu ihm rüber und sagen Sie ihm, dass Sie jetzt nach Hause gehen – aber weil er Sie den ganzen Abend über immer wieder so nett angelächelt hat, wollten Sie ihm wenigstens Tschüss sagen. Wenn er nur etwas schüchtern (oder zu intelligent) ist, wird er spätestens jetzt aus der Schockstarre erwachen und Sie fragen, was er tun kann, damit Sie bleiben. Wenn er tatsächlich dämlich ist, wollten Sie ja sowieso gerade gehen!

»Ich geh dann mal« ist nach wie vor auch die wirksamste Variante, wenn Sie sich »verflirtet« haben: Sagen Sie einfach, dass Sie jetzt weiter müssen (oder wollen), und wünschen Sie noch einen schönen Tag oder Abend. Wenn Mr Wrong hartnäckig bleibt und fragt, ob Sie sich mal wiedersehen könnten, sagen Sie einfach: »Bestimmt, ich bin ja öfter mal hier!« Das sollte ihm klarmachen, dass er zwar nett, aber eben einfach nur nett ist.

Übrigens: Wenn er nicht nett ist, gibt es auch keinen Grund, nett zu ihm zu sein. Sie müssen nicht beliebt sein bei Männern, die sich nicht bei Ihnen beliebt gemacht haben. Denken Sie daran, dass Sie jederzeit Nein sagen können!

Doch gehen wir mal davon aus, dass Sie ein gutes Händchen entwickeln und mit den Männern, mit denen Sie nun in Kontakt kommen, auch tatsächlich (mindestens) reden wollen. Gerade hier trennt sich oft die Spreu vom Weizen, doch häufig liegt das gar nicht am Mann, sondern daran, dass Sie beide unglücklicherweise kein gutes Thema finden, über das Sie reden könnten – oder Sie finden zwar ein gutes Thema, aber mit diesem Thema will keine Flirtstimmung entstehen:

FLIRTIGE GESPRÄCHE

Ein flirtiges Gespräch ist immer eine Mischung aus dem richtigen Thema und der Stimmung, die Sie vermitteln: Sie können sich über völlig banale, oberflächliche oder auch sachliche Themen unterhalten, wenn Sie ihm dabei tief in die Augen schauen, Ihre Stimme schnurrt und Ihre Körperhaltung Erotik ausdrückt. Allerdings fällt das wesentlich leichter, wenn das Thema angenehm ist und die Stimmung positiv beeinflusst.

In einem Flirt wollen wir uns vor allem wohlfühlen und wir wollen auch, dass unser Gesprächspartner sich wohlfühlt – schließlich soll er unter Umständen auf die Idee kommen, dass es schön wäre, mehr Zeit miteinander zu haben ... oder mehr Körperkontakt.

Es bietet sich also an, Themen zu finden, bei denen Sie sich beide wohlfühlen. Suchen Sie als Erstes und immer wieder nach Gemeinsamkeiten: Diese schaffen Sympathie und man fühlt sich verbunden. Ein guter Anfang. Sie könnten auf einer Party fragen, woher Ihr Flirtpartner die Gastgeber kennt. Im Supermarkt bemerken, dass man ähnliche Dinge kauft. In einem Club, dass man zum selben Lied wippt oder was auch immer.

Ich habe einmal mit angesehen, wie ein Klient eine Frau in einem Plattenladen auf die CD mit afrikanischer Musik ansprach, die sie in der Hand hielt, und es stellte sich heraus, dass sie beide einige Monate in Südafrika verbracht hatten. Das Eis war nicht nur gebrochen – es schmolz schneller, als man bis drei zählen konnte, und die beiden tauschten schon nach wenigen Minuten Nummern aus, um sich wiederzusehen.

Reden Sie wenig über Ihr »echtes Leben« beziehungsweise über Ihren Alltag, sondern bleiben Sie in spielerischer Laune. Wenn Sie Lust haben, erfinden Sie doch einfach einen Beruf, wenn er Sie danach fragt. Sagen Sie ihm zum Beispiel, Sie seien Blumentopfdesignerin oder irgendetwas anderes Lustiges.

In einem Flirt geht es nicht darum, die Lebensgeschichte des anderen zu sezieren oder alles über den anderen zu erfahren. Es geht darum, sich zu amüsieren und zu sehen, ob man sich sympathisch ist, ob man die Art und den Humor des anderen mag.

Ein Mann möchte eigentlich gar nicht wissen, was Sie von Beruf sind – vor allem nicht, wenn es etwas ist, was mit einem Klischee verknüpft ist, das nicht gerade sympathisch oder vielleicht sogar für ihn einschüchternd ist.

Viele Frauen erzählen mir, dass das Flirtfeuer augenblicklich erlischt, wenn sie einem Mann sagen, dass sie Lehrerin, Unternehmensberaterin, Anwältin, Psychologin oder Steuerprüferin seien.

Ich lächle darauf immer, denn ich kann dieses Spiel jedes Mal gewinnen: Was glauben Sie, wie Männer auf mich reagiert haben, wenn sie erfuhren, was ich beruflich mache!?

Wenn ich Menschen außerhalb meiner Tätigkeiten kennenlerne, erzähle ich ihnen erst mal nichts über meinen Beruf (wenn es sich vermeiden lässt). Ich bemühe mich meist, erst mal über andere Themen mit den Menschen Kontakt aufzunehmen und mich »als Mensch« mit ihnen zu unterhalten, bevor sie mir alle Klischees, die eine Flirtexpertin bei ihnen auslöst, überstülpen und mir irgendwelche Verwandten schicken wollen. Die meisten sind irgendwann völlig geplättet, wenn sie erfahren, was ich tue oder »mit wem« sie sich da gerade unterhalten.

Manchmal habe ich dann auch einfach geschwindelt oder etwas erfunden – und manchmal habe ich die Wahrheit gesagt, um herauszufinden, ob der Mann mich wirklich mag oder ob er sich nur mit mir wohlfühlen würde, wenn ich nicht durchschauen könnte, was er mit mir vorhat. Wenn es Letzteres war, dachte ich mir einfach: Zeit gespart!

Wenn es sich gar nicht vermeiden lässt, dann antworten Sie wahrheitsgemäß – aber halten Sie die Antwort kurz und sagen Sie ihm dann, dass Sie viel lieber über interessante Dinge reden würden. Wenn der Mann daraufhin den Gedanken nicht loslassen kann, dass Sie ihm in irgendeiner Form überlegen sein könnten: Lassen Sie ihn ziehen – es gibt Millionen Männer, mit denen man sich großartig unterhalten kann und die nicht gleich davonlaufen, weil man einen guten Job hat.

Wenn Sie mit Männern flirten, ist es immer so eine Art Balztanz: Der Mann versucht der Frau zu imponieren – die Frau versucht den Mann dazu zu kriegen, dass er das möchte. Immer wieder geht es um die Fragen »Gefalle ich dir?« und »Gefällst du mir?« und natürlich darum, ob Sie beide etwas miteinander anfangen können – ob Sie Spaß haben und es interessant ist.

Neben allerlei romantisch verqueren Ideen geht es in unserem Kleinhirn rund – denn es geht um Sex. Wenn Sie einen Mann attraktiv finden, haben Sie sich unbewusst ja bereits die Frage gestellt (und beantwortet), ob Sie Sex mit diesem Mann haben würden. Macht er Sie nervös, spüren Sie ein Kribbeln, dann sind das wirklich gute Zeichen für ein eindeutiges Ja.

Im Flirt geht es darum, so zu tun, als ob Sie das nicht wüssten. Er seinerseits wird natürlich auch so tun, als ob er das nicht wüsste. Das genau ist der Reiz bei einem Flirt. Eigentlich wissen beide, dass man sich gegenseitig attraktiv findet – am Ende geht es nur noch darum, sich näherzukommen, um herauszufinden, wie weit man gehen möchte. Manchmal bleibt es bei einem kurzen Flirt, von dem man einfach gute Laune bekommt, und manchmal geht es eben weiter. Nehmen Sie Flirts daher nicht zu ernst – je mehr Sie flirten, umso leichter wird Ihnen das fallen und umso attraktiver (und entspannter) werden Sie.

SO KOMMEN SIE SICH NÄHER

Heiß werden Flirtgespräche dann, wenn Sie nicht nur nach Gemeinsamkeiten und »Romantikfaktor«, sondern auch nach Zweideutigkeiten Ausschau halten. Unterstellen Sie Ihrem Gegenüber grundsätzlich, dass er scharf auf Sie ist – wenn er sich mit Ihnen unterhält, obwohl er nicht müsste oder noch andere Frauen im Raum sind, stimmt das ja höchstwahrscheinlich auch.

Sorgen Sie dafür, dass Sie nach und nach etwas Körperkontakt aufbauen: Lassen Sie sich beispielsweise seine Uhr zeigen, wenn er eine trägt, oder jedes andere Schmuckstück, das er vielleicht an den Händen hat – und das hoffentlich kein Ehering ist!

Berühren Sie ihn für einen Moment leicht am Arm, wenn Sie ihm recht geben, oder an der Schulter, wenn Sie sich für einen Moment entschuldigen, um zur Toilette zu gehen. (Übrigens: Er wird Ihnen nachschauen!)

Beobachten Sie, wie er sich verhält – wenn er eher irritiert wirkt, waren Sie vermutlich zu forsch. Das ist nicht schlimm, Männer verzeihen so etwas leichter als Frauen. Ziehen Sie sich wieder ein wenig zurück und lassen Sie ihn hinterherkommen. Seien Sie sich sicher: Wenn ein Mann sich für Ihren Schmuck interessiert, dann ist das immer nur ein Vorwand, um Sie berühren zu können.

Ein echter Glücksfall sind zum Beispiel auch Wimpern, die man auf Ihrer (oder seiner) Wange findet. Ist es doch die perfekte Einladung, dem anderen sehr nahe zu kommen – und dann darf man sich ja auch noch etwas wünschen, wenn man die Wimper wegpustet. Wenn Ihr Wunsch etwas mit den Lippen Ihres Gegenübers zu tun hat: Schauen Sie ihm tief in die Augen, bevor einer von Ihnen beiden pustet ...

Eine weitere Methode, sich sehr nahezukommen und das Prickeln zu verstärken, ist: Fragen Sie ihn, welches Parfum er trägt, und fragen Sie, ob Sie mal schnuppern dürfen. Sehr häufig (wenn Sie beide eh schon in Stimmung sind) braucht es nicht mehr als diese Frage und Aktion für die Einleitung eines Kusses.

Gerade bei einer neuen Bekanntschaft und vor allem, wenn der Mann Ihnen besonders gut gefällt, kann das jedoch unendlich schwierig erscheinen. Ich selbst kann mich an eine Gelegenheit in jungen Jahren erinnern, als ich mit einem Mann, der mir richtig gut gefiel, die halbe Nacht auf dem Sofa saß und mich um Kopf und Kragen redete – nur damit keiner von uns auf die Idee käme, den Abend zu beenden. Seine Hand und sein Knie waren nur etwa 15 Zentimeter von mir entfernt, aber die Strecke erschien mir so weit wie zum Mond. Wenn ich nur damals schon gewusst hätte, was ich heute weiß ...

Für solche Situationen empfehle ich Folgendes:

Schauen Sie ihm in die Augen, wenn Sie mit ihm sprechen, und zwar erst in beide und dann abwechselnd in das eine und in das andere. Dann sprechen Sie etwas langsamer, lassen Sie Ihre Stimme sanft werden, sodass die Bewegung Ihrer Lippen beim Sprechen weicher wird. Dann schauen Sie ihm auf den Mund. Stellen Sie sich vor, wie Sie ihn küssen. Dann schauen Sie zurück in seine Augen und machen dasselbe von vorn.

Wetten, dass Sie das keine drei Mal machen müssen?

Es gibt nur drei Gründe, die dafür sorgen könnten, dass Sie sich auf diese Art nicht nahekommen:

1) Er steht nicht auf Sie – vergessen Sie ihn!
2) Er ist extrem schwer von Begriff – vergessen Sie ihn!
3) Er steht nicht auf Frauen – werden Sie Freunde!

VORSICHT FALLE:
»VERFÜHRUNGSKÜNSTLER«

Je mehr Sie sich für Flirts öffnen, je aufgeschlossener Sie werden und je besser Ihr Verpackungsdesign ist, desto häufiger werden Sie Männern begegnen, die Sie unter Umständen irritieren oder die einfach nur ihr eigenes Selbstvertrauen an Ihnen aufpolieren möchten.

Längst ist es kein Geheimnis mehr – aber noch nicht alle Frauen wissen um die Verbreitung der sogenannten »Pick-up-Artists«: Fast in jeder deutschen Stadt gibt es sogenannte »Lairs« – Ableger mit mehr oder weniger organisierten Gruppen – und jedes Wochenende gibt irgendein neuer männlicher Verführungsguru einer Gruppe lernwilliger Männer irgendwo Unterricht. Die Männer sollen dabei einerseits lernen, ihre Hemmungen beim Ansprechen von Frauen zu verlieren – was wir doch alle wirklich sehr begrüßen! Sie sollen allerdings auch lernen, wie sie eine Frau besonders beeindrucken können und was sie sagen und tun müssen, damit sie eine Frau möglichst schnell zu Sex überreden können, und wie sie sich kleiden müssen, damit die Frau denkt, der Mann wäre ein Rockstar, obwohl er in Wirklichkeit kaufmännischer Angestellter ist.

Ich habe festgestellt, dass die wenigsten Männer tatsächlich allen Vorschlägen ihrer »Lehrer« folgen: Viele sind tatsächlich einfach schüchtern und möchten das ändern, um eine Partnerin zu finden. Einige jedoch – gerade die jüngeren – nutzen die Techniken nicht einmal, um wirklich Frauen kennenzulernen, sondern weil es so ein gutes Gefühl ist zu sehen, wie einfach Frauen rumzukriegen sind. (Was sie dann zu einem echt tollen Kerl macht – Sie erinnern sich: Der Beste sein ...)

Sehr beliebte Pick-up-Sprüche, sogenannte »Opener«, sind zum Beispiel:

- »Was glaubst du, wer lügt mehr – Männer oder Frauen?«
- »Deine Schuhe passen ja auch nur eher so mittel zu deinem Kleid, oder?«
- (Zu Ihnen und einer Freundin:) »Sagt mal, seid ihr beste Freundinnen?« (um dann einen »Beste-Freundinnen-Test« zu machen)

Wenn Sie nicht einmal eine Abwandlung, sondern vielleicht sogar direkt so einen Klassiker um die Ohren gehauen bekommen, sollten Sie so gelassen wie möglich reagieren. Antworten Sie etwa: »Hast du in deinem letzten Pick-up-Seminar nichts Besseres gelernt oder hältst du mich für dämlich?«

Möglicherweise bekommen Sie dann ja doch noch den echten Mann zu sehen – und der ist tatsächlich interessant ... vielleicht aber auch nicht.

Seien Sie grundsätzlich misstrauisch, wenn ein Mann zu schnell auf Tuchfühlung geht, wenn Ihnen irgendetwas komisch oder gekünstelt vorkommt oder wenn Sie einen Mann kennenlernen und er anfängt, ständig die Location mit Ihnen zu wechseln. (Je mehr Orte Sie in kurzer Zeit besuchen, desto mehr haben Sie das Gefühl, sich schon länger zu kennen – und sind damit bereiter für Annäherung oder Sex. Natürlich dürfen Sie diesen Tipp auch für sich selbst verwenden, wenn Ihnen danach ist. Gleiches Recht für alle!)

Ansonsten gilt: Machen Sie einfach, worauf Sie Lust haben – aber lassen Sie sich nicht benutzen!

Ihre Zusammenfassung:
Wo wir gerade stehen und warum
Fassen Sie die Inhalte dieses Kapitels noch mal
in Ihren eigenen Worten zusammen!

- Was sind die drei für Sie wichtigsten Punkte
  und Erkenntnisse?
- Was ist Ihr Fazit?

So wird mehr daraus

Dating ist kein notwendiges Übel, um Mr Right zu identifizieren – es kann sehr viel Spaß machen, wenn man weiß, wie man es angehen muss. Fassen wir einmal zusammen: Sie sind attraktiv, haben ein schönes Leben, sind nicht bedürftig, können Nein sagen, wissen, wo man Männer findet, und Sie können flirten. Mit anderen Worten: Sie werden in nächster Zeit eine Menge Dates haben. Sorgen Sie unter allen Umständen dafür, dass Sie tatsächlich eine Menge (!) Dates haben und nicht nur eines in drei Monaten.

Genauso wie Sie eine Menge »unernste Flirts« haben sollten, damit Ihnen nicht langweilig wird, Ihr Selbstvertrauen wächst und Sie »üben« können für den »Ernstfall«, sollten Sie auch eine Menge »unernste Dates« haben: Viele meiner Singlefreundinnen sind frustriert, weil sie nur sehr wenige Dates haben. Sie haben allerdings nur deshalb wenige Dates, weil sie eben nicht so viele Männer kennenlernen, mit denen sie wirklich ein Date »riskieren« würden, weil sie den Eindruck haben, dass ein Date auch immer gleich mit einer gewissen »Verpflichtung«, einem Druck einhergeht, dass dabei »etwas herauskommen« muss. Machen Sie sich davon frei – schließlich können Sie jetzt Nein sagen und Sie müssen nicht jeden Mann gleich heiraten, der einmal mit Ihnen essen geht.

Gewöhnen Sie sich an, sich häufig »einfach so« zu allen möglichen Gelegenheiten mit Männern zu verabreden – auch mit solchen, auf die Sie unter Umständen nicht scharf sind: Verabreden Sie sich mit einem Kollegen oder einem Nachbarn oder vielleicht einem Mann, den Sie über irgendein Onlineportal kennen, zu Veranstaltungen, zu denen Sie sowieso gehen wollten (Konzerte, Theater, Kino, Feste, Wanderungen und so weiter). Sagen Sie einfach: »Hey, ich gehe am Dienstag zu diesem Konzert, das dir gefallen könnte – hast du nicht Lust mitzukommen?« Es ist kein Beinbruch, wenn der Typ dann nicht will, nicht kann oder wenn er sogar gar nicht auftaucht – denn Sie wollten sowieso dorthin gehen.

Eine Bekannte von mir hat sich als Single auch etwas sehr Nettes einfallen lassen: Sie hat per Anzeige in einer Stadtzeitschrift Leute für einen »Gourmetclub« gesucht, der jeden Monat ein anderes schickes Restaurant besucht. Mit den »Bewerbern« hat sie sich in großer Runde in einem netten Café getroffen und am Ende blieb eine Gruppe von sympathischen Leuten übrig, mit denen sie die Gastroszene erkundete. Dabei hat sie zwar keinen neuen Partner, aber eine Menge gute Freunde gefunden und viele schöne Stunden erlebt.

Legen Sie sich vielleicht ein paar Bekannte zu, mit denen es geklärt ist, dass Sie beide kein Paar werden und auch nicht im Bett landen. (Es sei denn, Sie wollen das – aber glauben Sie mir: Am Ende gibt es doch nur Ärger!) Sorgen Sie dafür, dass Sie immer einen Mann »in petto« haben, der Zeit und Lust haben könnte, etwas mit Ihnen zu unternehmen.

Suchen Sie sich eine nette Bar, einen Club oder eine Kneipe in Ihrer Gegend aus und freunden Sie sich mit dem Barkeeper an. Achten Sie allerdings unbedingt darauf, dass das Publikum dort Ihre »Zielgruppe« ist. Ein Lieblingsbarkeeper in einem Lieblingsladen kann ein echter Segen für eine Singlefrau sein: Wenn Sie den Barkeeper kennen, können Sie jederzeit auch spontan dort aufschlagen, ohne sich jemanden suchen zu müssen, der Sie begleitet, denn Sie kennen ja schon jemanden, der dort ist – und wenn er nett ist, wird er Ihnen andere Leute vorstellen, die Sie kennenlernen wollen (oder sollten). Und wenn Sie mal einen Flirt oder ein Date dort haben, das nicht so läuft, wie Sie es sich vorstellen, haben Sie absolute Rückendeckung.

ECHTE DATES

Neben all diesen Möglichkeiten, Ihre Freizeit interessanter und mit »unernsten Dates« zu gestalten, sollten Sie natürlich auch »echte Dates« haben. Wenn Sie also einem Mann begegnet sind, den Sie gern näher kennenlernen möchten, wird es Zeit für ein »echtes Date«.

Wenn ein Mann Sie nicht von sich aus nach einem Date fragt: Bringen Sie den Mann auf die Idee, dass es nett wäre, wenn Sie sich mal treffen würden. Greifen Sie ein Thema aus Ihrem Gespräch auf, über das Sie gern mehr wissen möchten, oder lassen Sie ihn einfach wissen, dass Sie sich gern mit ihm unterhalten haben und dass Sie ihn sehr sympathisch finden. Das sollte er verstehen.

Jedes Zusammentreffen von zwei Menschen besteht immer zu einem Teil aus Fakten, aber auch aus einem Teil, den ich der Einfachheit halber jetzt einfach mal »Magie« nennen möchte.

Die Fakten können Sie gezielt beeinflussen und sie sind recht klar: Ein möglichst ansprechendes Äußeres und ein attraktives, einladendes Verhalten. Was die Magie betrifft, ist das nicht so leicht: Es ist eine Mischung aus dem »richtigen« Zeitpunkt, der Stimmung, in der die beiden Menschen gerade sind. Dazu kommen äußere Einflüsse und nicht zuletzt das, was man »Chemie« nennt. Unseren idealen Partner suchen wir uns auch mit der Nase – und wen wir attraktiv finden, soll auch mit unserem Zyklus zusammenhängen. Die sogenannten Pheromone,

Sexuallockstoffe, die wir produzieren und an Männern unbewusst wahrnehmen, geben unserem Instinkt deutliche Signale, ob ein Mensch mit uns kompatibel wäre oder nicht. Interessanterweise wird dieser instinktgesteuerte Ablauf von der Einnahme der Anti-Baby-Pille beeinflusst. Wenn Sie also Single sind und nicht aus anderen Gründen die Pille nehmen, sollten Sie besser darauf verzichten, damit Sie Ihren idealen Partner auch tatsächlich »riechen können«.

Manchmal ist es nur ein bestimmter Moment oder ein Satz, der etwas in uns bewegt, das uns magisch zu einem anderen Menschen hinzieht. Nicht zu unterschätzen ist dabei auch die Macht der Projektion: Wenn Menschen einander begegnen, dann projizieren sie ihre Wünsche, Vorstellungen und Sehnsüchte, aber auch ihre Ängste und Sorgen aufeinander – ein Prozess, der automatisch abläuft, sobald wir jemanden kennenlernen. Das Aussehen, Verhalten und die Ausstrahlung einer Person rufen in uns bestimmte Vorstellungen hervor, die Ausdruck unserer Bedürfnisse oder unserer Erfahrungen mit anderen Menschen sind – und das können sowohl positive als auch negative Erfahrungen sein.

Diese sogenannte »Chemie« besteht also zum Teil tatsächlich aus biochemischen Abläufen, aber auch aus Projektionen und kleinen Momenten, die Gefühle und Sehnsüchte in uns wachrufen können – eben Magie.

Es ist daher möglich, dass ein Date mit einem Menschen völlig schiefgehen kann, obwohl die Person grundsätzlich sehr gut zu Ihnen passen könnte. Vielleicht ist es einfach der falsche Zeitpunkt – glücklicherweise gibt es mehr als einen Mann, der zu Ihnen passt.

Ein erstes Date ist ein bisschen wie ein gegenseitiger Eignungstest: Genau wie bei einem Vorstellungsgespräch geht es nicht nur darum, dass Sie sich möglichst gut darstellen, sondern auch darum, ob das, was angeboten wird, zu Ihnen passen könnte und Ihren Vorstellungen entspricht.

Ich vergleiche ein erstes Date daher gern mit einem Vorstellungsgespräch ... und die meisten Menschen sehen sich daraufhin direkt in der Rolle des Bewerbers.

Wie wäre es denn aber, wenn Sie sich mal in der Rolle des Arbeitgebers sehen würden?

Wie würden sich Ihr Denken und Ihr Verhalten verändern, wenn Sie sich vorstellen, dass Sie eine Stelle an einen geeigneten Bewerber zu vergeben hätten? Und im Grunde haben Sie das ja auch. Sie haben etwas anzubieten: sich selbst!

Doch bedenken Sie dabei auch: Gerade Männer legen sehr viel Wert darauf, was der Arbeitgeber genau zu bieten hat, und nicht nur darauf, ob sie die Stelle haben könnten. Wenn eine Firma eine Stelle zu besetzen hat und dann Bewerber einlädt, prüft sie diese zwar auf ihre Eignung, achtet aber auch darauf, ein gutes Bild von sich selbst abzugeben und dem Bewerber die Firma und die Stelle schmackhaft zu machen.

Dazu gehört auch, dass man Bewerbern keine falschen Hoffnungen macht und Absagen zeitnah, freundlich und wertschätzend formuliert.

Ganz gleich was Sie suchen, es ist relativ unwahrscheinlich, dass der erste »Bewerber« wirklich sofort und direkt auf Ihre »Stellenausschreibung« passt. Es kann also eine Weile dauern, bis Sie einen Kandidaten finden, der in die »nächste Runde« kommt (und das auch möchte), und auch da wird vielleicht nicht der erste gleich der richtige sein.

Daher gibt es ein paar Dinge, die Sie wissen sollten, um bei Dates grundsätzlich mehr Spaß zu haben – auch wenn es nicht gleich mit Mr Right ist.

Was für eine Art Date möchten Sie haben?

Das allererste Treffen kann und sollte ruhig ein kurzes sein. Vor allem, wenn Sie den Mann vielleicht noch gar nicht kennen – so können Sie sich erst mal »beschnuppern«, ohne dass es zu verpflichtend wirkt.

Eine gemeinsame Tasse Tee oder Kaffee in der Mittagspause, ein Spaziergang im Park oder ein Cocktail, bevor Sie mit einer Freundin verabredet sind – alles, was weniger als eine Stunde dauert, ist prima.

Je nachdem, wie gut Sie sich bereits vor dem Date kennen oder was Sie von Ihrem Date erwarten, darf das erste »richtige« Date dann schon etwas mehr sein: Sie können entweder ein »Restaurant-Date« oder ein »Aktiv-Date« vereinbaren. Sprich: Entweder Sie gehen essen oder Sie unternehmen etwas gemeinsam.

Der Vorteil bei einer Unternehmung ist, dass Sie etwas zusammen erleben und nicht die ganze Zeit auf den anderen fixiert sind. Außerdem erleben Sie einander so »in action« – das kann manchmal sehr aufschlussreich sein und ist auch eine gute Wahl, wenn einer von Ihnen etwas schüchtern ist oder ein bisschen Anlauf braucht, um warm zu werden. Bei einem Essensdate ist es natürlich gemütlicher und man kann sich besser unterhalten.

Wenn Sie sich mit einem Mann verabreden, sollten Sie grundsätzlich die Verantwortung für die Veranstaltung an ihn geben – die Initiative muss von ihm ausgehen. Nicht aus irgendwelchen altmodischen oder rollenklischeehaften Gründen, sondern um zu sehen, wie viel Mühe er sich gibt, wie viel Fantasie er hat und wie gut er Ihren Geschmack trifft.

Wenn Sie (wie ich) ein Faible für wirklich gutes Essen haben und der Mann Sie in eine 08/15-Restaurantkette mit Fertigessen einlädt, wissen Sie sofort, woran Sie sind. Gehen Sie dennoch mit ihm aus. Vielleicht weiß er es einfach (noch) nicht besser und ist ansonsten ein feiner Kerl. Vielleicht hat er jedoch einfach keinen Stil – finden Sie es heraus!

Viele Männer sind zögerlich, weil sie nicht so bestimmend sein möchten. Sie glauben, dass die meisten Frauen das nicht mögen. Aber sind wir doch mal ehrlich: Wir müssen jeden Tag so viele

Entscheidungen selbst treffen – ist es nicht etwas Wunderbares, wenn man einen Mann trifft, der einen guten Geschmack hat und gute Vorschläge macht?

Mich nervt es total, wenn ich Männer sehe, die Frauen immer nur fragen »Was möchtest du denn gern machen?« oder »Wo möchtest du denn gern hingehen?«. Wenn ein Mann von vornherein nur fragt – ohne jemals einen konkreten Vorschlag zu machen oder einfach mal eine »Ansage« –, was glauben Sie, wie dann die Beziehung wird?

Ermutigen Sie also Ihr Date ruhig, selbst zu entscheiden, wohin er Sie entführt, und Sie haben schon eine Menge über ihn erfahren, noch bevor das Date richtig begonnen hat.

Wenn es ein Blind Date ist

Sorgen Sie dafür, dass eine Freundin (oder ein Freund) weiß, wo Sie sich wann mit wem treffen. Sie können nie mit Sicherheit sagen, ob der Kerl nicht doch ein Spinner ist. Es fühlt sich immer gut an zu wissen, dass jemand weiß, wo man ist. Wenn Sie sich nicht sicher sind, ob das Date gut wird, und der Mann sich nicht auf ein erstes »Kurz-Date« einlassen wollte (vielleicht auch, weil der Anfahrtsweg länger ist), bitten Sie eine Freundin, circa 45 Minuten nach dem Anfang Ihrer Verabredung anzurufen, und vereinbaren Sie ein Codewort, falls Sie das Gefühl haben, dass Sie sich aus der Affäre ziehen müssen. Auch wenn Sie inzwischen gelernt haben, Nein zu sagen, kann es Momente geben, in denen das ganz schwierig ist und es hilft, wenn man einen anderen (wenn auch erfundenen) Grund hat, das Date abzubrechen.

Seien Sie jedoch immer so fair und melden Sie sich noch mal bei Ihrem Date, um für klare Verhältnisse zu sorgen.

Wenn es ein Aktiv-Date ist

Erkundigen Sie sich vorher, was Ihr Date mit Ihnen vorhat – wenn der Mann fantasievoll ist und Sie überraschen möchte, dann lassen Sie sich zumindest sagen, was Sie anziehen sollen. Es gibt nichts Peinlicheres, als beim ersten Date völlig falsch gekleidet zu sein – denn wenn Sie sich dann unwohl fühlen, kann der Mann noch so toll sein: Stellen Sie sich vor, Sie rechnen mit einem Kinoabend und er holt sie im Smoking ab, um in die Oper zu gehen ... urgs! Sie machen sich schick fürs Tanzen und er hat ein Fahrrad für Sie dabei ... Oder Sie denken, Sie gehen essen, aber es ist eine Bootsfahrt oder ein Theaterstück – und Ihnen knurrt die ganze Zeit der Magen.

Ich rate in den meisten Fällen dazu, als Erstes etwas zu unternehmen, wobei man sich ein bisschen beschnuppern kann, ohne dass gleich eine Bewerbungsgesprächs-Atmosphäre aufkommt, weil man einander gegenübersitzt und ausfragt. Sehr geeignet ist zum Beispiel, sich eine Ausstellung anzusehen, oder etwas Sportliches, der Besuch einer Veranstaltung, die beiden gefallen könnte, oder vielleicht sogar ein gemeinsamer Kochkurs.

Beobachten Sie einfach, wie er sich verhält: Denkt er auch an Ihr Wohlergehen? Kümmert er sich um Sie oder versucht er nur, sich selbst möglichst gut darzustellen?

Spannend kann es auch sein, wenn Ihr Date ein wenig gefordert wird – wenn zum Beispiel nicht alles glattgeht oder er in eine Stress-Situation gerät. Solange wir alles unter Kontrolle haben, haben wir auch uns unter Kontrolle und zeigen nur das, was wir dem anderen auch zeigen wollen. Im Chaos zeigen wir unser wahres Gesicht. Bitte setzen Sie aber nicht jedes Mal etwas in Brand, nur um zu sehen, ob Ihr Date stressresistent ist!

Wenn es ein Restaurant-Date ist

Auch wenn Ihr Date Initiative und Stil durch die Wahl eines Restaurants zeigen soll: Geben Sie ihm eine faire Chance! Lassen Sie ihn wissen, wenn Sie irgendetwas gar nicht mögen – es wäre sehr peinlich für ihn, wenn Sie Vegetarierin sind und er sie in ein Steakhouse führt.

Wenn es für Sie möglich und es Ihnen recht ist, lassen Sie sich doch von ihm abholen – so haben Sie noch ein wenig Zeit mit ihm alleine, bevor Sie im Restaurant unter Leuten sind. Wenn Sie sich direkt im Restaurant verabredet haben, kommen Sie vier bis fünf Minuten zu spät, damit er auf jeden Fall schon da ist. Es gibt kaum ein traurigeres Bild als eine Frau, die in oder vor einem Restaurant auf ihr Date wartet!

Auch wenn Sie sonst sehr selbstständig und schnell sind: Halten Sie sich zurück! Geben Sie ihm die Möglichkeit, gute Manieren zu zeigen, wenn er welche hat. Achten Sie darauf, ob er Sinn dafür hat, Ihnen aus der Jacke zu helfen oder die Tür aufzuhalten. Dazu müssen Sie ihm auch die Chance geben.

Bitte entscheiden Sie sich für etwas auf der Karte innerhalb einer zumutbaren Zeit. Alle (!) Männer, die ich kenne, rollen regelmäßig mit den Augen, wenn Frauen das Klischee erfüllen, sich einfach nicht entscheiden zu können. Wenn Ihr Date das Lokal bereits kennt, lassen Sie sich von ihm beraten: Er wird sich gut fühlen, wenn Sie ihm Kompetenz zusprechen. Lassen Sie ihn bestellen, beziehungsweise bestellen Sie nur dann selbst, wenn er es nicht für Sie tut (was kein Beinbruch ist – aber geben Sie ihm die Chance, es zu tun). Bestellen Sie bitte auf keinen Fall für Sie beide – sonst könnten Sie auch genauso gut einen Kinderstuhl für ihn bringen lassen.

Seien Sie vorsichtig mit Alkohol: Ein Gläschen schadet nicht, denn es macht locker. Doch betrunkene Frauen sind selten schön und es gibt Männer, die darauf aus sind, eine Frau beim ersten Date betrunken zu machen, weil man sie dann leichter ins Bett kriegt.

Was auch immer Sie bestellt haben: Bitte mäkeln Sie nicht! Eine Frau, die nur in ihrem Essen herumstochert und nicht zufrieden ist mit dem, was sie bekommt, ist bei den meisten Männern sofort unten durch. Das heißt nicht, dass Sie sich nicht beschweren sollten, wenn etwas nicht stimmt! Achten Sie nur darauf, dass Sie beim Essen gute Laune haben. Wenn Ihnen das Essen nicht schmecken sollte – der Mann aber schon –, dann sagen Sie doch einfach, Sie wären zu aufgeregt, um etwas hinunterzubekommen.

Eine nette Geste, um sich näherzukommen, ist auch, dem Gegenüber etwas vom eigenen Teller anzubieten. Natürlich das, was am leckersten ist. Sich einen Nachtisch zu teilen hat auch etwas Intimes – aber beobachten Sie genau, ob er sich die besten Stücke schnappt oder sie Ihnen anbietet, denn das wird für immer und in allen Bereichen Ihres gemeinsamen Lebens so bleiben.

Überhaupt können Sie sehr viel über einen Mann erfahren, wenn Sie mit ihm essen gehen:

- Wohin gehen Sie essen und warum gerade dort? Wählt er ein Lokal, weil die Küche gut ist oder das Ambiente? Oder nur weil es gut erreichbar und günstig ist?
- Ist er pünktlich oder lässt er Sie warten? Und wenn ja, entschuldigt er sich dafür und wie tut er das?
- Zeigt er gute Manieren und bemüht sich darum, ein »Kavalier« zu sein? Überlässt er Ihnen zum Beispiel die Wahl, wo Sie lieber sitzen möchten? Oder setzt er sich einfach, ohne zu fragen?
- Was bestellt er und warum? Ist es Vitello Tonnato und ein Pinot Bianco oder Pizza Salami und eine Cola?
- Wie isst er und wie schnell? Kann er genießen oder stopft er einfach alles in sich hinein?
- Erkundigt er sich bei Ihnen, ob es Ihnen schmeckt und ob Ihnen das Restaurant gefällt?

All das sind Punkte, die Ihnen Aufschluss darüber geben, wie ein Mann grundsätzlich drauf ist. Sie können sicher sein, dass alle »Macken«, die Sie bei einem Essen im Restaurant beobachten können, zu diesem Mann gehören und Ihre Beziehung prägen werden. Beobachten Sie und ziehen Sie Ihre Schlüsse!

Beobachten Sie außerdem sehr gut, wie er mit dem Personal umgeht. Hoffentlich ist es eine Kellnerin, denn so wie er die Kellnerin behandelt, so behandelt er Sie nach zwei, drei Jahren Beziehung. Mit Sicherheit.

Worüber reden?

Bei einem Date geht es darum festzustellen, ob der Mann für eine Beziehung mit Ihnen bereit und geeignet wäre. Es gilt jedoch immer, die Balance zu halten aus:

1) etwas über den anderen zu erfahren,
2) dem anderen etwas von sich zu zeigen, das ihm gefallen könnte, und
3) Spaß zu haben!

Ein Fehler, den viele bei Dates machen, ist, sich an Themen entlangzuhangeln, bei denen sie sich sicher und zu Hause fühlen.

Bei Männern ist das Top-Thema in diesem Bereich der Beruf. Dummerweise kommt jedoch bei Gesprächen über die berufliche Tätigkeit eines Menschen selten romantische Stimmung auf.

Frauen hingegen kriegen es tatsächlich hin, innerhalb kürzester Zeit ihr komplettes Gefühlsleben vor einem Mann auszubreiten oder zumindest auf die Sorgen und Nöte zu sprechen zu kommen, die sie gerade bewegen. Frauen reden gern über Beziehungen aller Art und wie es ihnen damit geht – Männer irritiert so etwas eher.

Für ein Date gilt dasselbe wie für einen Flirt: Flirtige Gespräche entstehen durch Fragen nach Leidenschaften und Vorlieben und alle Themen, die angenehme Assoziationen zulassen oder angenehme Erinnerungen auslösen.

Männer tendieren häufig dazu, einsilbig zu werden, wenn eine Frau viel redet, und sie fragen wenig, wenn die Frau ihnen von sich aus bereits viel erzählt. Das bedeutet aber nicht, dass sie kein Interesse an Ihnen haben.

Männer haben einen ganz anderen Kommunikationsstil als Frauen und das gegenseitige Bestätigen, das Mitfühlen, Mitleiden und Plaudern, um sich näherzukommen, liegt den meisten Männern einfach nicht.

Animieren Sie ihn ein bisschen zum Spielen: Geben Sie nicht alles von sich preis, bleiben Sie auch mal betont geheimnisvoll und lächeln Sie nur, anstatt zu antworten. Wenn er Ihnen keine Fragen stellt, dann machen Sie ihn ruhig und vor allem freundlich darauf aufmerksam. Fragen Sie ihn, was er gern von Ihnen wissen möchte. (Wenn er Spaß vertragen kann und soll, dann fügen Sie doch scherzhaft hinzu: »Oder reicht es dir, wenn ich einfach dekorativ bin?«) Finden Sie gute Themen und kommen Sie immer wieder zurück auf die Gefühlsebene: Es geht nicht darum, was jemand macht, sondern warum.

Sprechen Sie nicht über Ansichten, sondern über Leidenschaften, über Dinge, für die man sich begeistern kann, die glücklich machen, von denen man träumt.

Fast jeder Satz, den ein Mensch Ihnen sagt, hat das Potenzial für eine interessante Unterhaltung, wenn Sie sich Rückfragen angewöhnen wie:

- Wie bist du darauf / dazu / dorthin gekommen?
- Was fasziniert dich besonders / gefällt dir daran?
- Was machst du, wenn du nicht …?
- Was bedeutet das für dich?

Oder schlicht und einfach gesagt: die Frage nach dem Warum. Probieren Sie mal aus, die Hintergründe eines Satzes oder einer Geschichte zu erfahren. »Wer fragt, der führt« heißt es im Verkaufstraining. Also fragen Sie ruhig!

Worauf Sie achten sollten:

→ Vermeiden Sie auf jeden Fall, in Rechthaberei oder Diskussionen zu verfallen.

→ Sprechen Sie niemals über Exbeziehungen – egal ob diese gut oder schlecht waren.

→ Erzählen Sie – genau wie beim Flirten – nicht zu viel über Ihren Job und die langweiligen Parts Ihres Lebens.

→ Meiden Sie unter allen Umständen die Themen Geld, Religion, Politik, Krankheit, Sorgen und Ängste.

→ Verzeihen Sie ihm, wenn er ein bisschen angibt – das bedeutet nur, dass er Sie mag. Die meisten Männer haben keinen so leichten Zugang zu ihren Gefühlen wie wir Frauen und sie wollen gern alles richtig machen. Wenn er mit Ihnen verabredet und deshalb nervös ist, wird er versuchen, sich auf etwas zu konzentrieren, in dem er sich sicher fühlt.

Der klassische männliche Kommunikationsstil ist das Aufzählen und Vergleichen von Fakten. Männer lieben es, sich zum Beispiel mit Wissen über eine Sache gegenseitig zu übertrumpfen, und sie reden gern über Dinge, die man messen kann. Wenn ein Mann aufgeregt ist oder länger kein Date hatte, kann es leicht passieren, dass er in diesen Kommunikationsstil verfällt, weil er sich mit diesen Dingen auskennt.

Konfrontieren Sie ihn mit Humor: Fragen Sie ihn ruhig leicht amüsiert, ob er immer so angibt, wenn ihm eine Frau gefällt, und ob Sie das als gutes Zeichen werten dürfen.

Sie können einem Mann auch sagen, dass Sie *ihn* gern besser kennenlernen möchten ... nicht seinen Job oder sein Auto.

Geben Sie ihm dann die Chance, in ein Thema einzusteigen, das Ihnen gefällt.

Egal worüber Sie sprechen: Halten Sie immer Ausschau nach Gemeinsamkeiten und artikulieren Sie diese auch.

 Sprechen Sie über Lieblingsthemen: Lieblingsfilme, Lieblingsbücher, Lieblings-TV-Serien, Lieblingsmusik, Lieblingsbeschäftigung – alles was bei Ihnen »Liebling« ist, ist ein gutes Thema.

 Sprechen Sie über alles, was Sie begeistert – und begeistern Sie einander entsprechend. Selbst wenn Ihr Gesprächspartner noch nie davon gehört hat, wird er zumindest Ihre Begeisterung mögen.

 Sprechen Sie über Gefühle: Es ist nicht interessant, was Sie tun, sehr wohl aber warum!

Über Gefühle zu sprechen ist auch ein guter Weg, um aus dem Anti-Flirt-Thema »Job« doch noch einen Flirt zu machen: Sprechen Sie darüber, was Ihnen an Ihrem (oder ihm an seinem) Job ein gutes Gefühl gibt.

Fragen Sie ihn, was er werden wollte, als er klein war, und biegen Sie dann ab auf ein Thema, das mehr Spaß macht – zum Beispiel was er alternativ machen würde, wenn er könnte oder wenn er im Lotto gewinnen würde. Oder sprechen Sie darüber, was Ihr Gegenüber und Sie erleben könnten, wenn Sie für einen Tag die Jobs tauschen würden.

Finden Sie Gesprächsthemen, die zum Träumen einladen und bei denen Sie Gemeinsamkeiten in der Zukunft finden können: Reisen sind beispielsweise ein sehr dankbares Thema – vom Lieblingsland oder der interessantesten Reise kommt man sehr leicht zu Ländern, die man gern noch (einmal) bereisen würde. Und auch hier ist wieder die Frage nach dem »Warum« interessant.

Suchen und finden Sie Gemeinsamkeiten und machen Sie etwas daraus – lassen Sie Ihre Fantasie spielen und sorgen Sie für Nähe, indem Sie ein bisschen so tun, als würden Sie sich bereits kennen. Nennen Sie öfter mal seinen Namen im Gespräch, das verschafft Ihnen Aufmerksamkeit und Nähe, oder geben Sie ihm einen (schmeichelhaften!) Spitznamen, mit dem Sie ihn necken.

Sagen Sie möglichst früh »wir«, also nicht »Ich glaube, ich möchte noch etwas trinken« oder »Ich würde gern woanders hingehen«, sondern »Sollen wir noch was trinken?« oder »Wollen wir vielleicht noch woanders hingehen?«. Auch das erzeugt ein Gefühl von Nähe und Vertrautheit.

Blinzeln Sie häufig (und achten Sie ruhig mal darauf, wie häufig er es tut): Das Gehirn registriert unbewusst, wie oft unser Gegenüber mit den Augenlidern »klimpert«, und assoziiert dieses Klimpern mit sexueller Erregung. Sie können also unter Umständen über ganz banale Themen reden und dennoch sehr anziehend und erotisch auf einen Mann wirken, wenn Sie es mit einer verführerischen Stimme tun und dabei häufig blinzeln …

Wenn Sie ihn auch inhaltlich bei der Stange halten wollen, erzählen Sie immer auf sehr bildhafte Weise: Wenn Sie zum Beispiel unbedingt (noch) einmal in die Toskana reisen möchten, dann beschreiben Sie die Schönheit der Landschaft, den Duft der Kräuter, das gute Essen, den tollen Wein und erwähnen Sie ruhig auch Aktivitäten, die zu zweit viel schöner sind als allein. Wenn Sie davon sprechen, bei einem Picknick den toskanischen Wein und den Sonnenuntergang zu genießen, sieht er sich mit Sicherheit neben Ihnen auf der Picknickdecke.

Mit etwas Kreativität und Abwandlung funktioniert das mit jedem Ort der Welt: dem Ausblick vom Primrose Hill auf London, einem Iglu in Grönland, einer sternenklaren Nacht in der Namib-Wüste oder einem aufregenden Trip durch Hongkong oder New York – beschreiben Sie einfach etwas, das zu zweit schöner ist und mehr Spaß macht. Lassen Sie einen Film ablaufen von schönen Dingen, die man gemeinsam tun und erleben könnte, und lassen Sie ihn in die männliche Hauptrolle schlüpfen.

Das wird dazu führen, dass der Mann sich in (einer zunächst fiktiven) Zukunft an Ihrer Seite sieht, und wenn ihm das gefällt, was er da sieht und spürt, wird er mehr davon haben wollen und sich eine »echte« Zukunft mit Ihnen vorstellen.

Und damit legen Sie den Grundstein für ein zweites Date!

SO GEHEN SIE ERFOLGREICH MIT »DATINGFALLEN« UM

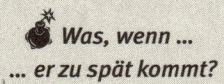 *Was, wenn ...*
... er zu spät kommt?

Wenn es sich dabei nur um fünf bis sieben Minuten handelt, sollten Sie das grundsätzlich ignorieren. Wenn es mehr ist, ohne dass er sich meldet, fragen Sie scherzhaft so etwas wie: »Na, hat das erste Date länger gedauert oder lässt du Frauen grundsätzlich auf dich warten, damit du cooler wirkst?« Durch die neckende Bemerkung zeigen Sie, dass Sie es mit Humor nehmen, aber dennoch nicht schätzen, und er wird in Zukunft besser darauf achten, pünktlich zu sein – aber hacken Sie nicht darauf herum. Bleiben Sie souverän und entspannt. Wenn ein Mann Sie länger als 15 Minuten warten lässt, *ohne dass er sich meldet*, gehen Sie irgendwo anders hin oder nach Hause. Rufen Sie ihn nicht an, sondern warten Sie, bis er sich meldet, und teilen Sie ihm freundlich, aber deutlich mit, dass sein Verhalten sehr unhöflich war und Sie Besseres zu tun haben, als Ihr Leben mit Warten zu verbringen. Das Date findet an diesem Tag nicht mehr statt und natürlich muss er es wiedergutmachen, damit Sie sich überhaupt noch mal mit ihm verabreden!

Nur eine Sache sollten Sie niemals tun: Sie sollten sich nie rechtfertigen und schon gar nicht aufregen. Ansonsten entscheiden Sie bitte immer nach Gefühl und Situation.

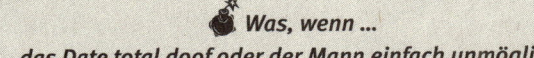 *Was, wenn ...*
... das Date total doof oder der Mann einfach unmöglich ist?

Wenn Sie sich unwohl fühlen, weil er »einfach gar nicht geht« – zum Beispiel weil er unhöflich ist oder Ansichten hat, die das komplette Gegenteil von ihrem Weltbild sind: Verschwinden Sie! Sollten Sie ein Restaurant-Date haben, legen Sie das Besteck zur Seite und sagen Sie ganz klar und unmissverständlich: »Entschuldige bitte, aber ich fühle mich absolut unwohl mit dir. Ich werde jetzt gehen. Ich danke dir für deine Zeit und wünsche dir alles Gute – aber ich möchte nicht mehr hier sein!«

Bieten Sie getrennte Zahlung an und nehmen Sie sich ein Taxi, falls nötig. (Ich meine damit: Lassen Sie sich nicht von ihm nach Hause bringen.)

Nicht vergessen: Sie müssen nicht bei einem Mann beliebt sein, der sich nicht bei Ihnen beliebt gemacht hat. Ein Mann hat nicht das Recht, Ihnen den Abend zu versauen, nur weil er bereit ist, sich mit Ihnen zu treffen.

💣 Was, wenn …
… es nur »okay«, aber nicht toll war?

Nicht jedes Date ist ein Treffer und manchmal stellt sich ein Mann nach näherer Betrachtung nicht als »das große Los«, sondern nur als Niete oder allenfalls als Trostpreis heraus. Nehmen Sie es sportlich. Beenden Sie das Date mit der rhetorischen Frage: »Sieht nicht aus, als hätten wir so richtig viel gemeinsam, oder?« Oder sagen Sie es etwas deutlicher, wenn Sie zwar etwas gemeinsam haben, aber er einfach nichts bei Ihnen auslöst: »Gefunkt hat es bei mir jetzt leider nicht!«

Manchmal lohnt es sich, einander eine zweite Chance zu geben – gerade Restaurant-Dates können manchmal voll danebengehen. Ein Aktiv-Date könnte zeigen, ob man sich vielleicht doch gut versteht. Wenn Sie also einfach nicht sicher sind, sagen Sie das Ihrem Gegenüber und beraten Sie sich, ob Sie ein zweites Treffen »riskieren« möchten und sich für etwas anderes verabreden oder ob es von seiner Seite aus ebenfalls »keinen weiteren Bedarf« gibt.

Das ist immer noch besser, als sich mit einem gelogenen »Das sollten wir mal wiederholen« voneinander zu verabschieden.

💣 Was, wenn ...
... er beim ersten Date schon Sex will?

Wenn ein Date richtig gut gelaufen ist und man sich nähergekommen ist – vielleicht sogar schon sehr nah –, kommt es häufig dazu, dass der berühmte Satz »Kommst du noch mit auf einen Kaffee« fällt ... und in den seltensten Fällen gibt es dann Kaffee. In 99 Prozent aller Fälle ist das eine dumme Idee! Auch ich habe mich schon mehrfach in meiner Vergangenheit davon überzeugen können: Ist ein Mann scharf auf eine Frau, wird er alles geben, um sie schon beim ersten Date ins Bett zu kriegen. Ist er wirklich an ihr interessiert, kann er bis mindestens (!) zum zweiten Date damit warten – auch wenn er es dennoch probieren wird.

Gibt eine Frau dem nach, interpretiert der Mann das häufig so, dass diese Frau eine Frau ist, die mit Männern immer beim ersten Date ins Bett geht. Gibt sie ihm also zu einfach nach, schließt er daraus, dass sie leicht zu haben ist, was die Frau dann automatisch unattraktiver und uninteressanter für ihn macht. Natürlich wird er den Sex trotzdem genießen – aber häufig folgt bei ihm dann irgendwann der Gedanke, dass das jetzt »irgendwie zu einfach« war: Wer will schon mit einer Frau zusammen sein, die leicht zu haben ist?

Selbstverständlich gibt es Ausnahmen von dieser Regel! Wenn Sie einen Mann schon lange kennen, bevor Sie ein »richtiges Date« haben oder entsprechende andere Voraussetzungen geschaffen sind, dass es nicht so wirkt, als ob er Sie jetzt »rumkriegt«, ist das sicher etwas anderes. Doch es ist selten.

Sie sollten also immer darauf bedacht sein, den Mann neugierig zu machen und auch zu halten. Wenn ein Mann also tatsächlich den alten Spruch mit dem Kaffee probiert, sagen Sie ihm zum Beispiel, dass Sie nach Kaffee immer so schlecht schlafen und dann nicht von ihm träumen könnten – so wird er sich gleichzeitig geschmeichelt fühlen und verstehen, dass Sie nicht schon am ersten Abend für alles zu haben sind. Seien Sie auch hier einfach wieder freundlich und anspruchsvoll und machen Sie sich klar: Wenn Sie ihn wirklich interessant finden, dann sollte er Sie ebenfalls interessant finden – und unter diesen Umständen kann er auch noch ein paar Tage darauf warten, mit Ihnen zu schlafen. Das erhöht doch die Spannung auf beiden Seiten und macht es damit erst so richtig interessant.

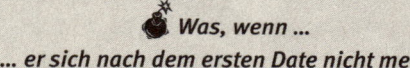

Was, wenn ...
... er sich nach dem ersten Date nicht meldet?

Es gibt zahlreiche Bücher, Foren und Blogs, in denen diskutiert wird, wer sich wann bei wem und auf welchem Weg melden sollte – in Amerika gibt es dafür nach wie vor richtige Regeln! Ich finde das albern. Wenn zwei Menschen sich kennenlernen und vielleicht tatsächlich beide schon am ersten Abend Feuer und Flamme füreinander sind und es kaum erwarten können, sich wiederzusehen, warum sollte sie dann darauf warten, dass er sie anruft? Und warum sollte er gerade zwei Tage warten, bevor er sie anruft? Was für ein Quatsch!

Was ist jedoch, wenn das Date toll war, er dann aber nicht anruft?

Vermeiden Sie diese Situation am besten direkt, indem Sie bei der Verabschiedung nach dem ersten Date darüber sprechen, ob Sie sich wiedersehen wollen und vielleicht sogar schon wann. In einem solchen Fall dürfen Sie ihn dann auch ruhig anrufen, um Details zu klären. (Schließlich sind Sie eine gefragte Frau!) Wenn er es sich jedoch anders überlegt hat, will meinen: wenn er nicht erreichbar ist, nicht zurückruft oder wenn er derjenige ist, der anrufen soll, und es nicht tut: Vergessen Sie ihn!

Aber vielleicht hat er sein Handy verloren! Oder er hatte einen Unfall! Ja, oder er wurde von Außerirdischen entführt, die sein Gedächtnis gelöscht haben! Könnte ja immerhin sein …

Vergessen Sie ihn!

Ich habe nur einmal in meinem Leben eine solche Situation nicht kommen sehen: Endlich war da ein Mann, mit dem ich mich glänzend unterhalten konnte, der interessant fand, was ich tat, und nicht beängstigend. Wir lachten, wir hatten so viel gemeinsam, er flirtete ganz offensiv mit mir. Als ich gehen musste, sagte ich »Es war toll, dich kennenzulernen!« und er strahlte. Und ich sagte: »Ich würde mich freuen, wenn du mich mal anrufst und wir uns wiedersehen!« Er antwortete: »Ja, das kann ich ja mal machen!«

Er rief nie an.

Jahre später lernte ich eine Frau kennen, die mir erzählte, dass ihr bester Freund unbedingt mal zu mir kommen müsste – er fühle sich immer nur hingezogen zu Frauen, die große Probleme hätten oder in Schwierigkeiten steckten oder in irgendeiner Form krank seien. Ich staunte nicht schlecht, als mir dann der Mann vorgestellt wurde, der mich nie angerufen hatte. Und ich war sehr beruhigt, dass ich nun zumindest den Grund kannte, warum er sich nicht zu mir hingezogen gefühlt hatte: Ich hatte keine Probleme, war nicht in Schwierigkeiten und kerngesund. Auch wenn er den Abend mit mir genossen hatte: Ich war eindeutig nicht sein Beuteschema.

So etwas kommt vor. Sorgen Sie dafür, dass Sie etwas Besseres zu tun haben, als vor dem Telefon zu sitzen.

Männer machen manchmal Dinge, die eine Frau nicht nachvollziehen kann, aber deshalb sollten Sie Männern gegenüber nicht grundsätzlich misstrauisch werden.

Seien Sie auch beim Dating freundlich und anspruchsvoll: Seien Sie ehrlich, aber achten Sie darauf, dass Sie Ihre beste Seite zeigen – und bleiben Sie vor allem entspannt.

Sie müssen nicht jedem Mann gefallen und nicht jeder Mann muss Ihnen gefallen. Doch denken Sie daran: Jeder hat mal einen schlechten Tag. Geben Sie einem Mann, wenn es möglich ist, immer ehrliches Feedback. Das ist anfangs ungewohnt und kostet Mut, doch es lohnt sich für Sie, denn möglicherweise hat er großes Interesse, es besser zu machen, wenn er weiß wie – und wenn nicht, können Sie wenigstens aufatmen und sich darüber freuen, dass Ihnen schlaflose Nächte erspart bleiben.

WIE GEHT ES WEITER? DAS ZWEITE UND DRITTE DATE

Sorgen Sie für Abwechslung: Wenn Ihr erstes Date etwas Aktives war, sollte Ihr zweites Date ein nettes Abendessen oder eine Verabredung zum Brunch sein – und umgekehrt.

Ob Ihr zweites Date gut läuft, erkennen Sie daran, ob Ihr Date mehr über Sie erfahren möchte und Körperkontakt sucht. Sorgen Sie dafür, dass er viel Gelegenheit dazu findet.

Daten Sie einen Mann nur ein drittes Mal, wenn Sie ...

- ihn gut finden und noch besser kennenlernen wollen. Dann treffen Sie ihn auch beim dritten Mal noch an einem öffentlichen Ort.
- ihn gut finden und ihm näherkommen möchten. Dann sollten Sie ein Treffen bei sich zu Hause (oder auch bei ihm) vorschlagen.

Ein Treffen bei ihm zu Hause sollten Sie grundsätzlich nur dann vorschlagen, wenn Sie wirklich am Austausch von Körperflüssigkeiten interessiert sind. Er könnte diese Verabredung sonst sehr leicht falsch verstehen! Welche Frau wagt sich schon in die Höhle des Löwen, wenn sie nicht wirklich die Gefahr liebt?

Es kann viele Vorteile haben, ein Date in der Wohnung des Mannes zu haben – es kann aber auch sehr ernüchternd sein. Viele Männer brauchen nicht viel, um sich wohlzufühlen, und das muss nicht heißen, dass sie deshalb keine guten Partner sein können. Wenn ein Mann Sie jedoch zu sich nach Hause einlädt und dann noch nicht einmal aufgeräumt hat, können Sie sich doch ehrlicherweise denken, was das für eine gemeinsame Zukunft bedeuten würde.

Gehen Sie also nicht achtlos darüber hinweg, nur weil Sie nach den ersten Treffen die Welt in Rosarot sehen! Vergleichen Sie das, was der Mann Ihnen wirklich anbietet, mit dem, was Sie glauben, wie er sein wird und sein könnte, und bleiben Sie realistisch dabei.

Wenn Sie Ihren aktuellen »Favoriten« zu sich nach Hause einladen, sorgen Sie dafür, dass er eine Vorstellung davon bekommt, was Sie von ihm erwarten. Wenn Sie möchten, dass Sie sich an diesem Tag näherkommen, gibt es ein paar einfache Dinge, die Sie tun können, damit er sich dazu ermutigt fühlt:

- Sorgen Sie dafür, dass es genug Platz gibt, um unfallfrei und ohne Bruch dort, wo Sie sich mit ihm aufhalten, in Leidenschaft zu verfallen.
- Zünden Sie eine Kerze an – eine! Vielleicht zwei, nicht mehr.
- Sorgen Sie für guten, dezent verführerischen Duft – eine Mischung aus frisch gelüftet und einem Hauch Vanille ist besser als eine Komposition aus Muff und Moschus.

- Wein ist verführerischer als Colamixgetränke oder Bier. Was immer Sie zu trinken anbieten – haben Sie eine Alternative parat, falls Ihr Date gerade das gar nicht mag, aber lassen Sie es etwas Besonderes sein. Schließlich ist es ein besonderer Anlass!
- Wenn Sie etwas gemeinsam essen möchten, überlegen Sie, ob Sie es vielleicht auch gemeinsam kochen. Vermeiden Sie jedoch in jedem Fall geruchsintensive Aromen wie Knoblauch und schwere Gerichte wie Braten und Klöße oder Ähnliches – denn danach ist der Organismus nur noch mit Verdauen beschäftigt. Wer will dann noch leidenschaftlich sein?
- Wenn Sie sich einen Film anschauen, sollte es etwas Romantisches mit mindestens einer Sexszene sein oder etwas Gruseliges beziehungsweise Spannendes. Dass Sie zusammen lachen können, wissen Sie doch hoffentlich schon, oder? Für Komödien haben Sie im Zweifelsfall noch ein ganzes Leben lang Zeit – jetzt geht es darum, Gelegenheiten zu finden, um sehr dicht zusammenzurutschen.
- Es würde Sie irritieren, wenn er seine Zahnbürste schon dabeihat, oder? Aber vielleicht haben Sie ja »zufällig« noch eine in Reserve – achten Sie allerdings darauf, dass es nicht so aussieht, als ob das ein »Standardservice« bei Ihnen wäre …
- Bei Ihnen zu Hause sind Sie diejenige, die für ein frisches Bett und ausreichend Kondome zu sorgen hat.

Wenn das Date nicht bei Ihnen, sondern bei ihm stattfindet, ist der letzte Punkte unbedingt von ihm zu erfüllen. Wenn ein Mann ein Date bei sich zu Hause vorschlägt und Ihnen näherkommen möchte, dann muss (!) er Ihnen …

- ein frisch bezogenes, sauberes, schönes Bett anbieten können und
- Kondome im Haus haben.

Sollte das nicht der Fall sein, verabschieden Sie sich freundlich und sagen Sie ihm, dass er Sie gern wieder anrufen darf, wenn er weiß, wie man eine Frau behandelt.

Erinnern Sie sich an den Punkt »freundlich und anspruchsvoll« im Kapitel »Echte Attraktivität«? Genau darum geht es.

Wenn ein Mann das Interesse an Ihnen verliert, weil Sie nicht bereit sind, Kompromisse zu machen, was Hygiene oder Ihre Gesundheit angeht: Vergessen Sie ihn!

Ich habe viele Männer kennengelernt, die geschickt sind im Umgang mit Worten, doch an ihren Taten – und an ihren Wohnungen – sollt ihr sie erkennen!

Vergessen Sie nicht: Sie erkennen Ihren Mr Right vor allen Dingen daran, dass Sie sich mit ihm wohlfühlen.

Dazu können Sie selbst eine Menge beitragen – aber Sie haben nicht die alleinige Verantwortung dafür.

Noch ein Hinweis: Nehmen Sie all meine »Regeln« nur als Richtschnur. Sie können Ihnen als Orientierung dienen, falls Sie selbst unsicher sind oder Ihnen (noch) das nötige Fingerspitzengefühl fehlt, aber sie können nie Ihre eigenen Erfahrungen ersetzen (oder verhindern!).

Wie heißt es so schön: Lerne die Regeln, damit du sie brechen kannst.

Wenn Sie ihn verführen möchten, sollten Sie sich darüber klar sein, dass er kein zweites oder drittes Date mit Ihnen haben wollen würde, wenn er kein Interesse an Ihnen hätte. Wahrscheinlich wartet er die ganze Zeit nur auf den richtigen Moment oder eine Gelegenheit ...

Geben Sie sie ihm!

Reden Sie nicht endlos, sondern trauen Sie sich, die Gesprächspause zuzulassen, und schauen Sie ihm tief in die Augen, so als hätten Sie gerade mitten im Satz vergessen, was Sie sagen wollten. Dann schauen Sie auf seinen Mund ... den Rest kennen Sie ja schon.

Ihre Zusammenfassung:
Wo wir gerade stehen und warum
Fassen Sie die Inhalte dieses Kapitels noch mal in Ihren eigenen Worten zusammen!

- Was sind die drei für Sie wichtigsten Punkte und Erkenntnisse?
- Was ist Ihr Fazit?

Wie Sie einen Mann (dauerhaft) glücklich machen

Sie glauben, Sie sind Mr Right begegnet? Ihre ersten Dates waren interessant und lustig? Sie haben sich wohlgefühlt mit ihm? Sie erwarten beide dasselbe von einer Partnerschaft und haben ähnliche Ziele? Er ist aufmerksam und zärtlich? Er will mit Ihnen zusammen sein?

Mit anderen Worten: Es hat gefunkt?

Herzlichen Glückwunsch!

Die Prinzipien und die Schlüssel, die Sie im Laufe dieses Buches kennengelernt haben, dienen nicht nur dazu, einen Mann »anzulocken« – sie sind ebenfalls die Erfolgsfaktoren für eine glückliche Partnerschaft.

Oft beginnen Partnerschaften gut und vielversprechend, doch nach einigen Monaten oder Jahren ist die Luft raus, wie man so schön sagt. Natürlich kann es sein, dass man nach einiger Zeit feststellt, dass man nicht so gut zusammenpasst, wie man dachte – das ist mir auch schon passiert. Oder man hat sich tatsächlich in irgendeiner Form getäuscht und mehr in den Mann hineininterpretiert, als er am Ende tatsächlich war. Das sollten Sie mit Hilfe dieses Buches jedoch zu verhindern wissen.

Wenn Sie Ihrem Partner immer wieder die Chance geben, ein guter Partner zu sein, können Sie großen Einfluss auf das Gelingen und die Qualität Ihrer Beziehung nehmen. Ein wichtiger Aspekt, den viele Frauen immer wieder zu vergessen scheinen, wenn Sie verliebt sind, ist der Wunsch des Mannes, sich gern (auch weiterhin) beweisen zu wollen und »männlich sein« zu dürfen.

Bleiben Sie eine Herausforderung!

Auch wenn Sie »Ihren« Mann schließlich gefunden, betört und verzaubert haben: Er sollte sich Ihrer nie zu 100 Prozent sicher sein, denn sonst kommt er schnell auf dumme Gedanken. Männer beschweren sich häufig darüber, dass sie ihre Partnerin manchmal nicht verstehen, das kann jedoch unter Umständen sogar ganz gut sein.

Sorgen Sie immer wieder dafür, dass er etwas zu tun hat – es darf nicht langweilig werden mit Ihnen.

Viele Frauen lassen sich sexuell etwas einfallen und das ist eine gute Sache, doch zu viel Sex törnt manche Männer sogar ab und außerdem können Männer Sex und Beziehung ganz hervorragend voneinander trennen – daher sollten Sie sich nicht nur im Bett, sondern auch im Alltag immer mal wieder etwas einfallen lassen, was ihn herausfordert.

Na gut, für die meisten Männer ist das Zusammenleben mit einer Frau bereits Herausforderung genug. Doch was ich meine, ist nicht, ihn absichtlich zu nerven oder gar zu quälen – nein, im Gegenteil: Er muss von Ihnen immer wieder die Chance bekommen, Ihnen gefallen zu können.

Männer lieben Herausforderungen aller Art – auch wenn Sie sich manchmal darüber beschweren. Sie brauchen immer wieder neue Aufgaben, die ihren Ehrgeiz wecken, sonst werden sie schnell zu trüben Tassen oder Couchpotatoes mit Waschbärbauch.

Viele Paare scheitern nach langen Jahren der Ehe nicht nur daran, dass sie sich nichts mehr zu sagen haben, sondern auch daran, dass Sie keine gemeinsame Aufgabe mehr haben und der

Mann nicht mehr weiß, warum er eigentlich noch bei der Frau bleiben soll, wenn das Haus abbezahlt ist und die Kinder erwachsen sind. Er sucht nach neuen Herausforderungen – und wenn er die nicht mehr bei seiner Partnerin findet, dann sucht er sie woanders. Meist ist dies den Frauen auch gar nicht so unrecht, denn längst sind sie der Alltagsroutine müde und dann eventuell sogar ganz froh, wenn sie den langweiligen Kerl endlich los sind.

Ich seufze immer tief, wenn ich solche Geschichten zu hören bekomme, denn die beiden Beteiligten hätten unter Umständen schon und noch lange glücklicher miteinander sein können, wenn sie es geschafft hätten, einander immer wieder Herausforderungen zu stellen.

 Es ist Ihre Aufgabe als Partnerin, einen Mann herauszufordern, sein Bestes zu geben und sich zu entwickeln.

Nur eine Sache dürfen Sie niemals tun: Niemals dürfen Sie dem Mann eine »Zweiterziehung« angedeihen lassen!

Viele Frauen, die einen Partner suchen, zu dem sie (wenigstens ein bisschen) aufschauen können, verfolgen unbewusst – aber effizient – die Strategie, sich einen »Durchschnittsmann« zu suchen, dem sie »helfen, etwas aus sich zu machen«. Ob der Mann nun will oder nicht …

Es ist, als würde man sich einen Porsche wünschen und weil dieser unerschwinglich ist, versucht man, wenigstens einen Golf so weit zu tunen, dass das Fahrgefühl stimmt.

Ein Freund von mir hat so etwas schon einmal erlebt: Während seines Studiums lernte er eine bezaubernde junge Kommilitonin kennen, die aus einem sehr reichen Elternhaus stammte. Er mochte sie sofort und versuchte ihr zu imponieren – und schließlich schaffte er es auch: Die beiden verliebten sich, wurden ein Paar und heirateten sogar. Durch das Geld und die Verbindungen ihrer Eltern hatte sie nicht nur bestimmte Vorstellungen von ihrem späteren Lebensstandard, sondern auch die beruflichen Möglichkeiten und das Startkapital dazu. Sie war anspruchsvoll und erwartete dementsprechend auch einiges von ihrem Partner. Ihr Mann musste da natürlich mithalten und allen Ansprüchen gerecht werden. Der Arme fand sich bald mit 16-Stunden-Tagen in einer Unternehmensberatung wieder. Der Job wurde gut bezahlt, das war auch nötig, denn die Armani-Anzüge, die er zu tragen hatte, und die Breitling-Uhr, die Standard ist, der teure Wagen und die Golfausbildung – das alles wollte ja auch irgendwie finanziert werden. Er war ein bisschen wie Barbies Ken – ein Anziehpüppchen ohne nennenswerte Eigenschaften. Doch leider hatte die Geschichte kein Happy End: Barbie verliebte sich in ihren Chef ...

Hier endete das »Zweiterziehungsspiel« zu Ungunsten des Mannes – doch er würde sich sicherlich kein zweites Mal in eine solche Situation begeben. Und den meisten Männern ginge das ähnlich. Wenn ein Mann das Gefühl hat, dass er einem Klischee entsprechen soll oder »getunt« wird, dann ist er ganz schnell weg.

Sorgen Sie dafür, dass Ihr Partner von ganz allein immer wieder auf die Idee kommt, Ihnen gefallen zu wollen, oder richten Sie ganz konkrete, offene Bitten an ihn.

Sorgen Sie dafür, dass Ihr Partner immer wieder dazu motiviert wird, um Sie zu werben!

Spielen Sie doch mal ein Spielchen mit ihm: Verabreden Sie sich in einer Bar und tun Sie so, als ob Sie sich dort gerade erst kennenlernen ... Sie werden sich wundern, was das für einen Effekt auf Ihren Partner hat.

Motivieren Sie ihn, Sie zu motivieren!

Wenn Sie selbst etwas Neues beginnen oder etwas erreichen wollen, machen Sie Ihre Herausforderung zu seiner, indem Sie ihn um Unterstützung bitten. Wir Frauen scheinen häufig von Natur aus schon darauf gepolt zu sein, unseren Partner bei seinen Vorhaben zu unterstützen (manchmal mehr als gut wäre) – Männer brauchen eher eine Ansage dafür, sind dann aber fantastische Coaches.

Je mehr Sie einem Mann zutrauen, umso mehr wird er über sich hinauswachsen, um dieses Vertrauen zu rechtfertigen.

Ermutigen Sie ihn zu »neuen Taten«, aber drängen Sie ihm Ihre Unterstützung nicht auf. Wenn ein Mann das Bedürfnis hat, etwas zu erreichen, und irgendwann das Gefühl bekommt, dass seine Partnerin ihm die Anstrengung abnehmen würde, dann wird er unter Umständen untätig und am Ende hat niemand etwas gewonnen, denn der Lohn der Anstrengung – die Anerkennung – kommt nicht dahin, wo sie hingehört.

Bieten Sie Ihrem Partner genug Möglichkeiten für Anerkennung!

Viele Frauen rollen zunächst mit den Augen, wenn ich ihnen sage, dass sie ihren Partner öfter loben sollen, wenn sie sich eine bessere Partnerschaft wünschen. Doch wenn sie es dann einfach mal ausprobieren, dauert es gerade mal ein paar Wochen, bis sie positiv überrascht werden: Wenn ein Mann erst einmal merkt, dass er von (s)einer Frau Anerkennung, Dank und Bewunderung bekommen kann, wenn er sich ein bisschen mehr Mühe gibt, dann wird er immer wieder immer mehr tun, um diese Anerkennung zu erhalten.

Seien Sie nicht unfair und winken Sie nur mit dem Zaunpfahl, um ihren Partner zu testen, ob er noch aufmerksam ist, sondern geben Sie ihm eine faire Chance, Sie glücklich zu machen! Wenn er mit Ihnen zusammen sein will, dann bedeutet das automatisch, dass er großes Interesse daran hat, dass Sie glücklich sind. Leider wissen viele Männer (auch sehr intelligente) aber nicht genau, wie sie das anstellen können.

Warten Sie nicht darauf, dass er derjenige ist, der Ihnen ein gutes Gefühl gibt oder seine Liebe zu Ihnen artikuliert – die meisten Männer können das nicht einfach so oder sie sind sich tatsächlich nicht bewusst, wie wichtig das für uns Frauen ist. Aber man kann sie dazu ermutigen: Sagen Sie Ihrem Partner jeden Tag, wenn es etwas gibt, das Ihnen gefällt. Sagen Sie ihm, was Sie an ihm lieben, wofür Sie ihn lieben und was Sie besonders mögen. Wenn er das Gefühl bekommt, dass er »alles richtig macht«, dann wird er mehr Dinge tun, die Ihnen gefallen: Der Mann liebt Sie – sonst wäre er nicht bei Ihnen und er hat großes Interesse daran, dass Sie sich mit ihm wohlfühlen.

Zeigen Sie Ihrem Partner, was er für Sie tun kann!

Natürlich können Sie die meisten Dinge allein, aber warum sollten Sie etwas alleine tun, wenn Sie einen Partner haben? Für einen Mann ist es eine Möglichkeit, seine Zuneigung und Wertschätzung auszudrücken, wenn er »etwas tun« kann.

Sagen Sie ihm außerdem auch, was Sie in bestimmten Situationen erwarten: Ein häufiges Missverständnis zwischen Männern und Frauen ist, dass eine Frau gern Verständnis und Aufmerksamkeit haben möchte, wenn es ihr nicht so gut geht. Ein Mann möchte die Situation verändern und eine Lösung finden. So kommt es häufig dazu, dass Partner in Streit geraten, weil sie einfach nicht verstehen, was der andere von ihnen will. Sie müssen einem Mann sagen, wenn es für Sie am wichtigsten ist, einfach nur seine Aufmerksamkeit und Fürsorge zu spüren – ansonsten wird er Ihnen Ratschläge und Lösungsideen präsentieren.

Die Schlüssel Wärme, Freiheit und Erotik ergänzen sich in einer Beziehung ebenfalls ganz wunderbar und machen einen Mann zufrieden, glücklich und stark.

Schenken Sie ihm Ihr vollstes Vertrauen!

Wenn Sie mit einem Mann schlechte Erfahrungen gemacht haben, weil er Sie beispielsweise betrogen hat, dann ist das traurig – aber es hat nichts mit dem Mann zu tun, den Sie gerade kennengelernt haben. Wenn Sie bereit sind, sich in einen Mann zu verlieben, dann hat dieser Mann Ihr volles Vertrauen verdient. Es gibt keinen Grund, ihm gegenüber etwas zurückzuhalten oder misstrauisch zu sein, nur weil ein anderer Mensch sich irgendwann einmal unfair, unehrlich oder rücksichtslos Ihnen gegenüber verhalten hat. Wenn Sie einem neuen Partner kein Vertrauen schenken können, unterstellen Sie ihm damit indirekt, dass er sich Ihnen gegenüber ebenfalls so verhalten könnte. Warum sollten Sie dann überhaupt mit ihm zusammenkommen?

Dasselbe gilt für Eifersucht: Wenn Sie einem Mann nicht glauben können, dass er wirklich mit Ihnen zusammen sein möchte, warum sollten Sie dann überhaupt mit ihm zusammen sein? Wenn Sie glauben, berechtigte Angst haben zu müssen, dass der Mann Ihnen »davonläuft«, dann würde das im Umkehrschluss bedeuten, dass der Mann gar nicht mit Ihnen zusammen sein möchte – warum sollten Sie mit jemandem zusammen sein, der in Wirklichkeit gar nicht mit Ihnen zusammen sein will? Das wäre doch völlig absurd.

Natürlich wird Ihr Partner auch mal anderen Frauen hinterherschauen – er ist ein Mann!

Gönnen Sie ihm doch den Spaß: Nur weil er Sie liebt, heißt das doch nicht, dass er nicht erkennen kann, wenn eine andere Frau attraktiv ist. Ich habe das sehr einfach gelöst: Ich mache meinen Partner auf Frauen aufmerksam, die ich attraktiv finde, und dann vergleichen wir unseren Geschmack. Ich mache ihn allerdings auch auf Männer aufmerksam, die ich attraktiv finde. Ich bin verheiratet – nicht blind! Wenn ich einen eigenen Garten habe, den ich liebe, dann heißt das nicht, dass mir die Blumen beim Gärtner nicht mehr gefallen dürfen, oder?

Wenn ein Mann auch mal flirtet, dann genießt er in der Regel einfach das Gefühl, dass er noch attraktiv ist – wenn er sich attraktiv fühlt, wird er auch für Sie attraktiv sein wollen und sich von Ihnen Bestätigung wünschen. Wenn Sie darüber lächeln können, wird er sich frei fühlen und wieder nur um Ihre Zuneigung buhlen ...

Wenn Sie jedoch jedes Mal eifersüchtig sind, wenn Ihr Partner mit anderen Frauen spricht, zeigen Sie ihm damit nur, dass Sie Angst haben, eine andere Frau könnte für ihn besser sein als Sie (vielleicht glaubt er Ihnen das dann sogar irgendwann) und dass Sie ihn in seiner Freiheit beschneiden. Das wird jedenfalls nicht dazu führen, dass er für Sie attraktiv sein will!

Denken Sie daran, dass Entspanntheit eines Ihrer wichtigsten Attraktivitätsmerkmale ist. Achten Sie aber auch darauf, dass Ihre eigenen Grenzen nicht überschritten werden. Wenn ein Mann mit Ihnen auf eine Party geht und Sie ihn dann stundenlang nicht sehen, weil er Sie links liegen lässt, sobald er den Raum betreten hat, ist das nicht, was ich mit Freiheit meine. Dann ist er ganz offensichtlich ein Idiot! Beginnen Sie in diesem Fall, mit anderen Männern zu flirten, oder gehen Sie nach Hause und lassen Sie die Türschlösser auswechseln – aber machen Sie ihm keine Szene: Eine Szene hat noch nie dazu geführt, dass ein Mann sich mit einer Frau wohler gefühlt hat und unbedingt mit ihr zusammen sein wollte.

Liebe ist ein Spiel von Geben und Nehmen!

Die meisten Frauen schaffen das mit dem Geben ganz gut – jedoch scheinen sie mit dem Nehmen so ihre Schwierigkeiten zu haben. Immer wieder höre ich in Coachings und Kursen von den Frauen, dass sie in ihren bisherigen Partnerschaften zu kurz kamen und immer sehr viel gegeben, doch nur wenig zurückbekommen haben.

Es stellt sich während der Gespräche dann sehr häufig heraus, dass diese und wohl auch ganz allgemein viele Frauen nicht sehr gut darin sind, etwas anzunehmen: Komplimente, Lob oder Geschenke werden abgelehnt oder zumindest nur widerwillig und halbherzig angenommen und mit Sätzen wie »Das wäre doch nicht nötig gewesen!« oder »Ach lass doch!« (bis hin zu »Womit habe ich das verdient?«) quittiert.

Kennen Sie das vielleicht auch von sich? Machen Sie sich bitte ganz bewusst, dass Sie damit einem Partner viele Möglichkeiten nehmen, Ihnen seine Liebe zu zeigen: Männer wünschen sich Partnerinnen, die ihnen das Gefühl geben können, dass sie zwar unabhängig sind, aber dass sie den Mann trotzdem »brauchen«. Eine gute Beziehung kann nur entstehen, wenn beide Partner bereit sind, ein Geben und Nehmen von beiden Seiten zu akzeptieren und auch zu genießen.

Solange Sie nicht gut darin sind, die Liebesbeweise und -gesten Ihres Partners anzunehmen, und ihm nicht erlauben, sich Ihnen gegenüber auf seine Weise liebevoll zu zeigen, werden Sie nie genug bekommen.

Wenn Sie glauben, dass Sie sich Liebe verdienen müssen, werden Sie immer wieder an Männer geraten, um die Sie sich permanent bemühen müssen, und doch nicht bekommen, was Sie sowieso nicht annehmen könnten.

Lernen Sie zu akzeptieren, dass Ihr Partner sich wohlfühlt, wenn Sie annehmen, was er Ihnen anbietet, und wenn Sie ihm die Chance geben zu erkennen, was er Ihnen geben kann, damit Sie sich von ihm geliebt fühlen. Zum Beispiel: guten Sex!

Guter Sex – und wie Sie ihn bekommen

Viele Männer haben schon mal gehört, dass sich Sex bei Frauen zu 80 Prozent im Kopf abspielt – kaum einer jedoch hat verstanden, was das für ihn persönlich und seine Qualitäten als Liebhaber bedeutet.

Das sexuelle Erleben von Frauen ist derart komplex, dass es für Männer kaum nachvollziehbar und für uns Frauen nur schwer erklärbar ist. Wenn Sie mit einem Mann guten Sex haben wollen, ist es unerlässlich, dass Sie ihm erklären können, dass für Sie andere Dinge wichtig sind als für ihn und ihr Erleben ganz anders ist als seines.

Der erste Sex mit einem neuen Partner kann besonders gut sein, wenn man lange darauf »hingefiebert« hat, denn die Gedanken im eigenen Kopf sind bereits so auf Touren, dass der Mann ohnehin kaum noch etwas tun muss, um Sie in Ekstase zu versetzen.

Vielen Männern ist es wichtig, ihrer Partnerin guten Sex zu schenken – doch aus ihrem eigenen Erleben heraus bedeutet das meist, dass sie sich besonders viel Mühe geben, die »richtige Stelle« zu finden. Die »richtige Stelle«, durch die Sie als Frau guten Sex erleben, sitzt jedoch zwischen Ihren Ohren – nicht zwischen Ihren Schenkeln! Und was das bedeutet, müssen Sie einem Mann erst einmal erklären. Ob eine Frau guten Sex haben kann, hat damit zu tun, ob sie »in Stimmung« ist für Sex. Ist das gegeben, kann sogar ein Quickie sehr befriedigend sein.

Doch auch Sie selbst können viel dafür tun, in der richtigen Stimmung zu sein: Tragen Sie sexy Unterwäsche – oder gar keine. Allein das Wissen, was Sie drunter haben (oder auch nicht) und was er entdecken könnte, wird Sie in Stimmung bringen für guten Sex.

Planen Sie Spontaneität: Damit Sie am Abend überraschend, schnell und heiß übereinander herfallen können, sollten Sie einfach am Morgen etwas dafür getan haben … Flüstern Sie ihm ins Ohr, dass Sie scharf auf ihn sind und ihn am Abend verführen wollen. Wetten, er kann den ganzen Tag an nichts anderes mehr denken und wird schon erregt zur Tür hereinstürmen?

Schicken Sie ihm »unanständige« SMS auf sein Handy oder hinterlassen Sie ihm eine kleine Notiz mit einer Andeutung …

Lassen Sie ihn grundsätzlich wissen, was Ihnen gefällt – nicht im Sinne von »Kommandos«, sondern in einem erotischen Gespräch. Nutzen Sie Ihre Wünsche, um ihn damit zu verführen. Flüstern Sie zum Beispiel in sein Ohr: »Weißt du, was ich besonders mag? Ich mag es, wenn du ...«

Ziemlich sicher wird er es sofort in die Tat umsetzen wollen.

Schlagen Sie ihm Spielchen vor, die dafür sorgen, dass er Ihnen ein Vorspiel gibt: Beispielsweise müssen Sie angezogen bleiben oder Sie dürfen sich nur küssen, aber nicht berühren ...

Finden Sie bei ihm Stellen, an denen er besonders empfindlich ist (kleiner Tipp: versuchen Sie es mal an oder hinter seinen Ohren!) und wo Sie ihn auch in der Öffentlichkeit küssen oder berühren können, wenn Sie einen Moment unbeobachtet sind.

Wenn es einen bestimmten Ort gibt, an dem Sie beide einmal besonders heißen Sex hatten, dann installieren Sie die Bezeichnung des Ortes als Codewort dafür, dass Sie gerade an Sex denken, und Sie können ihm, auch wenn »die Umsetzung« gerade gar nicht möglich ist, Lust auf Sie machen. Flüstern Sie einfach das Codewort (zum Beispiel »Aufzug« – wenn es das war) in sein Ohr, während Sie auf einer Party sind, oder sagen Sie so etwas wie »Ich sehne mich gerade so nach Griechenland« – wenn Sie dort tollen Sex mit ihm im Urlaub hatten.

Männer finden es sehr erregend, wenn ihre Partnerinnen ihnen Sex in Situationen vorschlagen, in denen Sex nicht möglich ist, aber sie verhalten sich dann anders und das wiederum wird Ihre Fantasie so anregen, dass Sie in Stimmung sein werden, wenn Sie wieder alleine mit ihm sind.

Da Männer nun mal gern Sex haben, möchten sie ihn gern und häufig mit ihrer Partnerin haben, wenn sie dabei das Gefühl haben, dass es der Partnerin gefällt. Das bedeutet automatisch, dass ein Mann ...

- gern etwas dafür tut, dass es der Partnerin gefällt – er muss nur wissen, was das ist.
- der Partnerin gern gefallen will, damit sie bereit ist, gern Sex mit ihm zu haben.
- sehr dankbar dafür ist, wenn eine Frau ihn gern befriedigt, und das auch ab und zu als »Geschenk unter Freunden« anbietet.

Wie Sie einen Mann sexuell glücklich machen können

Auch hier gilt: Die Herausforderung macht sexy – obwohl Männer auf Sex stehen, wollen Sie nicht das Gefühl haben, dass ihre Partnerin sich ihnen an den Hals wirft.

Wenn Ihr Partner merkt, dass Sie grundsätzlich sehr gern Sex mit ihm haben, kann es seine Erregung steigern, wenn Sie sich auch mal unnahbar geben und er Sie verführen »muss«.

Die meisten Männer lieben Oralsex und fast alle, die ich kenne, träumen davon, wenigstens einmal mit Oralsex geweckt zu werden. Auch wenn das als »Überraschung« ganz großartig sein kann, sollten Sie es für den Anfang bei einer Überraschung belassen, die abgesprochen ist: Denn was ist, wenn Ihr Partner gerade schlecht träumt und anfängt, wild um sich zu schlagen, wenn sich jemand an seinem Penis zu schaffen macht, während er noch schläft?

Mit Oralsex können Sie grundsätzlich eine Menge erreichen. Ich kenne kaum einen Mann, den man nicht mit der Aussicht auf Oralsex sogar für Besuche bei den Eltern begeistern kann ... Das klingt vielleicht extrem klischeehaft – aber probieren Sie es ruhig aus! Völlig egal, was Sie sich von Ihrem Partner wünschen – stellen Sie ihm einen »Blowjob« als Belohnung dafür in Aussicht. Das wird vieles vereinfachen.

Die Vorlieben jedes Mannes sind unterschiedlich, wenn es um Oralsex geht, doch grundsätzlich sollten Sie vorsichtig mit Ihren

Zähnen sein. Probieren Sie aus, was ihm gefällt, und steigern Sie den Druck auf das Glied beziehungsweise die Geschwindigkeit ihrer Bewegung langsam, aber nachhaltig. Je erregter ein Mann ist, umso fester dürfen Sie normalerweise auch »zupacken«.

Viele Männer finden es erotisch, wenn die Frau ihr Sperma schluckt, viele Frauen finden das gar nicht so toll ... Mein Tipp: Wenn Sie nicht darauf stehen (oder Sie sich noch nicht gut genug kennen, um es mögen zu können), lassen Sie von ihm ab, sobald Sie merken, dass sein Penis zu pulsieren beginnt, und lassen Sie ihn »in die Luft spritzen«.

Übrigens: Wenn das Sperma eines Mannes bitter oder schal schmeckt, ernährt er sich vermutlich falsch oder er trinkt zu viel Bier. Der Geschmack wird deutlich besser, wenn er weniger Fleisch, weniger Alkohol und dafür mehr frisches Obst isst (angeblich sollen Mango und Ananas besonders gute Wirkung entfalten).

Manche Männer finden es besonders reizvoll, wenn Sie dabei ihre Hoden massieren, anderen ist das eher unangenehm – finden Sie es heraus (oder fragen Sie ihn einfach). Manche Männer würden es nie zugeben, aber sie sind verrückt danach, wenn man dabei ihren Damm oder ihre Prostata stimuliert. Lassen Sie Ihre Finger auf Entdeckungsreise gehen und beobachten Sie seine Reaktionen.

Ich weiß, dass manche Frauen Oralsex grundsätzlich nicht gern mögen. Mein Tipp: Stellen Sie sich einfach vor, dass der Penis Ihres Partners so etwas wie eine verkleinerte Ausgabe seiner selbst ist und dass Sie ihm Ihre ganze Aufmerksamkeit und Liebe zuteilwerden lassen. Bitten Sie Ihren Partner darum, dass er sich duscht oder wäscht, dann ist er sauber, frisch und »küssenswert« ...

Wie ist man als Frau »gut im Bett«?

Tatsächlich ist es für Männer einfacher als für Frauen, sexuelle Befriedigung zu erfahren. Männer kommen viel leichter zum Orgasmus – und es ist viel leichter zu sehen, wo man »anpacken« muss dafür. Dennoch hört man immer wieder die Wendung »gut im Bett« – worum geht es den Männern dabei?

Zunächst einmal: Sie müssen keine Kunststücke beherrschen! Eine Umfrage der Gesellschaft für Erfahrungswissenschaftliche Sozialforschung (Gewis) für die Zeitschrift *Women's Health* unter Tausend Männern und Frauen zeigte, dass 79 Prozent der Männer sich öfter Oralsex wünschen – und zwar laut Aussage der männlichen Kollegen der *Men's Health* weil sie es genießen, dass die Frau dabei Kontrolle über sie hat. 51 Prozent aller Männer würden gern mehr küssen und 34 Prozent der Männer fänden es toll, wenn die Frau öfter in die Reiterstellung ginge – also sich auf den Mann setzt und ihn »reitet«.

Grundsätzlich haben die meisten Männer an Frauen einfach den Anspruch, »nicht dazuliegen wie ein Brett«. Sie müssen also nicht denken, dass Sie akrobatische Verrenkungen beherrschen müssen, um einen Mann sexuell zufriedenzustellen. Zeigen Sie ihm einfach, dass Sie Spaß haben, und lassen Sie sich gehen. Halten Sie sich nicht zurück, wenn Sie erregt sind, sondern zeigen Sie ihm, was Ihnen gut tut und übernehmen Sie auch mal die Führung!

Wenn er merkt, dass Sie bei der Sache sind und dass er Sie »wild« macht, dass Sie den Sex wirklich genießen, dann erfüllen Sie alle Vorraussetzungen, um »gut im Bett« zu sein!

Übrigens: Laut der oben erwähnten Umfrage träumen 33 Prozent aller Männer von einem Dreier mit zwei Frauen – wenn das nicht gerade Ihr sexueller Traum ist oder nicht Ihren Vorstellungen von einer Partnerschaft entspricht (laut Umfrage sind es nämlich nur 5 Prozent der Frauen, die sich dasselbe wünschen): Nutzen Sie diese Information, indem Sie sie in sexuelle Fantasien einfließen lassen – wenn er davon träumen kann, muss er es gar nicht unbedingt haben. Allerdings ist der Dreier ein spitzenmäßiges Thema für:

Dirty Talk

Eine immer wiederkehrende Frage ist die nach dem sogenannten »Dirty Talk«: Soll man oder soll man nicht? Und wenn, was soll man sagen? Was darf man sagen und wann? Und wie finde ich heraus, was mein Partner sexy und was abstoßend findet? Und was traue ich mich selbst zu sagen?

Am besten tasten Sie sich schrittweise voran: Erzählen Sie ihm, was Sie als Nächstes mit ihm machen werden oder was er mit Ihnen machen soll. Ermuntern Sie ihn, mit Ihnen zu sprechen – Sie werden feststellen, dass ein gelungener Dirty Talk nicht nur Ihrem Partner Spaß macht, sondern auch Ihren Grad an Erregung steigert. Erzählen Sie ihm eine Fantasie, eine Geschichte, die zur Situation passt, während Sie sich streicheln und küssen oder während Sie mit ihm schlafen.

Doch Vorsicht: Was im Moment höchster Erregung antörnt, kann in einer früheren Phase eher Lachkrämpfe oder sogar Ablehnung und Scham auslösen – auch bei ihm. Auch ist es nicht ratsam, ihn mit Dirty Talk so sehr auf Touren zu bringen, dass Sie am Ende auf der Strecke bleiben … also stets gut dosieren!

Weitere Tipps für ein interessantes, erregendes Liebesspiel

Verwenden Sie für das Petting oder das Vorspiel warmes Öl. Übergießen Sie sich und ihren Partner damit großzügig und massieren Sie sich gegenseitig von Kopf bis Fuß. (Achtung – Unterlage!) Schlafen Sie miteinander, solange Sie noch »glitschig« sind.

Verbinden Sie ihm die Augen und berühren und küssen Sie ihn an unterschiedlichen Stellen. Oder streichen Sie mit Pinseln,

Federn und anderen »Helfern« oder Eiswürfeln über seine Haut und variieren Sie die Stellen, die Abstände und die Art der Stimulation immer wieder. Manche Männer müssen Sie dafür auch noch irgendwo festbinden, denn wenn sie zu ungeduldig werden, neigen Sie dazu, das Spiel beenden zu wollen – und dann wird es doch erst richtig interessant ... Beginnen Sie nun mit Oralsex und stoppen Sie immer dann, wenn er besonders erregt ist.

Sorgen Sie auch für Geschmackserlebnisse. Sie müssen ja nicht gleich den Kultfilm *9 ½ Wochen* nachstellen – aber füttern Sie ihn doch mal mit Erdbeeren, Schokolade, Pudding oder benutzen Sie Sprühsahne dekorativ an diversen Körperstellen. Das ist vielleicht klischeehaft, kann aber richtig viel Spaß machen!

Wenn Sie einen stabilen Esstisch haben, denken Sie mal über seine sexuelle Dienlichkeit nach.

Laden Sie ihn zu kleinen Rollenspielen ein, aber achten Sie bei solchen Aktionen darauf, dass er weiß, dass heute irgendetwas passieren soll. Nichts ist tödlicher für die gemeinsame Sexualität als eine peinliche Situation.

SEXUELLE TABUFRAGEN

Es gibt in Bezug auf Sex einige Aspekte, über die Männer und Frauen nicht sprechen, obwohl sie sie brennend interessieren, und wenn sie dann darüber sprechen, sind sie oft doch nicht ganz ehrlich dabei.

Zum Beispiel die Frage:

Kommt es auf die Größe an?

Viele Männer haben Angst, dass Ihr Penis zu klein sein könnte, wenn er nicht wirklich groß ist, und dass er zu groß sein könnte für die Partnerin, wenn er ein gewisses Maß übersteigt. Was das in Zentimetern bedeutet, ist allerdings individuell!

Letztlich ist es eine Frage der Kompatibilität: Genau wie es Männer mit kurzen, langen, dicken oder dünnen Penissen gibt, gibt es Frauen mit großen und kleinen Vaginen, großen und kleinen Schamlippen und unterschiedlich tief sitzenden G-Punkten. Wenn Sie das Gefühl haben, dass an der Kompatibilität zwischen Ihnen und Ihrem Partner etwas nicht stimmt, sprechen Sie es an – aber vermeiden Sie auf jeden Fall, dass er glaubt, es sei »seine Schuld«.

Orgasmus vortäuschen – ja oder nein?

Laut einer Emnid-Umfrage haben 20 Prozent der deutschen Frauen noch nie einen Orgasmus vorgetäuscht. Mit anderen Worten: 80 Prozent schon (und die anderen 20 Prozent haben wahrscheinlich geschwindelt!). Frauen täuschen einen Orgasmus vor, weil sie …

- den Partner nicht enttäuschen wollen.
- wollen, dass der Sex endet, weil sie eigentlich gerade keine Lust haben.
- denken: Lieber ein vorgetäuschter als gar keiner!

Der vorgetäuschte Orgasmus ist tatsächlich ein zweischneidiges Schwert – denn haben Sie erst mal damit angefangen, glaubt Ihr Partner zu wissen, was Sie brauchen, damit Sie einen Orgasmus bekommen. Mit anderen Worten: Er hat keine Motivation, seine Herangehensweise an Sex mit Ihnen zu verändern oder zu verbessern – und Sie werden ihm die nächsten Jahrzehnte Orgasmen vorspielen, damit er sich nicht schlecht fühlt. Ich halte das für eine blöde Idee! Natürlich ist es wichtig, dass Sie als Frau auf Ihre Kosten kommen, und der Orgasmus ist schließlich so etwas wie das Dressing am Salat. Es gibt aber auch mal Tage, an denen es einfach nur schön ist, mit dem Partner zu schlafen, oder an denen es eben einfach okay so ist. Und wenn Ihr Partner wirklich »der richtige« ist, dann sagen Sie ihm »Schatz, ich glaub, das wird heute nix mehr – lass gut sein!« und starten Sie am nächsten Tag neu, wenn Sie ausgeruht sind.

Wie man eine Frau zum Orgasmus bringt, ist tatsächlich den meisten Männern nicht so klar, wie sie gern behaupten. Vor allem das, was für Männer beim Sex besonders schön und wichtig ist, sorgt bei uns Frauen nicht unbedingt immer dafür, dass wir einen Orgasmus haben. Sprechen Sie mit Ihrem Partner darüber! Eine gute Lösung kann sein, dass Sie zunächst »auf Ihre Kosten« kommen und es dann so weitergeht, wie er es gern hätte. Sollte es am Ende dann vielleicht sogar mal 2:1 für Sie stehen, ist das sicher auch ein Gewinn für ihn! Männer sind stolz wie Oskar, wenn Sie zu Recht von sich behaupten können, dass sie ihre Partnerin wirklich befriedigen können. Geben Sie ihm die Chance dazu.

Was ist mit Analsex?

Das Thema Analsex ist auch heute noch ein großes Tabu – vor allem in Beziehungen darüber zu sprechen scheint sehr schwierig zu sein. Es gibt Frauen, die fürchten oder ekeln sich vor Analsex, andere wiederum finden es toll und wissen nicht, wie sie es sagen sollen. Die meisten Männer würden es gern mal erleben, trauen sich aber nicht, danach zu fragen. Das ist ja nun auch nicht gerade ein Thema für den Sonntagskaffee: »Du sag mal, stehst du eigentlich auf Analsex?«

Sprechen Sie es offen an, wenn Sie es probieren wollen (oder wenn Sie sogar Verlangen danach haben). Der beste Zeitpunkt ist nach dem Sex – wenn Sie sich gerade nahe sind und noch erregt, aber nicht zu erregt, um sofort loszulegen. Sollten Sie sich dafür entscheiden, besorgen Sie sich unbedingt ein vernünftiges Gleitmittel – es gibt entsprechende Gels in Drogerien und Fachgeschäften oder bei Versandhändlern. Bitte beachten Sie, dass Öl Latex angreift und porös macht, sodass es nicht für die Verwendung mit Kondomen geeignet ist.

Eine gute Überleitung zum wichtigsten Thema:

Schützen Sie sich und Ihren Partner!

Wenn Sie Sex mit einem Mann haben, verwenden Sie so lange ein Kondom, bis Sie wirklich, wirklich, wirklich sicher sind, dass Sie sicher sind. Geschlechtskrankheiten wie Syphilis oder Gonorrhöe, die schon fast als ausgestorben galten, tauchen heute sogar wieder vermehrt auf. Es sterben mehr Menschen an Hepatitis B als an allen anderen Geschlechtskrankheiten zusammen. Außerdem gibt es eine Reihe sogenannter hp-Viren, die bei Frauen zu Gebärmutterhalskrebs und zu Unfruchtbarkeit führen können.

Sicher sind Sie, wenn …
- Sie beide einen Aidstest gemacht haben.
- Sie sicher sein können, dass weder Sie noch Ihr neuer Partner irgendeine andere Geschlechtskrankheit haben könnten (Tripper, Herpes oder Feigwarzen erkennt man oft nicht auf den ersten Blick, sind aber allesamt unschön, schmerzhaft und leider auch weit verbreitet).
- Sie in Kauf nehmen würden, mit diesem Mann ein Kind zu zeugen.

Denken Sie daran, dass Geschlechtskrankheiten wie Aids, Hepatitis und die anderen genannten sich nur deshalb ausbreiten können, weil jeder glaubt, dass ihm das schon nicht passieren würde.

Und bedenken Sie auch bei aller Erregung, dass es niemandem hilft, wenn plötzlich ein Kind entsteht, das eigentlich keiner oder nur einer von Ihnen haben wollte.

Fühlen Sie sich mal nicht gut, lassen Sie Ihren Partner das unbedingt wissen. Männer sind sehr empfindlich, wenn es um das Thema Sex geht. Wenn ein Mann das Gefühl hat, abgewiesen zu werden, wird er sich schlecht fühlen und versuchen, dieses Gefühl in Zukunft zu vermeiden.

Sie selbst werden sehr deutlich spüren, wie guter Sex dafür sorgt, dass Sie zufriedener und ausgeglichener sind. Das ist auch für das Gelingen einer Beziehung essenziell: Stimmt der Sex in einer Beziehung, bestimmt er zu vielleicht 10 Prozent, ob ein Paar glücklich ist oder nicht. Stimmt der Sex nicht oder findet er nicht mehr statt, wird er plötzlich deutlich wichtiger oder die Harmonie leidet ganz allgemein. Mit anderen Worten: Wenn Sie Ihrem Partner dabei helfen zu erkennen, was er tun kann, damit Sie sexuell glücklich und befriedigt sind, dann belohnen Sie sich nicht nur selbst, weil Sie guten Sex haben, sondern auch Ihre Beziehung wird harmonischer, weil sie beide ausgeglichener sind und sehr viel mehr Glückshormone und Bindungshormone produzieren.

So streiten Sie sich besser

Im »Rausch« dieser Glückshormone sieht man vieles nicht so eng, worüber man sich sonst vielleicht streiten könnte, und findet viel einfacher einvernehmliche, friedliche Lösungen.

Falls es dennoch einmal zu Meinungsverschiedenheiten kommt, gibt es ein paar wichtige »Regeln«, die Sie beachten sollten, wenn Sie sich mit einem Mann streiten.

Viele Menschen versuchen Streite unter allen Umständen zu vermeiden, doch dabei ist es in der Realität doch sehr unwahrscheinlich, dass zwei Menschen, die ihr Leben miteinander verbringen, nie Meinungsverschiedenheiten haben, dass sie immer dasselbe wollen und dass sie (obwohl der eine ein Mann und die andere eine Frau ist) sich immer richtig verstehen und immer wissen, was der andere ihnen sagen will.

Mit einer Frau zu streiten kann Männer wahnsinnig machen.

Mit einem Mann zu streiten kann eine Frau ebenso in den Wahnsinn und zur absoluten Raserei treiben.

Das hat ganz einfache Gründe: Wir Frauen wollen in einem Streit verstanden werden und wir wollen, dass der Mann uns zeigt, dass er uns wertschätzt und uns wirklich liebt. Deshalb sagen wir in der Regel auch nicht direkt, was mit uns los ist, sondern wir schmollen erst mal und/oder sind zickig. Wenn der Mann uns dann fragt, ob wir irgendetwas haben, sagen wir (natürlich!): »Nein, was soll denn sein?« Dann hat er nämlich die Chance zu beweisen, dass ihm wirklich etwas an uns liegt. Nur leider versteht er das meistens nicht – denn er ist allzu bereit, dem zu glauben, was wir sagen. Und dann irgendwann fangen wir an, zu schimpfen und unseren Ärger zu erklären, und wenn er dann nichts sagt, schreien wir dasselbe noch mal und wenn er dann immer noch nichts dazu sagt, dann schreien wir noch lauter oder wir fangen an zu heulen. Und gern enden wir dann mit: »Du liebst mich gar nicht!«

Männer haben bei einem Streit eine gänzlich andere Strategie und andere Ziele als wir: Wenn ein Mann erkennt, dass wir ein

Problem haben, dann hört er uns zu und versucht, das Problem zu analysieren. Er wird erst etwas sagen, wenn er eine Lösung für das Problem gefunden hat. Wenn Sie ihn anschreien, um ihm weiterhin klarzumachen, was das Problem ist, wird das seinen Denk- und Analyseprozess nicht beschleunigen. Wenn ein Mann nicht erkennt, dass wir ein Problem haben, sondern er das Gefühl hat, dass er das Problem ist und wir uns deshalb mit ihm streiten wollen, dann wird er das tun, was alle Männer in solchen Fällen tun: Er wird sich streiten. Und er wird damit erreichen wollen, was alle Männer in einem Kampf erreichen wollen: Gewinnen!

Ist doch eigentlich ganz einfach, oder?

Greifen Sie einen Mann an und er wird sich verteidigen.

Wenn Sie ihm also sagen, dass er falsch liegt, dann wird er in der Regel versuchen, Ihnen das Gegenteil zu beweisen – aber nicht, indem er sein Verhalten ändert, sondern indem er Ihnen sagt, dass Sie falsch liegen.

Geben Sie ihm ein Problem und er wird versuchen, es zu lösen – oder: Er sitzt es aus, wenn er denkt, dass das funktionieren könnte. (Was im Grunde auch nur ein Weg eines Versuchs der Lösung des Problems ist.)

Seien Sie sich dessen immer bewusst, wenn Sie sich streiten wollen oder wenn Sie böse sind auf Ihren Partner.

Wenn Sie mit etwas, was er tut oder nicht tut, nicht leben können, dann verpacken Sie es so, dass er verstehen kann, was gerade passiert und was Sie erwarten.

Sagen Sie also nie »Du bist ...«, sondern sagen Sie »Ich fühle mich ...«.

Falsch:
Du bist rücksichtslos.

Richtig:
Ich fühle mich nicht wahrgenommen von dir.

Ich fühle mich schlecht behandelt.
Ich fühle mich übergangen.
Ich fühle mich rücksichtslos behandelt.

Falsch:
Du machst immer …
Nie machst du …

Richtig:
Ich habe ganz oft das Gefühl, dass …
Ich spüre ganz selten, dass du …

Der Unterschied ist, dass die erste Variante immer ein Vorwurf an Ihren Partner ist, während die zweite Variante ausdrückt, wie es Ihnen geht und was Ihnen fehlt. Das ist nur ein kleiner Unterschied – er hat jedoch einen großen Effekt, denn er aktiviert ein anderes Bedürfnis bei Ihrem Partner.

Bedenken Sie auch, dass Ihr Partner alles, was Sie sagen, unter Umständen erst mal »verdauen« möchte, bis er bereit ist, darüber zu sprechen. Fordern Sie also nicht umgehend eine Reaktion von ihm. Während wir Frauen unsere Gefühle ergründen, indem wir sprechen, möchte ein Mann sich in Ruhe überlegen können, wie es ihm geht, bevor er spricht.

Und vergessen Sie nicht: Versöhnungssex ist zwar schön, aber noch schöner ist Sex ohne Streit!

Geben Sie ihm eine Chance, Sie glücklich zu machen!

Wie ich bereits zu Anfang erwähnt habe, möchte ein Mann in einer Beziehung mit einer Frau vor allem eins: sich wohlfühlen.

Verurteilen Sie Ihren Partner daher nie dafür, dass er nicht in der Lage ist, Ihre Gedanken zu lesen. Die meisten Männer stellen sich ihre Fallen selbst, weil sie es gern besonders gut machen wollen – und wenn sie nicht wissen, wie sie das erreichen können, machen sie sogar unter Umständen gar nichts! Diese Verhaltensweise findet man an einer Frau nur sehr selten und darum sind wir sehr enttäuscht, wenn wir von unserem Partner etwas erwarten und dann gar nichts kommt. Das liegt jedoch selten am Unwillen des Mannes, sondern tatsächlich daran, dass er lieber gar nichts macht als etwas Falsches oder etwas, das nicht gut genug ist.

Lassen Sie einen Mann also wissen, womit er Sie glücklich machen kann, und er wird sich bemühen, dem zu folgen. Für viele Männer ist es zum Beispiel völlig unverständlich, warum wir kleine Aufmerksamkeiten so gern mögen und sie uns mehr wert sind als große Geschenke.

Neulich sagte mal ein Mann im Gespräch zu mir: »Ich habe meiner Frau sogar ein Cabrio gekauft, aber nicht mal damit war sie zufrieden!« Ich habe ihn daraufhin gefragt, wie oft er ihr sagt, dass er sie liebt, und er antwortete, dass er ihr das doch nicht dauernd sagen müsse, schließlich könne sie sich das ja wohl denken – er würde ihr ja wohl kein Auto kaufen, wenn er sie nicht lieben würde. Für einen Mann absolut logisch. Für eine Frau schmerzlich, wenn ein Mann die Worte »Ich liebe dich« als Pflichtübung ansieht und sich mit einem teuren Auto davon freikaufen möchte.

Dabei liegt es sicher nicht daran, dass ihm die Wertschätzung für die Partnerin grundsätzlich fehlt: Wir alle lernen, was Liebe ist, von unseren Eltern – ist jemand in einer Familie aufgewachsen, in der Liebesbekundungen der Eltern untereinander oder den Kindern gegenüber nicht ausgesprochen werden, wird er es als Erwachsener ebenfalls nicht tun – es sei denn, Sie können ihm erklären, was es für Sie bedeutet und warum es Ihnen wichtig ist.

Er will sein Bestes geben können

Machen Sie sich einfach immer wieder klar, dass es Dinge gibt, die Ihr Partner vielleicht einfach nicht besser gelernt hat oder die er selber nicht versteht. Ein sehr schönes Beispiel dafür ist die Wehleidigkeit vieler Männer, wenn sie mal einen kleinen Schnupfen oder etwas Ähnliches haben. Es gibt in der Erziehung und Kindheit vieler Männer nur eine Gelegenheit, bei der sie wirklich offen und ehrlich schwach sein dürfen: bei Krankheit – und vermutlich ist das auch der Grund dafür, warum Männer so wehleidig sind. Ein Mann möchte sich seiner Umwelt nach Möglichkeit immer in Bestform anbieten – das gilt natürlich auch für die Frau, mit der er zusammen ist. Geht es einem Mann einmal nicht so gut, dann hat er schon fast ein schlechtes Gewissen, dass er gerade so schlapp ist. Und am liebsten möchte er sogar, dass niemand das mitbekommt. Hätte er eine Höhle, in die er sich verkriechen könnte, er würde es wahrscheinlich tun. Wenn er allerdings eine richtig große Sache daraus macht, also wirklich ganz unendlich leidet und es ihm gerade so richtig schlecht geht – ja dann … Dann ist es natürlich verständlich und dann darf er auch »knatschig« sein und er darf im Bett bleiben und jammern und sich gehen lassen und natürlich auch ein bisschen »bemuttert« werden – schließlich ist er gerade todkrank!

Nein, Ihr Partner simuliert nicht, er empfindet das wirklich so und es ist gewissermaßen ein Streich, den ihm seine eigene Psyche spielt. Er glaubt meist tatsächlich auch selbst daran, dass es ganz, ganz schrecklich ist. Nehmen Sie es nicht persönlich, wenn er vielleicht sogar unfreundlich zu Ihnen ist, das ist nur eine Art »Schutzmechanismus« für sein Ego. Lassen Sie ihn daher nicht links liegen, aber übertreiben Sie es auch mit Ihrer Fürsorge nicht! Machen Sie ihm einfach Mut und sagen Sie ihm: »Ich glaube ganz fest daran, dass du in ein paar Tagen wieder gesund und bei bester Laune sein wirst – und bis dahin liebe ich dich trotzdem.«

Er wird es nicht zugeben, aber das wird besser wirken als jede Medizin, die er neben sich auftürmt, und ehe Sie es sich versehen, ist es überstanden.

Auch hier können Sie also mit einer Mischung aus Entspanntheit und Wärme sehr viel erreichen. Sie werden es in vielen Bereichen Ihrer Partnerschaft sehr deutlich spüren können, wenn Sie damit beginnen: Je weniger Kritik Sie an sich selbst haben, desto weniger Kritik werden Sie an Ihrem Partner haben. Je zufriedener Sie mit sich selbst sind, desto zufriedener werden Sie mit Ihrem Partner sein. Je zufriedener Sie mit ihm sind, desto mehr wird er dafür tun wollen, dass Sie sich wohlfühlen.

Eine gute Beziehung besteht nicht aus zwei Traumpartnern, eine gute Beziehung ist Arbeit – aber es ist Arbeit, die fast immer Spaß macht und die immer besser wird, je mehr Sie lernen, wie gut Ihre Partnerschaft wird, wenn Sie sich erlauben, gut zu sich selbst und entspannt zu sein.

Was Sie tun können, um eine Partnerschaft auf lange Sicht glücklich zu gestalten:

Rituale sorgen für Nähe und Geborgenheit

Sie werden einen Mann nicht »umziehen« und dazu bringen können, dass er sich so verhält, wie Sie es für richtig halten – aber Sie können mit ihm Rituale etablieren, mit denen Sie sich wohlfühlen.

Ein gutes Ritual in einer Partnerschaft ist ein fester Abend in der Woche, an dem Sie etwas miteinander tun. Das muss nicht immer etwas Großes sein: Vielleicht haben Sie eine bestimmte Lieblingsfernsehserie, die Sie zusammen sehen und wozu Sie sich ein paar Schnittchen servieren. Oder noch besser: Sie gewöhnen sich an, jede Woche an einem bestimmten Tag ins Kino oder ins Theater zu gehen. Um es besonders interessant zu gestalten, können Sie immer Premieren oder die Sneak Preview besuchen, die manche Theater oder Kinos anbieten (an diesem Abend wird ein neues Stück vor der eigentlichen Premiere gezeigt – die Zuschauer erfahren aber vorher nicht welches).

Auch kleine Rituale können Nähe und Vertrautheit schaffen: Trinken Sie am Abend noch eine Tasse Tee zusammen, bevor Sie sich schlafen legen, oder führen Sie irgendein anderes kleines Ritual ein, um den Tag zu verabschieden oder zu begrüßen. Solche Rituale geben einer Partnerschaft eine liebevolle und vertraute Atmosphäre.

Abwechslung sorgt für das Prickeln

Wenn zwei Menschen sich finden, dann neigen sie zunächst dazu, sich von ihrer Umwelt regelrecht abzukapseln – das ist anfangs normal und völlig verständlich. Irgendwann jedoch sind die meisten Geschichten erzählt und Sie brauchen Input von außen: gemeinsame Erlebnisse, über die Sie sich als Paar identifizieren und über die Sie sich unterhalten können. Beginnen Sie deshalb unbedingt damit, regelmäßig miteinander auszugehen.

Wenn Sie nicht viel Geld haben, müssen es ja nicht immer gleich Kino, Theater oder Restaurantbesuche sein: Unternehmen Sie gemeinsame Ausflüge und Spaziergänge, besuchen Sie Sportevents unter freiem Himmel oder gehen Sie gemeinsam über Flohmärkte. Im Sommer können Sie ein Picknick planen, anstatt zu Hause zu essen, oder Sie machen einen Nachtspaziergang, anstatt fernzusehen.

Tragen Sie Ihrem Partner doch mal einen Termin in den Kalender ein, an dem er sich überraschen lassen kann, oder überraschen Sie ihn mit etwas, das er nicht erwartet.

Eine weitere gute Möglichkeit, eine Beziehung frisch und lebendig zu halten, sind »echte Gespräche«. Laut einer Untersuchung sprechen die meisten Paare nach einigen Jahren Ehe nur noch wenige Minuten am Tag miteinander. Reservieren Sie sich eine Stunde in der Woche für ein sogenanntes »Zwiegespräch«, wie der Psychologe und Paartherapeut Dr. Michael Lukas Möller es entwickelt hat: Ein Partner erzählt dreißig Minuten lang, wie er sich fühlt, was ihn beschäftigt, worüber er nachdenkt, wie es ihm in der Beziehung geht. Ganz gleich, was er sagt oder tut: Der andere darf nicht unterbrechen, nicht kommentieren und nicht werten. Dann wird getauscht und der andere darf dasselbe tun, ohne unterbrochen oder bewertet zu werden.

Diese Übung sorgt dafür, dass Bedürfnisse ausgesprochen werden und nicht beide nur »mit dem Zaunpfahl winken« und dass die beiden Partner sich immer besser und tiefer kennen- und verstehen lernen. Ihre Beziehung gewinnt an Qualität und Tiefe und Ihr Partner weiß viel besser, was er tun kann, um der Partner zu sein, den Sie sich wünschen.

Hüten Sie sich vor »keine Liebe«!

Manchmal berichten mir Coachingklienten von Beziehungen, in denen sie nicht glücklich sind (oder waren). Neue und bessere Beziehungen werden verhindert, indem die Person sich nur an dem orientiert, was sie vermeiden möchte, und dann eine Strategie entwickelt, wie sie das erreichen kann.

Was dabei herauskommt, ist, was ich der Einfachheit halber »keine Liebe« nennen möchte. »Keine Liebe« entsteht vor allem aus Angst,

- die Kontrolle zu verlieren.
- wieder verlassen zu werden.
- nicht gut genug zu sein.
- was passieren könnte, wenn man sich wirklich auf jemanden und eine Partnerschaft einlässt.
- verletzt zu werden.
- ausgenutzt zu werden.

- Verantwortung übernehmen zu müssen.
- vor Veränderung – egal welcher Art.

Bauen Sie keine Beziehungen auf »keine Liebe« auf – Sie werden nicht glücklich werden damit. Wenn Sie das Gefühl haben, dass Sie dem Mann, mit dem Sie zusammen sind, nicht vertrauen können, dann seien Sie ganz ehrlich zu sich: Hat der Mann Ihnen bisher Gründe dafür geliefert?

Lautet die Antwort »ja« – weil Sie zum Beispiel bemerkt haben, dass er Sie belogen oder bestohlen hat, dass er sich heimlich mit anderen Frauen trifft oder Sie in irgendeiner Form hintergeht –, dann machen Sie sich klar, dass Sie das weder mit Kontrolle noch mit emotionaler Erpressung oder anderen Mitteln stoppen können. Verlassen Sie diesen Mann. Jetzt. Sofort.

Wenn Sie das Gefühl haben, dass Sie mit einem Mann zusammen sind, der Sie nicht wirklich liebt, dann seien Sie ganz ehrlich zu sich und fragen Sie sich, ob dieser Mann Ihnen wirklich seine Zuneigung vorenthält: Ist er nicht zärtlich zu Ihnen? Drückt er keine Zuneigung aus? Lässt er Sie im Stich, wenn es Ihnen schlecht geht? Ist er gefühlskalt und wendet sich von Ihnen ab, wenn Sie ihm Ihre Zuneigung ausdrücken möchten? Hänselt er Sie vielleicht sogar oder redet er abfällig über Sie oder Ihre »Schwächen«?

Lautet die Antwort »ja«, dann können Sie seine Liebe und Zuneigung weder mit Eifersuchtsszenen noch mit noch mehr Zuneigung von ihrer Seite oder irgendeiner anderen Form der Aufmerksamkeit gewinnen. Verlassen Sie diesen Mann. Jetzt. Sofort.

Sollten Sie jedoch mit »nein« antworten, weil Ihnen auffällt, dass es für Sie vielleicht »nicht genug« ist, was er tut, oder dass er nicht die Form wählt, die Ihnen gefällt (oder dass er möglicherweise sogar alles gut und richtig macht und Sie dennoch verkrampft und ängstlich sind), dann könnte es möglichweise an Ihnen liegen, dass er sich so verhält, und je mehr Sie fordern, desto weniger wird er sich wirklich zu Ihnen hingezogen fühlen!

Wenn Sie in Ihrem Leben schlechte Erfahrungen gemacht haben, ist das traurig – aber in der Regel hat es nichts mit dem Mann zu tun, der jetzt mit Ihnen zusammen ist. Lassen Sie ihn nicht dafür büßen, dass Sie es früher einmal zugelassen haben, dass man Sie schlecht behandelt.

Fast immer wenn wir auf unsere Partner wütend sind, meinen wir in Wirklichkeit gar nicht sie ... manchmal meinen wir eigentlich uns selbst.

Gerade deshalb ist es so wichtig, dass Sie lernen, sich selbst zu lieben und sich selbst das zu geben, was Sie brauchen.

Genau damit werden Sie Männer anziehen, ausziehen und glücklich machen – umgekehrt wird dann nämlich der »richtige« Mann daran zu erkennen sein, dass er gern bleibt und alles daran setzt, Sie glücklich zu machen!

Vielleicht mag Ihnen manches in diesem Buch »zu klischeehaft« vorgekommen sein, anderes war vielleicht in Ihren Augen zu gewagt oder nicht Ihr Stil. Das ist in Ordnung – ich habe in den letzten zehn Jahren sehr oft gestaunt, wie manche Dinge funktionieren und ich habe sie zum Teil sehr schmerzhaft lernen müssen. Allerdings muss es nicht sein, dass das, was bei mir bestens funktioniert, wirklich bei jeder Frau genauso funktioniert.

Ich möchte Sie dazu ermutigen, es einfach auszuprobieren.

Was haben Sie schon zu verlieren?

Ich selbst habe in meinem Leben so ziemlich jede »Liebes-Regel« gebrochen, um herauszufinden, was tatsächlich (für mich) funktioniert. Was dabei herausgekommen ist, ist ein ziemlich abenteuerliches Leben mit vielen Erfahrungen. Ein paar, auf die ich gerne verzichtet hätte, haben jedoch ebenso dazu beigetragen, dass ich der Mensch geworden bin, der ich heute bin, und das Wissen zu erlangen, das ich heute habe. Und die Summe der guten und hilfreichen Erfahrungen, des Spaßes und Abenteuers ist ungleich größer als die unschönen Erlebnisse. Mein Leben ist besser, als ich es mir vor zehn oder zwanzig Jahren hätte ausmalen können, und meine Partnerschaft ist voller Vertrauen und Liebe.

Und das, obwohl ich ihm einmal öfter geschrieben habe als er mir. Obwohl ich für unser erstes Treffen 300 Kilometer zu ihm gefahren bin und nicht andersherum. Obwohl ich ihm all meine Telefonnummern gegeben habe, bevor wir uns »richtig« kannten. Obwohl ich bei unserem zweiten Treffen einem Heiratsantrag von ihm zugestimmt habe. Obwohl er Musiker ist …

Bestimmt würde ich noch eine Menge weiterer Gründe finden, die in vielen Ratgebern – vermutlich sogar in meinen eigenen – als Fallen oder sogar als absolute »No-gos« eingestuft würden. So what?

Es gibt von jeder Regel eine Ausnahme. Es gibt Situationen, die sich kein Autor, kein Therapeut, kein Coach vorstellen kann. Letztlich zählt immer nur Ihr Gefühl.

Ich möchte Ihnen daher nur einen einzigen ernstgemeinten Rat geben:

 Wagen Sie alles – bereuen Sie nichts!

Ich wünsche Ihnen damit viel Erfolg und vor allem viel Liebe!

 Ihre Zusammenfassung:
Wo wir gerade stehen und warum
Fassen Sie die Inhalte dieses Kapitels noch mal
in Ihren eigenen Worten zusammen!
- Was sind die drei für Sie wichtigsten Punkte
  und Erkenntnisse?
- Was ist Ihr Fazit?

Männerstimmen

Für dieses Buch habe ich die Erfahrungen, Meinungen und Aussagen aus meinen Trainings, Coachings sowie privaten Begegnungen verwendet. Ich habe jedoch auch einige echt nette, tolle Männer gefragt, was sie denn so für Erfahrungen gemacht haben und was sie den Frauen gern sagen möchten.

Hier sind ein paar der Antworten:

Marc, 33, CvD, in einer Beziehung

antwortete auf die Fragen »Was erwartest du von Frauen? Worauf legst du Wert?« wie folgt:

»1. Loyalität – kein Scheiß. Eine Frau muss ihrem Mann jederzeit gegenüber loyal sein. Auch nicht über dies oder das mit ihren Mädels reden. Der Mensch, dem man am nächsten ist, sollte auch alles für sich behalten können und jederzeit zu einem stehen.

2. Eigenständigkeit. Frauen müssen ihr eigenes Leben leben, egal ob sie sooooooo verliebt sind. Sie müssen sich auch weiterhin mit ihren Mädels treffen, Party machen (vor allem auch mal ohne Freund) und auch Hobbys nachgehen und Interessen haben. Auch Freundschaften außerhalb des eigenen Wohnortes sollten mit Besuchen und Reisen gepflegt werden. Es gibt nichts Schlimmeres als langweilige Frauen, die sich für nichts interessieren und immer nur Ja und Amen sagen. Das

Leben in vollen Zügen genießen und leben, nur eben mit einem Typen an ihrer Seite, den sie lieben und cool finden.

3. Ordnung. Ja, meine Erfahrung zeigt ganz oft: Die Damen der Welt sind Schlampen. ;-) Die Wohnung einer Frau sollte eine gewisse Ordnung und einen gewissen Grad an Sauberkeit aufweisen. Wie soll ich mich bei einer Frau wohlfühlen, bei der ich weiß: Sobald wir zusammenleben, winkt das Chaos.

4. Mit sich im Reinen sein. Eine Frau sollte mit sich zufrieden sein. Job, Freunde, Familie, Wohnung, Figur ... in allen Punkten sollte eine gewisse Zufriedenheit herrschen. Ständiges Hinterfragen und Probleme-mit-sich-Rumschleppen nervt und belastet jede Beziehung. Natürlich muss ein Mann für seine Frau bei Problemen im Job, mit Freundinnen oder in der Familie da sein und beratend und beruhigend tätig sein, das sollte aber nicht überhandnehmen.

5. Den Mann auch mal Mann sein lassen, so wie wir euch Frauen auch Frau sein lassen müssen. Das heißt: Ja, wir mögen Fußball, auch bei hohem Bildungsgrad. Ja, wir betrinken uns auch gern mal, auch das gilt für Männer mit hohem Bildungsgrad. Wir Männer verbringen gern mal zwei, drei Tage nur mit uns an irgendeinem Ort, um die gerade genannten Dinge zu tun oder eben um uns einfach zu sehen und abzuhängen. Männerfreundschaften sind die besten.

6. Attraktiv sein und das vor allem nicht nur für uns Männer. Frauen sollten immer darauf achten (gilt für uns Männer auch), sich attraktiv zu geben. Also schick anziehen, schminken, auf die Figur achten. Natürlich muss eine Frau nicht jede Sekunde aufgebrezelt durch die Gegend rennen, aber auch zu Hause an einem Sonntag sollte man nicht schlampig rumrennen. Es gibt einen großen Unterschied zwischen Jogginghose und sexy Jogginghose und übrigens: Unterwäsche muss gut aussehen und Comicsocken gehen gar nicht!!!!!

7. Und ein letzter Punkt, der mir spontan einfällt: Wir wollen mit unseren Mädels auch feiern können. Heißt: Auch eine Frau muss mal einen trinken können und Bock auf Tanzen und Bars haben.

8. Doch noch ein Punkt: Jederzeit offen über Sex und Vorlieben beim Sex sprechen. Nur ein wirklich gutes Sexleben garantiert eine lange Beziehung!«

Sven, 42, Redakteur, Single

»Ich genieße zwar momentan mein Singleleben, bin aber Flirts gegenüber nicht abgeneigt. Nur: Die U-Bahn eignet sich dazu morgens und abends überhaupt nicht. Die Frauen, die ich ansprechend finde, ›simsen‹ sich einen Wolf. Halten die so ihre ganzen Verehrer in Schach oder bearbeiten sie die ersten Charts oder was auch immer? Und wenn sie damit fertig sind, stöpseln sie die Kopfhörer rein. Der Blick geht ins Leere und sie nehmen um sich herum überhaupt nichts wahr. Abends das gleiche Bild. Was gibt es denn die ganze Zeit zu simsen? Versteh ich nicht. Als ich aber heute Morgen ausgestiegen bin, kam mir eine junge Frau auf der Treppe entgegen. Unsere Blicke trafen sich und ich musste sie einfach anlächeln. Und sie hat total süß zurückgelächelt. Das ist doch mal ein guter Start in den Tag. Und noch ein Letztes: Im *Hamburger Abendblatt* ist mir eine Kontaktanzeige aufgefallen, die Absenderin gab eine E-Mail-Adresse an und der Text war ganz sympathisch. Um flirttechnisch nicht ganz einzurosten, habe ich ihr inklusive Foto geantwortet und gestern Abend kam ihrerseits eine Antwort, mit Angabe der privaten E-Mail-Adresse. Alles sehr nett. Aber sie habe zurzeit kein Foto parat. Tut mir leid, aber dafür fehlt mir jedes Verständnis. Bei den Frauen wird man sofort aussortiert, wenn man nicht mit Foto antwortet, und dann hat die angeblich kein Foto parat. Wetten, dass ich ein Foto mit breiter Hutkrempe und

Sonnenbrille geschickt bekomme? Oder eins, auf dem ihr Pferd größer zu sehen ist als sie? Ich bin gespannt.«

Klaas, 29, Berater, Single

»Worauf ich gar nicht kann, ist, wenn eine Frau irgend-einer ›Ersatzreligion‹ folgt: Wenn sie beispielsweise fanatische Vegetarierin ist und glaubt, andere bekehren zu müssen, oder wenn sie als Erstes nach dem Sternzeichen fragt oder nach dem Geburtsdatum und dann feststellt, dass wir laut Numerologie nicht oder besonders gut zusammenpassen. Auch wenn ihre Wohnung komplett nach Feng Shui eingerichtet ist oder sie ständig zu irgendwelchen ›Finde Dich selbst‹-Seminaren rennt, finde ich das immer ziemlich suspekt. Was eine Frau nämlich wirklich attraktiv macht, ist, wenn sie lebt, wenn sie glücklich ist, wenn sie entspannt ist und auch mal fünfe gerade sein lassen kann.

Auch wenn eine irgendwie drei Katzen hat, die sie wie Kinder behandelt, oder einen Hund, wo man sofort merkt, dass der ei-gentlich schon der Partner ist, fühle ich mich eher fehl am Platz.

Verhält sie sich so wie oben beschrieben, schließe ich unweigerlich daraus, dass Sie wenig Beweglichkeit für Ver-änderung hat und nur in einem begrenzten Radius agiert, der ihren ›Gesetzen‹ folgt – was wenig Raum für neue Erlebnisse lässt … also auch nicht für eine Partnerschaft mit mir.«

Sebastian, 35, Ingenieur, in einer Beziehung

»Was ich ganz wichtig finde: Nicht einen Typen permanent ›warmhalten‹, den frau nur als Kumpel haben will. Das ›ver-saut‹ im Grunde genommen die vernünftigen Männer, die halt oft auf die Nase gefallen sind. Lieber ehrlich sagen, dass frau nur an einer Freundschaft interessiert ist, und dabei das Risiko eingehen, dass es eben dann keine Freundschaft wird, weil der Mann keine weitere ›Freundin‹ will, sondern eine Partnerin. Mir hat mal eine Frau vorgeworfen, dass ich mich in sie verguckt hatte, weil wir ja dann nicht mehr befreundet sein konnten ...

Außerdem: Männer verstehen keine Andeutungen – macht deutlich, was ihr denkt. Und wenn ihr das nicht macht, beschwert euch hinterher nicht, dass euch niemand versteht!

Traut euch doch auch mal an die Typen ran, die nicht permanent einen auf dicke Hose machen! Meistens findet ihr da mehr als bei denjenigen, die sich ständig in den Vordergrund drängen – die haben nämlich meist nur eine große Klappe und dann wenig dahinter. Ich kenne eine Menge Männer, die von Frauen erst mal übersehen werden, die aber so viel mehr auf dem Kasten haben als diese ganzen Angeber, die im Grunde nur wissen, wie man mit Haargel umgeht ...«

Alfred, 45, Beamter, geschieden

»Toll finde ich es, wenn eine Frau ihren eigenen Stil hat und es versteht, sich zu kleiden, wenn ich einfach das Gefühl habe, dass sie gern Frau ist und ihre Reize auch geschickt und dezent einsetzt. Die Krönung ist dann, wenn so eine Frau mir als Mann hin und wieder das Gefühl gibt, dass sie mich braucht, auch wenn mir ganz bewusst ist, dass eine moderne Frau ihr Leben durchaus alleine meistern kann. Denn wenn ich ihr meine Hilfe anbiete, bedeutet das nicht, dass ich ihr etwas nicht zutraue, sondern dass ich ihr einfach eine Freude machen möchte. Ganz toll finde ich es auch, wenn ich um Hilfe gebeten werde.

Wichtig ist mir auch, dass man viel miteinander reden und lachen kann und das auch beim Sex. Beim Thema Sex ist mir wichtig, dass es schön für sie ist. Für mich als modernen Mann ist es daher keine Kränkung, wenn sie mir sagt, dass ihr etwas nicht gefällt und wie es viel schöner für sie wäre ...

Ebenso wichtig wie viele Gemeinsamkeiten ist es für mich, dass beide sich eine angemessene Portion Eigenständigkeit erhalten – das erhält die positive Spannung in einer Beziehung.

Statt E-Mail und SMS bevorzuge ich die direkte Kommunikation per Telefon, denn geschriebene Worte werden ganz schnell zu Selbstläufern, die dann unter Umständen eine Richtung nehmen, die nicht beabsichtigt war. Klar gibt es Ausnahmen, bei denen man auch auf E-Mail oder SMS zurückgreift, aber dann bitte nicht ›LG‹ drunter schreiben, wenn man nicht bei der gleichnamigen Firma arbeitet.

Es bleibt auch nicht aus, dass ich mal ins Fettnäpfchen trete – das merkt sogar ein Mann –, allerdings weiß ich mitunter nicht womit. In so einer Situation finde ich eine klare Ansage besser als den folgenden Dialog:

Er: ›Was ist denn los, hast du was?‹
Sie: ›Nein, es ist nix!‹
Er: ›Komm, sag schon, irgendwas stimmt doch nicht!‹
Sie: ›Nö, ich hab nix!‹
Er: ›Ich merke doch, dass du was hast!‹
Sie: ›Ne, ich pass mich dir nur an …‹

Spätestens dann kann ich nicht mehr über meinen Schatten springen und bin auch sauer, weil ich mir vielleicht nicht bewusst bin, dass beziehungsweise womit ich sie vorher verletzt habe.«

Claudius, 44, Musiker, verheiratet

»Von einer Frau, mit der ich in einer festen Beziehung leben möchte, erwarte ich in erster Linie, dass ich mich auf sie verlassen kann. Das bezieht sich auf gemeinsame Vorhaben, Abmachungen und umschließt auch den Aspekt der sexuellen Treue. Sie muss

Sicherheit ausstrahlen, die mir signalisiert: Auch schwierige Lebenssituationen kann ich zusammen mit dir meistern.

Ich kann mit einer Frau dauerhaft zusammenleben, wenn sie ...

- eine humorvolle Art und Witz besitzt, geistvoll ist (ohne diese prahlerische Attitüde von Intelligenz der Art ›Ich weiß was‹).
- weiß, dass es nicht möglich ist, in allem immer recht zu haben.
- die Fähigkeit zu wachsen besitzt und sich bewusst ist, dass Menschen und das Leben immer im Wandel sind. Umstände können sich ändern: der Job, das finanzielle Einkommen, die gesundheitliche Verfassung. Wenn ein Paar zusammenleben möchte, setzt das voraus, auf all diese Veränderungen eingehen zu können, sonst generiert diese Haltung automatisch Frust und Enttäuschung. An diesem gemeinsam entstandenen und sich verändernden Leben wächst ein Paar.

Ich will damit sagen: Hoffentlich bleibt nichts so, wie es ist, sonst ist da ja kein Leben – denn ich will mit meiner Frau viel erleben.

Ich erwarte von einer Frau auch, dass sie, nachdem man ein Paar geworden ist, weiterhin denselben Elan an den Tag legt, wie sie es zuvor getan hat, und nicht plötzlich alle Interessen, die sie hatte, aufgibt und sich nur noch auf mich konzentriert – da hätte ich das Gefühl, zu wenig Luft zum Atmen abzubekommen, denn ich kann nicht für ihr ganzes Lebensglück verantwortlich sein.

Mein Horrorszenario: am Anfang wild, um mich zu beeindrucken, danach nur noch ein ritualisierter eingespielter Tagesablauf.

Ich mag an Frauen, wenn sie andere Menschen und ihre Umgebung liebevoll behandeln, denn das macht das Leben für mich lebenswert. Eine Frau, die regelmäßig schlecht über andere spricht, lästert und andere Menschen runtermacht, stufe ich als ›seelisch vergiftet‹ ein und ich sehe von weiterem Kontakt nur allzu gern ab.

Die Frau, mit der ich zusammen sein möchte, löst bei mir das Gefühl aus: Mit der möchte ich Kinder kriegen.«

Quellen und Lesetipps

Auch wenn ich alle Inhalte dieses Buches meinem Alltag entnommen habe, kann ich nicht mit Sicherheit sagen, ob es irgendwo darin einen Tipp gibt, den ich vielleicht irgendwann in einem guten Buch gefunden und dann unbewusst kultiviert habe.

Daher finden Sie hier einige der Bücher, die ich gelesen und gut gefunden habe:

- Brost, Hauke: Wie Männer ticken: Über 100 Fakten, die aus jeder Frau eine Männerversteherin machen.
- Cox, Tracey: Superflirt.
- DeAngelis, Barbara: Männer. Die geheimen Wünsche des anderen Geschlechts.
- Gray, John : Männer sind anders, Frauen auch.
- Heskell, Peta: Der Flirt Coach. Türen öffnen mit Charme und Esprit – im Business, im Alltag und in der Liebe.
- Miller, Alice: Am Anfang war Erziehung.
- Mohl, Alexa: Auch ohne daß ein Prinz Dich küßt: NLP Kommunikationsmethoden & Lernstrategien.
- Rhan, Ulla: Fuck & Go. Warum Männer sich nicht binden wollen und Frauen daran schuld sind.
- Rensch-Bergner, Meike: Das Uschi-Prinzip: Von allem nur das Beste.
- Storch, Maja: Wenn starke Frauen sich verlieben.

- Strauss, Neil: Die perfekte Masche: Bekenntnisse eines Aufreißers.
- Tuccillo, Liz; Behrendt, Greg: »Er steht einfach nicht auf dich!«: Warum Frauen nie verstehen wollen, was Männer wirklich meinen.

Und natürlich empfehle ich Ihnen sehr gern auch die folgenden Bücher:

- Deißler, Nina: Flirten. Wie wirke ich? Was kann ich sagen? Wie spiele ich meine Stärken aus?
- Deißler, Nina: Flirt-Talk. Wie verführe ich mit Worten? (erscheint im Herbst 2011)
- Deißler, Nina: Klartext für Männer. Was Frauen wirklich wollen – in 10 Schritten zum Erfolg.
- Deißler, Nina: So verlieben Sie sich richtig. Wie man seinen Traumpartner sucht und findet.

KLARTEXT FÜR MÄNNER

NINA DEISSLER HILFT DEN MÄNNERN AUF DIE SPRÜNGE: SO KLAPPT ES MIT DEN FRAUEN!

KLARTEXT FÜR MÄNNER
WAS FRAUEN WIRKLICH WOLLEN
IN 10 SCHRITTEN ZUM ERFOLG
Von Nina Deißler
288 Seiten, Taschenbuch
ISBN 978-3-89602-583-8 | Preis 9,95 €

»Single, männlich, sucht ...«: Der Rundum-Ratgeber »Klartext für Männer« von Date Doctor Nina Deißler ist ideal für jeden Mann, der nicht länger allein sein möchte.

Bei diesem Buch geht es nicht bloß um Anmachsprüche und Flirttaktiken, sondern auch um tiefgreifende Strategien wie die Stärkung des Selbstbewusstseins und das Finden eines eigenen Stils.

Dazu gibt es eine Liste aller Dos and Don'ts im Umgang mit dem schönen Geschlecht.

»Nina Deißler lässt keine Zweifel offen: Jedes Töpfchen findet sein Deckelchen, Liebe ist für alle da!«   Bild.de

»Unbezahlbare Ratschläge in Sachen Auftreten, Sprache und Selbstwahrnehmung.«
ZDF Mittagsmagazin

DAS KUSCHELSUTRA

EINE HEMMUNGSLOSE HOMMAGE AN DIE ZÄRTLICHKEIT, DIE ALLERSCHÖNSTE SACHE DER WELT!

DAS KUSCHELSUTRA
EINE LIEBEVOLLE HOMMAGE AN DIE ZÄRTLICHKEIT
Von Rob Grader
120 Seiten, Hardcover im Geschenkbuchformat,
durchgängig in Farbe gedruckt
ISBN 978-3-89602-853-2 | Preis 12,90 €

»Vergessen Sie das Kamasutra & akrobatische Stellungen – jetzt wird gekuschelt!«
News Leben (Österreich)

»Insgesamt 48 Kuschelstellungen werden in diesem Buch liebevoll illustriert und beschrieben, eine wahre Inspiration für alle Pärchen – und nein, es sind durchaus nicht alle Positionen aus diesem Werk bekannt. Denn auch wenn die meisten mit ›69‹ beim Sex was anfangen können – was ist wohl ›68 ½‹«?
Kurier.at

»US-Autor Rob Grader schrieb mit ›Das Kuschelsutra‹ eine Hommage an die Zärtlichkeit zu zweit. Sein Credo: ›Sex ist toll, aber Kuscheln ist das Nonplusultra der Zweisamkeit!‹ Er zeigt 48-Pärchen-Posen, bei denen man sich nah ist und sich nicht verrenken muss.«
BILD am Sonntag

DIE AUTORIN

Nina Deißler ist die deutsche Antwort auf den Date Doctor. Mit ihrer Hamburger Coaching-Agentur »Kontaktvoll« verhilft sie Menschen zu mehr Selbstvertrauen und Erfolg beim anderen Geschlecht, bietet Coaching und Seminare zur Persönlichkeitsentwicklung. Die Kommunikationstrainerin unterstützt als Flirt-Expertin diverse TV- und Radio-Produktionen, schreibt für Magazine und veröffentlicht Flirt-Ratgeber.

Nina Deißler
KLARTEXT FÜR FRAUEN
Wie man Männer anzieht, auszieht und glücklich macht

ISBN 978-3-86265-054-5
© Schwarzkopf & Schwarzkopf Verlag GmbH, Berlin 2011
2. Auflage November 2011
Lektorat: Carolin Stanneck | Coverfoto: © Nico Klein-Allermann
Alle Rechte vorbehalten. Dieses Werk ist urheberrechtlich geschützt. Jede Verwendung, die über den Rahmen des Zitatrechtes bei korrekter und vollständiger Quellenangabe hinausgeht, ist honorarpflichtig und bedarf der schriftlichen Genehmigung des Verlages. Dieses Werk wurde vermittelt durch die Literarische Agentur Kossack GbR, Cäcilienstr. 14, 22301 Hamburg

KATALOG
Wir senden Ihnen gern kostenlos unseren Katalog.
Schwarzkopf & Schwarzkopf Verlag GmbH
Kastanienallee 32, 10435 Berlin
Telefon: 030 – 44 33 63 00
Fax: 030 – 44 33 63 044

INTERNET | E-MAIL
www.schwarzkopf-schwarzkopf.de
info@schwarzkopf-schwarzkopf.de